国际金融

INTERNATIONAL FINANCE

（第七版）

王中华 ◎ 编著

首都经济贸易大学出版社
Capital University of Economics and Business Press
·北 京·

图书在版编目(CIP)数据

国际金融/王中华编著. --7版. --北京:首都经济贸易大学出版社,2020.5
ISBN 978-7-5638-2144-0

Ⅰ.①国… Ⅱ.①王… Ⅲ.①国际金融—教材 Ⅳ.①F831

中国版本图书馆CIP数据核字(2013)第192657号

国际金融(第七版)
Guoji Jinrong
王中华 编著

责任编辑 洪 敏
封面设计 砚祥志远·激光照排 TEL: 010-65976003
出版发行 首都经济贸易大学出版社
地　　址 北京市朝阳区红庙(邮编100026)
电　　话 (010)65976483 65065761 65071505(传真)
网　　址 http://www.sjmcb.com
E-mail publish@cueb.edu.cn
经　　销 全国新华书店
照　　排 北京砚祥志远激光照排技术有限公司
印　　刷 北京玺诚印务有限公司
开　　本 710毫米×1000毫米 1/16
字　　数 280千字
印　　张 15.5
版　　次 2000年8月第1版 **2020年5月第7版**
2020年5月总第11次印刷
书　　号 ISBN 978-7-5638-2144-0
定　　价 38.00元

修订说明

世界经济一体化以及国际金融市场的迅速发展，使得国际金融这门学科变得日益丰富与复杂。从有利方面看，这为该学科提供了巨大的发展空间；从不利方面看，这也使得该学科的内容变得纷繁复杂，有时甚至会使人迷失方向。

一个学科，无论其发展速度有多快，无论其内容多么繁杂，总是会有自己的逻辑主线和核心内容。从目前的实际情况来看，我们认为，国际金融这门学科的逻辑主线是：外汇（微观层次）—国际收支（中观层次）—国际货币体系（宏观层次）。其核心内容也因此表现在三个方面：一是与外汇有关的内容，包括汇率决定理论、汇率制度、外汇市场、外汇交易（传统和衍生工具）和外汇风险管理。二是与国际收支有关的内容，包括国际收支理论、国际收支调节政策、国际储备管理以及开放条件下的宏观经济政策。三是与国际货币体系有关的内容，包括国际金本位、布雷顿森林体系、牙买加体系和欧洲货币一体化。除此之外，与国际金融有关，但是在其他学科中会重点展开介绍的内容有两点：一是国际金融市场的核心业务——欧洲货币市场的内容；二是国际资本流动导致的国际债务危机问题。上述内容构成了本书的基本框架。

本次修订在保留原有体系的基础上，对部分内容进行了补充和更新。首先,经过40年的发展,我国外汇市场产品不断丰富、市场主体不断增加、对外开放程度不断提高,市场配置外汇资源、服务实体经济的能力不断增强,走出了一条有中国特色的发展道路。为了了解中国外汇市场发展的特点,我们在外汇市场这一节中新增了对中国外汇市场的介绍。其次,考虑到我国的国际收支统计从2015年开始采用《国际收支手册》第六版的格式,我们对国际收支平衡表的内容进行了相应的更新。其三,改革开放以来,中国的国际收支无论从规模还是从结构上看,都发生了很大的变化,为了便于把握中国国际收支目前的发展情况,我们对中国国际收支差额的特点进行了介绍。其四,人民币的国际化导致了人民币离岸金融业务的发展;这一发展也丰富了欧洲货币市场的业务。为了便于读者熟悉中国离岸金融业务的发展,我们增加了“中国的离岸金融”一节。其五,进入21世纪以来,全球主权债务危机频发。尽管20世纪后期发展中国家面临的债务危机实际上就是主权债务危机,但是近期一些国家爆发的主权债务危机更加复杂。有的涉及国内债务的违约;有的涉及外债违约,甚至还夹杂着银行业的危机和货币市场危机。为了便于读者了解近期某些国家主权债务危机爆发的原因及其所造成的影响,我们增加了“主权债务危机”一节。

总之,本次修订的目的,主要在于紧跟国际金融这一学科的发展步伐。然而,由于作者水平有限,书中必然存在不当之处,敬请读者批评指正。

目　录

第一章

外汇与汇率

汇率是外汇市场的价格，汇率的变动关系到诸多经济主体的切身利益。第一章集中介绍与汇率相关的内容。首先我们介绍一些基本概念，其中包括外汇的含义、汇率的表示方法、汇率变动的描述与计算以及汇率的种类。汇率决定理论是国际金融的一个核心问题，同时也是多年来人们广泛关注的内容。在随后的第二节中我们对汇率的各种主要理论进行了探讨，包括国际收支决定理论、购买力平价理论、利率平价理论、货币决定理论和资产组合理论。第三节分析了汇率的变化及其影响，在此涉及两方面的内容，一是分析影响汇率变化的主要因素，二是分析汇率变化有可能给国内和国际经济造成的影响。考虑到20世纪90年代以来不断爆发的国际货币危机，第四节对这一问题进行了简要探讨，包括货币危机的含义、货币危机的类型、货币危机的传播特点、20世纪90年代的主要货币危机以及货币危机可能造成的影响。

第一节　基本概念

一、外汇的定义

外汇是国际经济发展的必然产物。因为各主权国家都有自己的法定货币，所以，国际的经济交易活动必须依赖外汇市场的货币兑换才能最终完成。从这一点看，外汇的产生同时也促进了世界经济的增长。

从理论上讲，外汇（Foreign Exchange）是指以外国货币所表示的用于国际结算的支付手段。国际货币基金组织（IMF）认为，外汇是货币当局（中央银行、财政部、外汇平准机构等）以银行存款、国库券、政府公债等形式所保有的，在国际收支逆差时可以使用的债权。

我国外汇管理条例对外汇的类型进行了详细的界定。我国的外汇包括以下范畴：①外国货币，包括纸币、铸币；②外币支付凭证，包括票据、银行存款凭证、邮政储蓄凭证等；③外币有价证券，包括政府债券、公司债券和股票等；④特别提款权；⑤其他外汇资产。

外汇可分为两类:一类是自由外汇,即那些可以自由兑换的货币(Convertible Currency)。此类货币可以在国际金融市场上不受任何限制地兑换成其他国家的货币,或用于对第三国进行支付。目前,美元、欧元、英镑、瑞士法郎、日元等都是主要的可自由兑换货币。另一类叫记账外汇(也叫双边外汇或协定外汇),它是指在两国政府间签订的支付协定或清算协定中规定使用的货币。未经货币发行国家货币管理当局批准,记账外汇不能兑换成其他国家货币或对第三国支付。协议国双方在指定的银行开立专门账户对交易产生的债权债务进行记录,而不产生实际的货币支付,年终的收支差额通常转入下一年度。

目前,世界上能作为自由外汇使用的货币约 30 多种,但真正在外汇市场上有广泛交易的只有 10 多种。表 1 -1 给出了部分可自由兑换外汇的国际代码和简写符号。

表 1 -1 部分可自由兑换外汇的国际代码及简写符号

货 币	英文名称	国际代码	简写符号
澳 元	Australian Dollar	AUD	A $
英 镑	British Pound	GBP	£
加拿大元	Canadian Dollar	CAD	Can $
丹麦克朗	Danish Krone	DKK	DKr
欧 元	Euro	EUR	€
港 元	Hong Kong Dollar	HKD	HK $
印度卢比	Indian Rupee	INR	Rs
日 元	Japanese Yen	JPY	J ¥
墨西哥比索	Mexican Peso	MXP	Ps
挪威克朗	Norwegian Krone	NOK	NKr
新加坡元	Singapore Dollar	SGD	S $
南非兰特	South African Rand	ZAR	R
特别提款权	Special Drawing Rights	SDR	SDR
瑞典克朗	Swedish Krona	SEK	SKr
瑞士法郎	Swiss Franc	CHF	SF
美 元	US Dollar	USD	$

二、汇率及其标价法

汇率(Foreign Exchange Rate)是指两种货币之间兑换的比率,或者说是以一国货币所表示的另一国货币的价格。外汇的买卖以汇率为基础,因此汇率又叫汇价或外汇行市(Foreign Exchange Quotation)。

汇率的表示方法被称为标价法，它可分为三种。

（一）直接标价法

以本国货币表示外国货币的价格称为直接标价法（Direct Quotation）。这种方法的特点是，外国货币的量是固定不变的，一般是1单位或100单位，少数货币以1万或10万为单位。本国货币的量是可变的，随着本国货币和外国货币的币值变化而变化。目前，绝大多数国家都采用此法，我国亦不例外。比如，在东京外汇市场：

$1 = J¥125.00

在新加坡外汇市场：

$1 = S$1.706 2

这些都是直接标价法。直接标价下，汇率上升意味外汇升值，本国货币贬值。汇率下降则相反。

（二）间接标价法

以外国货币表示本国货币价格的方法就是间接标价法（Indirect Quotation）。其特点是，本国货币的量固定不变，外国货币的量随着本国货币或外国货币币值的变化而变化。间接标价法主要在美国和英国使用。英国一直沿用此法；在1978年以前，美国采用直接标价法，1978年后，除了对英镑的汇率为了和传统惯例一致仍采用直接标价法以外，对其他货币的汇率都改用间接标价法。

例如：伦敦外汇市场上美元、瑞士法郎的汇率分别为：

£1 = $1.647 0

£1 = SF2.259 7

这些均属间接标价法。间接标价法下，汇率上升表明本币价值的上升，外币价值的下降。汇率下降则相反。

（三）美元标价法

以其他各国货币来表示美元价格的标价方法就是美元标价法。其特点是，美元的量始终不变，美元和其他各国货币币值的变化都通过其他国家货币数量的变化表现出来。西方各大银行的外汇标价多采用美元标价法，以便于在日常外汇交易中对各种货币的汇率进行比较，尤其便于和美国外汇市场的汇率进行比较，以便迅速、准确地进行交易。例如，瑞士某外汇银行挂出自己的外汇牌价为：

$1 = J¥110.50

$1 = HK$6.126 8

对瑞士银行来说，上述标价既不是直接标价也不是间接标价，而是美元标价。

在外汇交易中，人们把各种标价方法下数量固定不变的货币叫作基准货币（Base Currency）或被报价货币（Reference Currency），数量不断变化的货币叫报价货币（Quoted Currency）。直接标价法下基准货币是外国货币，报价货币是本国货币；在间接标价法下，刚好相反，基准货币是本国货币，报价货币是外国货币；在美元标价法下，美元是基准货币，其他各国货币是报价货币。无论采用哪种标价方法，都是以报价货币来表示基准货币的价格。

三、汇率变动的描述与计算

（一）汇率变动的描述

我们可以用不同的标价方法标出各种货币的汇率，但汇率并不是标出后就不再改变。表示汇率变化性质的概念有两组：法定升值与法定贬值和升值与贬值。

法定升值（Revaluation）指政府有关当局明文规定提高本国货币的对外价值。二战后，联邦德国马克和瑞士法郎都曾出现过法定升值。法定贬值（Devaluation）即政府有关当局明文规定降低本国货币的对外价值。

升值（Appreciation）是由于外汇市场上供求关系的变化造成的某国货币对外价值的增加；贬值（Depreciation）则是外汇市场上供求关系变化造成的某国货币对外价值的下降。

法定升值、法定贬值和升值、贬值的区别在于，前者是由政府当局正式决定的，后者是外汇市场自发作用的结果。有时人们对这两组概念不加区分，将汇率变化都笼统地称为升值、贬值，或汇率上升、下降。

（二）汇率变动的计算

关于汇率的变动幅度有两种计算方法，即

$$\text{汇率变动幅度} = (X_1 - X_0)/X_0 \times 100\% \qquad (1-1)$$

或者，

$$\text{汇率变动幅度} = (X_1 - X_0)/X_1 \times 100\% \qquad (1-2)$$

式中：X_0 为变化前的汇率，X_1 为变化后的汇率。

例如，由于某种原因，一段时期内，英镑和美元的汇率从￡1 = \$2.4 变为￡1 = \$1.8，说明英镑发生了贬值，贬值幅度为：

$$(X_1 - X_0)/X_0 \times 100\% = (1.8 - 2.4)/2.4 \times 100\% = -25\%$$

或者是

$$(X_1 - X_0)/X_1 \times 100\% = (1.8 - 2.4)/1.8 \times 100\% = -33.33\%$$

四、汇率的种类

（一）买入汇率和卖出汇率

买入汇率（Buying Rate）是指报价银行购买 1 单位被报价货币愿意支付的价格。卖出汇率（Selling Rate）是指报价银行出售 1 单位被报价货币所要求的价格。买入汇率和卖出汇率分别又叫买价（Bid Price）和卖价（Ask Price）。比如某银行报价：

￡1 = \$1.742 0－1.745 0

其含义是：银行愿支付 1.742 0 美元的价格买入 1 英镑；同时，每出售 1 英镑要向对方收取 1.745 0 美元的价格。

银行进行外汇交易时须同时注明买入价和卖出价,它们之间的差额构成银行交易的毛利润,差额的大小视交易货币的种类和供求关系而定,大约为价格的 0.1% -0.5%。交易越频繁的货币,其买卖差价越小。

在未注明的情况下,买入和卖出汇率指的是银行买卖以外币为面值的汇票等支付凭证(现汇)时的汇价。银行在买卖外币现钞时使用的是现钞价(Bank Notes Rate)。银行收入外币现钞后,要经过一定时间,积累到一定数额后,才能将其运送并存入外国银行,以便于调拨使用。在此之前,买进外钞的银行要承担一定的利息损失;将现钞运送并存入外国银行的过程中,还有运费、保险费等支出。银行要将这些损失及费用转嫁给出售现钞的顾客,所以银行买入现钞时给出的价格,要低于买入现汇时的价格;而银行卖出外汇现钞时的价格,与卖出现汇时一致。因此,现钞的买卖差价,要大于现汇的买卖差价。

买入汇率与卖出汇率的算术平均值被称为中间汇率(Middle Rate)。在各种文献和媒体上,人们对汇率进行经济分析时,通常使用中间汇率(见表 1-2)①。

表 1-2 人民币外汇牌价(每 100 外币兑换人民币)

币种	交易单位	中间价	现汇买入价	现钞买入价	卖出价
美元(USD)	100	656.180 0	655.700 0	650.450 0	658.330 0
港币(HKD)	100	84.480 0	84.430 0	83.750 0	84.750 0
欧元(EUR)	100	744.990 0	743.350 0	720.410 0	748.570 0
英镑(GBP)	100	948.730 0	952.210 0	922.780 0	961.770 0
日元(JPY)	100	6.110 1	6.103 3	5.914 9	6.146 1

资料来源:金投外汇网(http://forex.cngold.org/rmbhl/c4156273.html)

(二)即期汇率和远期汇率

1. 即期汇率(Spot Rate)是指外汇买卖成交后在两个工作日内办理交割时要使用的汇率。它反映买卖成交时的市场汇率。

2. 远期汇率(Forward Rate)是买卖双方预先约定的在将来某一时期办理交割时要使用的汇率。在各个国家的外汇市场上,远期汇率有两种基本的报价方法:

(1)直接报价法(Outright Quotation),即直接报出远期汇率的方法。日本和瑞

---

① 2005 年 7 月 21 日之前公布人民币汇率基准价。2005 年 7 月 21 日人民币汇率形成机制改革后,中国人民银行于每个工作日闭市后公布当日银行间外汇市场美元等交易货币对人民币汇率的收盘价,作为下一个工作日该货币对人民币交易的中间价。自 2006 年 1 月 4 日起,中国人民银行授权中国外汇交易中心于每个工作日上午 9 时 15 分对外公布当日人民币对美元、欧元、日元和港币汇率中间价,作为当日银行间即期外汇市场(含 OTC 方式和撮合方式)以及银行柜台交易汇率的中间价。从 2002 年 4 月 2 日起公布欧元对人民币汇率价格。从 2006 年 8 月 1 日起公布英镑对人民币汇率价格。

士采用这种远期汇率报价方法。比如,在苏黎世市场,银行报价:

即期:$1 = SF1.1840 - 1.1845

30 天:$1 = SF1.1850 - 1.1860

60 天:$1 = SF1.1855 - 1.1870

(2)点数报价法(Swap Quotation),即以远期汇率和即期汇率的差价来标明远期汇率的办法。英国、德国、美国和法国等多数国家采用这种方法。远期差价(Forward Margin)指远期汇率与即期汇率的差额,它的大小用基本点表示。在表明汇率的 5 位数字中,最后一位数字的 1 个单位为 1 个基本点。例如,在纽约外汇市场上,新加坡元的汇率由 1.347 2 变为 1.348 2,则表明汇率变动了 10 个基本点。

远期与即期的差价可以分为升水、贴水和平价三种情况。升水(At Premium)表示远期汇率高于即期汇率;贴水(At Discount)表示远期汇率低于即期汇率;平价(At par)表示二者相等。即期汇率的买入价和卖出价的排列顺序总是前小后大。远期与即期差价的排列则有前小后大和前大后小两种情况,但是,无论银行使用直接标价法,还是间接标价法,我们计算远期汇率时,前小后大都是使用加法,前大后小都是使用减法。

假如英镑对美元的即期汇率为:

£1 = $1.555 0 - 1.556 0

3 个月远期差价为 80/70 点。

那么,3 个月的远期汇率的计算方法为:

$$\begin{array}{r} 1.555\,0 \\ -0.008\,0 \\ \hline 1.547\,0 \end{array} \qquad \begin{array}{r} 1.556\,0 \\ -0.007\,0 \\ \hline 1.549\,0 \end{array}$$

即 £1 = $1.547 0 - 1.549 0

这样计算的理由在于,银行报价时要遵守如下原则:远期外汇的买卖差价一定大于即期外汇的买卖差价,而且,期限越远,买卖差价越大。银行之所以这样报价,是因为期限越远,市场上的交易越清淡(交易稀少),银行面临的价格风险会增加——即难以按照更好的价格对远期交易进行保值,因此,需要索取更大的差价。

根据即期和远期汇率,我们可以计算出远期升水或贴水的年百分比:

$$\text{升/贴水年率} = \frac{\text{远期汇率} - \text{即期汇率}}{\text{即期汇率}} \times \frac{12}{\text{远期期限(月)}}$$

在计算和比较国外投资收益时,经常要用到该公式。

(三)基本汇率与套算汇率

1. 基本汇率(Basic Rate)是本国货币与关键货币的汇率。世界上货币种类很多,官方分别制定出本国货币与他国的汇率不仅相当困难,而且没有必要,因此,通常要选择某种货币作为关键货币。关键货币是指在本国的对外交往中使用最多的外币。现在,多数国家都把美元作为关键货币。因为,在各国外汇储备中,美元所占比重最大,在国际贸易中人们常以美元计价和结算,在外汇交易中银行也常用美元报出各国货币的价格。

2. 套算汇率(Cross Rate)又称交叉汇率,是指两种货币通过各自对第三种货币的汇率推算出的汇率。当确定了基本汇率后,本币对其他外币的汇率就可以通过基本汇率套算出来。各国制定汇率时,通常先确定基本汇率,然后,根据外汇市场行情计算出与其他国家货币的汇率。这样做有两方面的好处:①套算汇率能够使汇率简化。在 n 种货币中,采用基本汇率报价,只有 $n-1$ 种价格;而将所有 n 种货币两两之间的汇率均表示出来,则有 $n(n-1)/2$ 种价格。②采用套算汇率,使本币与其他货币的汇率与国际外汇市场的各种汇率基本保持一致,防止过大的套汇活动发生。

套算汇率计算方法有两种:交叉相除和对应相乘。

【例1】已知:

$$\$1 = SF1.723\,0 - 1.726\,0$$

$$\$1 = J¥115.60 - 116.00$$

则
$$SF1 = J¥115.60/1.726\,0 - 116.00/1.723\,0$$

(分母交叉相除)

即
$$SF\,1 = J¥66.975\,7 - 67.324\,4$$

同理,可算出日元(J¥)对瑞士法郎(SF)的交叉汇率。

【例2】已知:

$$£\,1 = \$1.657\,0 - 1.659\,0$$

$$\$1 = HK\$5.776\,0 - 5.778\,0$$

则£ 对 HK $ 的交叉汇率计算为:

$$£\,1 = HK\$(1.657\,0 \times 5.776\,0) - (1.659\,0 \times 5.778\,0)$$

(上下对应相乘)

即
$$£\,1 = HK\$9.570\,8 - 9.585\,7$$

(四)官方汇率和市场汇率

1. 官方汇率(Official Rate)又叫法定汇率,是指一国的政府机构所规定的本国货币对外国货币的比率,它又叫法定汇率。在外汇管制严格的国家,一切外汇交易均按官方汇率进行。在取消外汇管制或外汇管制比较松的国家,政府制定官方汇率,一是用于官方机构之间的货币兑换;二是为政府干预市场汇率提供一个标准,私人外汇交易则按市场汇率进行。

2. 市场汇率(Market Rate)是指外汇市场上人们进行外汇买卖所采用的汇率。它由市场供求关系决定,并围绕某一均衡汇率而上下波动。市场汇率存在的前提是货币能自由兑换或外汇管制较松。外汇管制严格的国家往往不允许市场汇率存在,市场汇率以黑市价的形式表现出来。

(五)同业汇率和商业汇率

同业汇率(Inter - Bank Rate)是外汇银行相互之间买卖外汇时所采用的汇率。商业汇率(Commercial Rate)是外汇银行对个人和企业等一般客户进行外汇买卖时所采用的汇率。商业汇率的买卖差价要大于同业汇率的买卖差价。除有特别说明之外,外汇市场上银行的报价都是指同业汇率。

(六)名义汇率、实际汇率和有效汇率

名义汇率(Nominal Exchange Rate)是指各种媒体所公布出来的汇率,因此人们平时所观察到的汇率都是名义汇率。实际汇率(Real Exchange Rate)是以不变价格计算出来的某国货币的汇率,它考虑到了通货膨胀这一因素对汇率的影响,因此,可比名义汇率更真实地反映出一国出口产品国际竞争力的变化。直接标价法下,实际汇率与名义汇率之间的关系可以表示为:

$$实际汇率 = 名义汇率 \times \frac{本国物价指数}{外国物价指数}$$

有效汇率(Effective Rate)是用来衡量一国货币汇率总体变化情况的一个指标。它是根据一国货币对其他各国货币变动的幅度,并以贸易比重作为权数所计算出的一个加权平均数。

$$有效汇率 = \sum_{i=1}^{n} i\,国贸易比重 \times i\,国货币汇率变化$$

【例3】假定英镑对各种货币的汇率在一年中的变化情况,以及各国对英国的贸易在英国对外贸易中所占的比重,如表1-3所示。

表1-3 汇率的变化及贸易比重

货币名称	年初	年末	贸易比重
美元	1.8	1.4	20%
欧元	1.6	1.7	65%
加元	2.1	2.5	6%
日元	190	210	9%

将以上各汇率分别代入公式$(X_1 - X_0)/X_0 \times 100\%$中,可得英镑对各种货币汇率的变动幅度:

对美元: $(1.4 - 1.8)/1.8 \times 100\% = -22.22\%$

对欧元: $(1.7 - 1.6)/1.6 \times 100\% = 6.25\%$

对加元: $(2.5 - 2.1)/2.1 \times 100\% = 19.05\%$

对日元: $(210 - 190)/190 \times 100\% = 10.53\%$

再将以上汇率变动幅度以贸易比重进行加权平均,就可以得到英镑的实际汇率变动率。

$$(-22.22\% \times 20\%) + 6.25\% \times 65\% + 6\% \times 19.05\% + 10.53\% \times 9\% = 1.71\%$$

也就是说，和上年末相比，英镑对美元贬值22.22%，对欧元升值6.25%，对加拿大元升值19.05%，对日元升值10.53%。但是，总的来看，英镑升值了1.71%。如果以上年末的英镑汇率指数为100，那么，本年末英镑的汇率指数应该是101.71。

第二节　汇率理论

一、国际收支决定理论

国际收支决定理论或许是最基本、最流行的汇率决定理论。它将汇率看作是一种价格，同其他任何商品的价格一样，由外汇的供给和需求的相互作用决定。一国的外汇供给取决于其国际收支中能给本国带来外汇收入的贷方项目，如商品、劳务的出口，资金流入等。外汇需求取决于其国际收支需要对外支付的借方项目，如商品、劳务的进口，资金流出等。

当外汇汇率下降(本币升值)时，一方面，以本币表示的外国商品、劳务的价格下降，本国对外国商品、劳务的需求增加，对外汇的需求增加；另一方面，同量的本币可以兑换的外汇增加，从而刺激资本的输出，对外汇的需求亦增加。当外汇汇率上升(本币贬值)时，则相反，即无论是国际贸易还是资本输出所需的外汇都减少。因此，外汇需求和外汇价格(汇率)负相关。

外汇供给和外汇价格的关系则相反，呈正向变化。当外汇汇率下降(本币升值)时，一方面，本国的商品、劳务的外币价格提高，外国居民对本国出口的商品、劳务的需求下降，造成外汇的供给下降；另一方面，同量外汇可兑换的本币下降，资本输入减少，外汇供给亦减少。因此，当外汇价格上升时，外汇供给会由于出口的增加、资本输入的增加而增加，即外汇的供给和外汇价格(汇率)正相关。

如图1－1所示，*DD*曲线为外汇需求曲线。*DD*曲线从左到右向下倾斜，反映了外汇需求和汇率间的反向关系。*SS*曲线为外汇供给曲线。*SS*曲线从左到右向

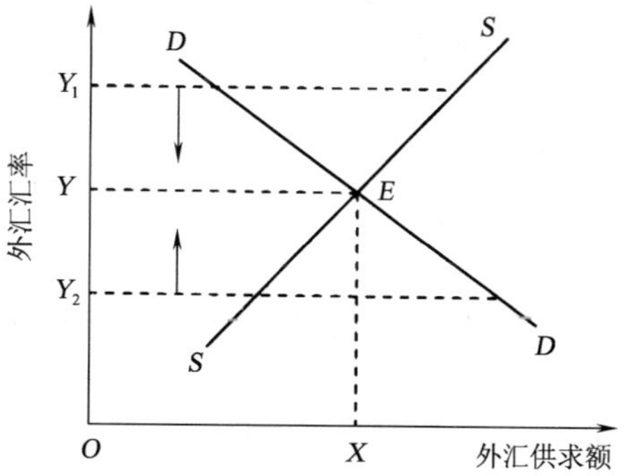

图1－1　国际收支决定理论

上倾斜，反映出外汇供给和汇率间的正向关系。E 点为两曲线的交点，国际收支顺差时，外汇供给大于需求，外汇汇率高于 OY（比如 Y_1 点），外汇汇率下降；国际收支逆差时，外汇需求大于供给，汇率低于 OY（比如 Y_2 点），外汇汇率上升；国际收支平衡时（汇率为 OY），外汇供给等于外汇需求，汇率不变，所以 OY 为均衡汇率，OX 为均衡的外汇供给和需求额。

由于汇率是由外汇的供求所决定的，而外汇的供求又是由国际收支决定的，外汇供给与需求的均衡是国际收支均衡的一种表现，所以，凡是影响国际收支平衡的因素都会影响汇率的变化。

二、购买力平价理论

购买力平价理论（Purchasing Power Parity，PPP）是瑞典经济学家卡塞尔于 1922 年提出的。该理论建立在一个重要的基础之上，即国际商品的套购活动会使不同国家的同一种商品按某种货币来衡量其价格时相等，这就是所谓的“一价定律”（Law of One Price）。

一价定律的存在以市场完全竞争及商品完全同质为前提。在这种条件下，不同国家之间同种商品的价格差会导致人们为了谋取差价利润而进行套购活动，其结果造成价格的一致。比如：在英国一辆小汽车售价 5 000 英镑，而同样的一辆车在美国售价为 10 000 美元，根据一价定律，£ 5 000 = $ 10 000，因此英镑对美元的汇率为£ 1 = $ 2.000 或者说是 $ 1 = £ 0.5。现假设市场汇率为 $ 1 = £ 0.6，那么，美国人在英国花 5 000 英镑买一辆车只需要 8 333.33 美元（5 000 ÷ 0.6），比在国内买要便宜 1 666.67 美元（10 000 − 8 333.33）。这样，大量的美国人将从英国购买此车以获得差价上的好处。与此同时，外汇市场上英镑的汇率将因为需求上升而上升，一直上升到 $ 1 = £ 0.5，差价消失为止。反之，如果市场上的汇率为 $ 1 = £ 0.4，那么由于英镑汇率过高，会造成大量的英国人从美国购买小汽车，这种活动一直保持到英镑汇率降为 $ 1 = £ 0.5，差价利润消失为止。

购买力平价有两种形式：绝对购买力平价和相对购买力平价。绝对购买力平价理论（Absolute PPP）认为，汇率为两国的物价之比。例如：某一组产品在英、美两国的售价分别为 100 英镑和 200 美元，那么英镑对美元的汇率为£ 100/ $ 200 = £ 0.50/ $ 1，用公式来表示就是：

$$S=\frac{P}{P^*} \tag{1-3}$$

式中：S 为汇率（直接标价）；P 为国内一系列商品的平均价格；P^* 为以外币表示的同一系列商品的平均价格。

根据绝对购买力平价理论，如果本国物价相对于国外物价上涨就会导致本国货币对外国货币的贬值。比如：英国的物价从 100 英镑升为 160 英镑，而美国的物价仍为 200 美元，那么，英镑对美元的汇率将贬值为£ 0.8/ $ 1（£ 160/ $ 200）。

相对购买力平价理论(relative PPP)认为,一定时期内,两国货币汇率的变化反映了同一时期两国物价指数的对比关系:

$$R_1 = R_0 \times \frac{P_A(t)/P_A(0)}{P_B(t)/P_B(0)}$$

式中:R_1 为新的汇率;R_0 为以前的汇率;$P_A(t)$ 为 A 国计算期物价指数;$P_A(0)$ 为 A 国基期物价指数;$P_B(t)$ 为 B 国计算期物价指数;$P_B(0)$ 为 B 国基期物价指数。

相对购买力平价还可以转化为通货膨胀率来表示。假设从基期到计算期,A,B 两国的通货膨胀率分别为 π_a 和 π_b,则

$$P_A(t)/P_A(0) = 1 + \pi_a$$

$$P_B(t)/P_B(0) = 1 + \pi_b$$

$$\frac{R_1}{R_0} = \frac{1 + \pi_a}{1 + \pi_b}$$

$$\frac{R_1 - R_0}{R_0} = \frac{\pi_a - \pi_b}{1 + \pi_b}$$

设 $\Delta S\%$ 为汇率变化的百分比,并且考虑到一般情况下 π_b 大大小于 1,则上式变为:

$$\Delta S\% = \pi_a - \pi_b \qquad (1-4)$$

(1 -4)式表明,两国货币汇率的变化幅度,大体上取决于两国通货膨胀的差异。通货膨胀率相对较高的国家,其货币将对外贬值。比如,一定时期内,如果英国的通货膨胀率为 10%,而美国同期的通货膨胀率为 4%,那么,这一时期英镑对美元将贬值 6%。汇率与通货膨胀率之间的这一关系,大体上可以从图 1 -2 中反映出来。

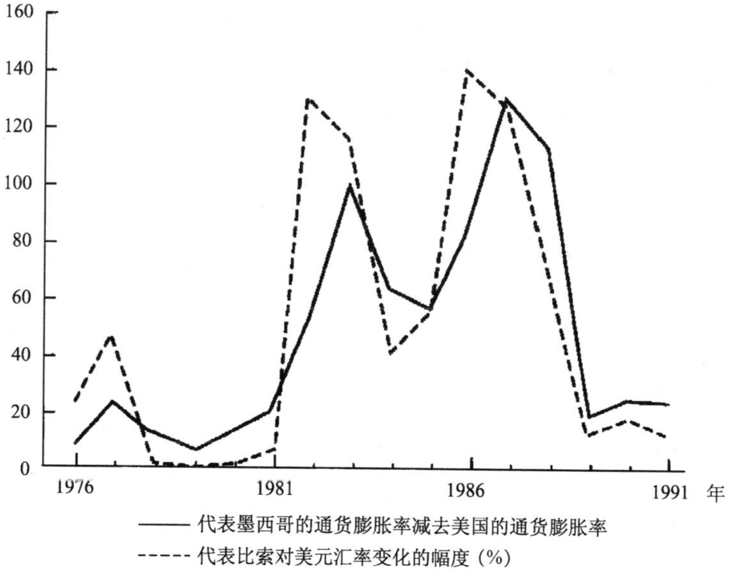

图 1 -2 墨西哥和美国的通货膨胀差异以及比索对美元的汇率变化幅度

资料来源:International Financial Statistics, International Monetary Fund, Washington, D. C. , 1992.

购买力平价理论产生后,不少人对此进行过检验。比如,《经济学家》杂志每年都会公布一个经验结果。该项检验没有采用价格指数,而是以麦当劳公司在全球各地销售的汉堡包的价格为基础。检验结果表明,无论是绝对购买力平价还是相对购买力平价所预测的汇率,都与实际汇率有较大的差异(参见表1-4和表1-5)。

表1-4 绝对购买力平价检验结果

国别(地区)	汉堡包本地价	购买力平价所要求的汇率	美元对各种货币的现实汇率	现实汇率与购买力平价的偏差(%)
阿根廷	Peso3.60	1.58	1.00	58
澳大利亚	A $2.45	1.07	1.39	-23
比利时	BFr109	47.81	32.45	47
巴　西	Cr77 000	33 772	27 521	23
英　国	£ 1.79	0.79	0.64	23
加拿大	C $2.76	1.21	1.26	-4
中　国	Yuan8.50	3.73	5.68	-34
丹　麦	DKr25.75	11.29	6.06	86
法　国	FF18.50	8.11	5.34	52
德　国	DM4.60	2.02	1.58	28
荷　兰	F15.45	2.39	1.77	35
香　港	HK $9.00	3.95	7.73	-49
匈牙利	Forint157	68.86	88.18	-22
爱尔兰	I£ 1.48	0.65	0.65	0
意大利	Lire4500	1974	1523	30
日　本	¥391	171	113	51
马来西亚	Ringit3.35	1.47	2.58	-43
墨西哥	Peso7.09	3.11	3.10	0
俄罗斯	Rouble780	342	686	50
韩　国	Won2 300	1 009	796	27
西班牙	Ptas325	143	114	25
瑞　典	Skr25.50	11.18	7.43	50
瑞　士	SF5.70	2.50	1.45	72
泰　国	Baht48	21.05	25.16	-16

注:以麦当劳公司的汉堡包为例,该汉堡包在美国的平均售价为 $2.28。

资料来源:《经济学家》,1993年4月17日,第79页。

表 1-5　相对购买力平价检验

国　别	本国通胀率与美国通胀率之差	本币对美元汇率的变化(%)
日　本	-30.7	56.6
德　国	-14.4	15.2
法　国	12.5	-22.4
英　国	17.5	-27.4
意大利	50.2	-36.0
加拿大	0	-3.3

资料来源:IMF,《国际金融统计》,1993 年。

实际经验表明,当通货膨胀较为严重时,购买力平价的预测是有效的。1982~1985 年间,以色列的通货膨胀达到了 3 位数,其货币锡克尔(Shekel)对美元的贬值幅度接近于以美两国通货膨胀的差异。拉美一些国家(比如阿根廷和墨西哥)的货币也遵循这一规律。然而,当两国通货膨胀的差异较小时,其他因素对汇率的影响更大。在短期(比如 1 年)内进行检验时,购买力平价也不成立,这是因为国际收支调整的滞后,以及政府干预等因素所造成的。

具体而言,导致购买力平价理论出现偏差的主要原因在于:

第一,“一价定律”在实际中很难成立。一价定律的前提是产品的价格差会导致商品的套购活动。只要某种商品在某国的价格高于其他国家,该商品就会从他国流入该国,直到该商品在世界各地的价格相等。实际上许多商品由于其运输成本太高,以及其他原因难以在各国流动。另外,国际贸易即使能使各国贸易品的价格在各国趋于一致,但由于大量的非贸易品比如理发等劳务不能进入国际贸易,一价定律很难成立,因此绝对购买力平价很难成立。

第二,购买力平价理论将商品的价格看成是决定汇率的唯一因素,但实际上影响汇率的因素是多方面的,比如,国际资本的流动、外汇管理政策等等。资本流动对汇率的影响是立竿见影的,而价格的变化在短期内是不太可能影响汇率的,这样,购买力平价所反映的汇率与实际汇率不可能在时间上吻合。另外,假如一国实施外汇管制措施,那么即使该国国内物价上升,货币购买力下降,外汇汇率不一定会上升,有时甚至会下降。

第三,物价指数测算的问题。发达国家和发展中国家的居民消费结构有很大的不同。比如,食品和服装消费在发展中国家居民消费中占较大比重,而在发达国家所占比重很低,导致两类不同的国家在计算物价指数时对同类产品的权数选择不同。

第四,不完全竞争。购买力平价理论的一个重要前提是各国存在足够的竞争以防止同一种商品在不同国家会有不同的价格,但是,跨国公司的存在使这一前提受到破坏。由于大跨国公司具有一定的垄断地位,因此,它们往往是对同一种产品在不同国家索取不同的价格。

三、利率平价理论

在现代全球资本市场中,伴随着国际资本跨国转移规模的扩大,利率变动已经成为影响市场汇率,特别是短期汇率变动的重要因素,催生了利率平价理论(Interest Rate Parity Theory)的诞生。

1923 年,凯恩斯在《论货币的改革》一书中,初步研究了利率对汇率的影响。他指出,当两个金融市场的利率水平不相等时,投资者为了追求更高的回报,在汇率不发生变动的前提下,往往倾向于把资本转移到利率更高的市场,以获取利息差额。但是在资本的转移过程中,如果汇率发生了对投资者不利的变动,那么投资者也许不仅无法实现更高的利息收益,反而会遭遇损失。因此,投资者会倾向于在远期外汇市场,按远期汇率把在高收益国家的投资所得兑换为本国货币,从而通过抵补套利的方式,锁定其投资收益。在这个过程中,远期汇率与即期汇率的差价会持续扩大,只有当远期与即期之间的升/贴水率和两个市场的利率差相等的时候,抵补套利才会中止,这时就达到了利率平价的要求。

因此,利率平价理论所揭示的是在抵补套利(Covered Interest Arbitrage)条件下,汇率与利率的关系。关于这一理论的表达式,我们给出一个简单的推导。

假设英镑和美元 1 年期存款的利率分别为 i_{uk} 和 i_{us},英镑对美元的即期汇率为 S(即£ 1 = \$ S),1 年的远期汇率为 F(即£ 1 = \$ F)。现假设有 1 美国投资者以 1 美元为成本进行投资。他将 1 美元投在本国市场,一年后的收益为:

$$\$(1+i_{us})$$

如果他将这 1 美元兑成英镑投在英国市场,一年后可获得收益为:

$$£\,[(1/S)+(1/S)i_{uk}]$$

为了防止 1 年后英镑对美元贬值,投资者应将在英国投资的收益进行远期保值。这样在英国投资的最终收益为:

$$\$[(1/S)+(1/S)i_{uk}]F$$

如果英美两国之间资本可以自由流动,那么投资者所进行的资金转移活动将使两国的投资收益相等,即:

$$(1+i_{us})=[(1/S)+(1/S)i_{uk}]F$$

或

$$(1+i_{us})/(1+i_{uk})=F/S \tag{1-5}$$

等式两边各减去 1,得:

$$(i_{us}-i_{uk})/(1+i_{uk})=(F-S)/S$$

或

$$i_{us}-i_{uk}=(F-S)/S+[(F-S)/S]i_{uk}$$

由于 $[(F-S)/S]i_{uk}$ 是远期升水/贴水的年率与英镑的年利率之乘积,为一个

相对较小的数，因此将其省去后得

$$i_{us} - i_{uk} = (F - S)/S \tag{1-6}$$

(1－6)式就是利率平价的基本关系式，它告诉我们，如果美元的利率高于英镑的利率，则英镑远期升水；反之，英镑就会出现远期贴水。更一般地讲，利率平价揭示了这样一种关系：外汇市场上，利率高的货币远期贴水，利率低的远期升水，其升/贴水的幅度大约相当于两种货币的利率差。

利用上面的利率平价公式，银行可以计算出各种期限的远期汇率。根据上面的(1－5)式，我们有：

$$F = [(1 + i_{us})/(1 + i_{uk})]S \tag{1-7}$$

在已知两种货币的即期汇率和1年期利率的条件下，银行就可以根据(1－7)式计算出两种货币1年的远期汇率。需要说明的是，由于公式(1－7)是根据1年的期限推算出来的，所以，计算1个月的远期汇率时，要将年利率乘以1/12；计算3个月的远期汇率时，要将年利率乘以3/12(即1/4)；计算6个月的远期汇率时，要将年利率乘以6/12(即1/2)。

实际上，如果我们以M个月为期限来推导公式，那么，英美两国收益相等应该表示为

$$1 + i_{us} \times (M/12) = [1/S + (i_{uk}/S) \times (M/12)] \times F$$

即

$$F = [\frac{1 + i_{us} \times (M/12)}{1 + i_{uk} \times (M/12)}] \times S$$

$$F = [\frac{1 + i_a \times (M/12)}{1 + i_b \times (M/12)}] \times S \tag{1-8}$$

(1－8)式是计算远期汇率的一般公式，其中i_a代表报价货币的利率，i_b代表被报价货币(基准货币)的利率。利用该公式，银行可以计算出各种期限(M个月)的远期汇率。

【例4】假设欧元对美元的即期汇率为1＝$1.120 0，欧元3个月期存款的年利率为4%，美元三个月期存款的年利率为6%，那么，欧元对美元的三个月远期汇率为

$$F = [\frac{1 + 6\% \times (3/12)}{1 + 4\% \times (3/12)}] \times 1.120\,0$$

$$= 1.005\,0 \times 1.120\,0 = 1.125\,6$$

即，欧元对美元三个月的远期汇率为：1＝$1.125 6。

计算结果表明，欧元3个月的远期汇率高于即期汇率，因此欧元远期升水56点(1.125 6－1.120 0)，正好符合利率平价得出的结论——利率低的货币远期升水。而且，我们还可以验证，其升水的幅度相当于两种货币的利差

$$升/贴水年率 = \frac{远期汇率 - 即期汇率}{即期汇率} \times \frac{12}{远期期限(月)}$$

$$= \frac{1.1256 - 1.1200}{1.1200} \times \frac{12}{3} = 0.005 \times 4 = 0.02 = 2\%$$

另外,在本例中,如果根据利率平价给出的结论,也可以直接计算出欧元三个月的远期汇率。由于3个月期欧元的利率(4%)低于美元的利率(6%),因此,欧元3个月的远期升水,且升水的幅度等于两种货币2%的利率差。据此,我们只要在欧元即期汇率的基础上,把升水的价值加上去,就可以计算出欧元的远期汇率:

$$F = \text{即期汇率} + \text{即期汇率} \times 3\text{个月的利差}$$
$$= 1.1200 + 1.1200 \times (6\% - 4\%)(3/12) = 1.1256$$

四、汇率的货币决定理论

汇率的货币决定理论(Monetary Approach to Exchange - Rate Determination)认为,汇率是由货币的供给与需求的均衡来决定的。

经济学理论认为,一国货币的供给是由货币当局来决定的,而货币的需求取决于实际国民收入水平、价格水平及利率水平。收入和价格水平越高,人们为完成日常交易行为所要求的货币越多,货币的需求量越大。另一方面,利率水平越高,人们手持货币的机会成本越大,对货币的需求越少,即货币的需求与利率水平呈反方向变化。当一国的实际收入水平和物价水平为一定时,均衡利率水平由货币的供给曲线和需求曲线的交叉点来决定。

假设外汇市场处于均衡状态(即利率平价成立),而本国货币当局由于某种需要而增加货币供应。从长远来看,根据购买力平价理论,这种行为将导致本国物价水平(P)上涨,本国货币对外贬值。比如:英镑和美元的均衡汇率为£ 1 = \$2.00。如果美国的货币供给增加10%,而英国的不变,那么,美国国内物价水平将会上升10%,同时,美元对英镑也将贬值10%,即汇率将变为£ 1 = \$2.20。但是,由于商品市场上物价的变化是一个较缓慢的过程,因此,均衡汇率从£ 1 = \$2.00 变为£ 1 = \$2.20 需要较长的一段时间。

然而,美国国内货币供给的增加导致的美元利率(i)下降,会立即对资本市场和外汇市场造成影响。具体来看,美元利率的下降会引起资本大量流向英国,导致美元对英镑立即贬值,其贬值的幅度会超过购买力平价预测的10%,比如达到16%,出现所谓的汇率超调(Overshooting)现象。随后,当美国的物价相对于英国的物价水平上升时,美元在外汇市场将逐步升值6%以抵消其过度的贬值,达到购买力平价所预测的均衡汇率,即美元对英镑贬值10%,汇率从\$2.00 变为\$2.20。美元汇率的这种变化过程,可以通过图1-3来说明(实线代表相关因素变化的实际轨迹):在短期内,美国货币供给增加10%(从 M_1 到 M_2)——美元利率下降(从 i_1 到 i_2)——资本大量外流,美元对英镑立即贬值16%(从 R_1 到 R_2);在长期内,美国物价上升10%(从 P_1 到 P_2),且美元对英镑升值6%(从 R_2 到 R_3)。

汇率的超调现象可以通过利率平价来解释,根据利率平价:

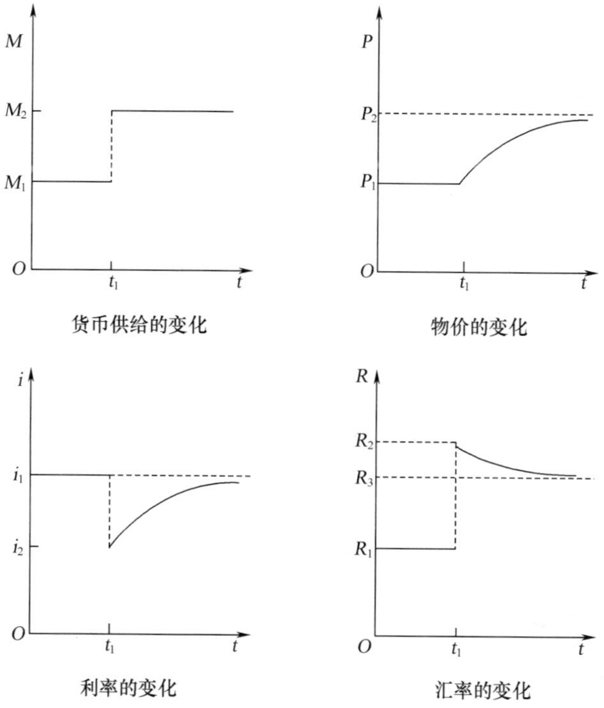

图 1－3　汇率的超调模式

$$(1+i_{us})/(1+i_{uk})=F/S$$

上式可变形为：

$$(1+i_{us})=(F/S)(1+i_{uk})$$

美国国内货币量增加 10%，由于价格变化的滞后(价格黏性)，美国国内的利率水平会下降。在英国利率不变的情况下，美元的利率下降导致 $(1+i_{us})<(F/S)(1+i_{uk})$，即利率平价遭到破坏，资金从美国流向英国，造成即期市场美元贬值。由于远期美元预测将贬值 10%，所以即期美元贬值的幅度将大于 10%，这样才能使利率平价成立。换句话说，只有当即期美元贬值的幅度超过所预期的远期贬值的幅度从而美元远期将会升水的时候，才能阻止美国国内资金外流，并重新达成利率平价。所以，当美国的货币供给增加 10% 的消息一传出，套利者就会使美元在即期市场立即贬值 10% 以上。

总的来讲，汇率的货币决定理论的主要观点是：①汇率由货币市场上货币供给和需求的存量来决定，均衡汇率在货币存量的供求相等处形成，货币供求存量的任何变化都会引起汇率的变化。②就货币供给而言，当一国货币供给增加时，国内物价上升，外汇汇率上升，本币汇率下降。当一国货币供给量减少时，本币汇率则上升。由于货币供给量主要由货币当局决定，所以汇率受各国货币当局政策的影响很大。紧缩性货币政策会使有关国家货币的汇率上升;扩张性货币政策会使该国货币的汇率下降。

五、资产组合理论

资产组合理论(Portfolio Approach)认为,外汇是可供人们选择持有的一系列资产中的一种,其价格(汇率)与利率都是由各国国内财富持有者的资产平衡条件同时决定的。这里所谓的资产平衡条件就是指在某一时点上,公众对各种资产的需求量恰好等于政府、银行系统、公司企业的资产供应量;或者说公众所持有的资产恰好等于社会的资产存量。均衡汇率就是在资产平衡条件下,资产持有者不再对资产组合(包括各种本币资产和外币资产)加以变动时的汇率。

最佳资产组合建立起来以后,其均衡状态会因为各种因素的干扰而遭到破坏,从而导致新的均衡调整过程。一旦利率、货币供给、国际收支、财政政策等因素发生变化,居民原有的资产组合就会失衡,进而引起国内外资产之间的替换,促使资本在各国之间流动。国际的资产替换和资本流动,必然会影响到外汇供求,导致汇率的变动。

(一)利率的影响

例如,当人们认为外币资产的实际利率较高时,就会抛售本币资产而争购外币资产,以增大后者在其资产总额中所占的比重,直至本币资产与外币资产的预期边际收益率相等为止。这种资产调整行为所引起的资金在各国之间的大量流动,必然会导致外币汇率的上升和本币汇率的下跌。

(二)货币供给的影响

假如一个国家的中央银行放松了对基础货币的控制,这样,该国货币供应量的增长速度较之外国的要高,人们的资产构成中,本币现金所占的比重因而增大。为了保持最佳的资产组合,该国居民就会积极地购买本国的和外国的债券,于是就产生了对这两种债券的需求。前一种需求会使本国债券的市场价格升高和国内利率水平下降;后一种需求则会导致外汇的供不应求,外币汇率会因此而上升(本币对外贬值)。

(三)国际收支的影响

比如,一国经常性项目的盈余反映了该国所持有的外国金融资产的增加。随着外币资产在全部资产构成中所占的比例增大,该国居民原有的最佳资产组合就会被打破。为恢复资产组合结构的平衡,人们就会相应地增加本国资产(债券和现金)的持有量。对本国债券的需求增加,将导致国内利率的下降;与此同时,对外国资产的需求相对减少,又会使外币汇率下跌和本币汇率上升。这种汇率变动的结果势必会使得本币资产的份额增加,从而有助于重新恢复资产结构的均衡。因此,一国经常性项目的差额是通过改变国民财富的比例来影响汇率的。

（四）财政政策的影响

一国政府的财政政策，也会通过改变资产组合来影响汇率。假定一个国家发生了财政赤字，政府采用发行公债的方法进行弥补。这种赤字融资方法将对汇率产生两种不同的影响。首先，政府增加了以本币定值的债券的相对供应量，而本币债券的超额供给使资产组合失去了平衡。于是，本国居民就会相应地增加对外币现金和外国债券的持有量，外币汇率会因此而上升，本币汇率因此而下跌。货币汇率的这种变动，会减少本币债券的相对价值，从而使均衡重新恢复。所以，一个国家的财政赤字，往往会引起本国货币的贬值。其次，政府采用发行债券而不是通过增加货币供应量的方法来弥补财政赤字，这会加大对国内金融市场上的资金需求，从而促使利率水平上升，国内债券收益率的提高，会使外国债券的吸引力下降，对外汇的需求相应地减少，形成外币汇率下跌的压力。将上述两种影响综合起来考察，如果后者的影响超过前者，本币汇率将会上升；反之，本币汇率就趋于下跌。

总的来讲，资产组合平衡理论认为，本国货币供应量与外国货币供应量的差异、国际收支中经常性项目的差额以及政府财政的平衡情况等，都会使本币资产与外币资产的存量发生变化，从而使利率和汇率水平发生变化。

与其他汇率决定理论相比，汇率的资产组合理论有不少可取之处。首先，它强调了影响汇率决定过程中的多种因素。它既承认经常性项目的失衡会影响汇率，也认定有关国家在货币供给增长率上的差异会引起汇率波动。其次，资产组合理论还考虑到了各项金融资产预期收益率的差异以及影响预期收益率或相对风险率的各种因素的变动对汇率所产生的作用，这较之那些只偏重某一类型经济因素对汇率的影响的理论（如只将注意力集中于物价水平上的购买力平价理论）更为合理。

第三节　汇率的变化及其影响

汇率会受到多种因素的影响而发生改变，其中主要包括各种经济因素。各种因素反过来，汇率发生改变后，又会对日后的经济状况产生影响。因此，汇率与经济之间，存在相互作用的关系。

一、影响汇率变化的主要因素

国际货币基金协定修正案对汇率体系的基本要求是：会员国应在国内经济金融基本稳定的情况下来谋求外汇市场的稳定。从实际情形来看，各国汇率很难长期处于稳定状态，这是因为一国汇率的变动要受到许多因素的影响，既包括经济因素，又包括政治因素和心理因素等，而各个因素之间又有互相联系、相互制约的关系。随着世界政治经济形势的发展，这些因素所占的地位又经常发生变化，有时以这些因素为主,有时又以另一些因素为主。而且,同一个因素在不同的国家、不同的时间所起的作用也不同,所以汇率变动是一个极其错综复杂的问题。在此,我们主要选择几个比较重要的经济因素来说明它们对汇率变动的影响。

(一)国际收支

国际收支状况对一国汇率的变动有直接影响。本国国际收支顺差导致外汇供给增加,因此,外汇会贬值,同时本国货币对外升值;反之,本国国际收支逆差导致外汇供给下降,因此,外汇会升值,同时本国货币对外贬值。在固定汇率时期,国际收支是决定外汇汇率特别重要的因素。在当时条件下,大量国际收支逆差,往往是货币贬值的先导。20 世纪 70 年代后情况发生了变化,随着浮动汇率取代了固定汇率,通货膨胀和利率对汇率的影响变得更加重要了。

20 世纪 80 年代的日本,以及进入 21 世纪之后的中国,都面临着国际收支顺差所带来的汇率调整压力。由于对外贸易的迅速扩张,两国都积累了巨额的贸易顺差,给两国货币带来了巨大的升值压力。与此同时,贸易伙伴国逆差的累积增加,又会给顺差国带来更大的国际压力,从而迫使这些国家的货币升值。

(二)通货膨胀

根据购买力平价理论,一国的物价水平或货币的价值是影响汇率变动的一个重要因素,因为它会影响到一国商品、劳务在世界市场上的竞争能力。由于通货膨胀,国内物价上涨,一般会引起出口商品的减少和进口商品的增加。这些变化将对外汇市场上的供求关系产生影响,即导致外汇供给减少、需求增加,从而造成本国货币汇率的下降。因此,一国货币对内价值的下降必然会带来其对外价值的下降。但是,一国货币内部贬值转移到货币外部贬值要有一个过程,这种转移过程可能需要半年,也可能需要延迟几年。从长远来看,汇率终将根据货币实际购买力而自行调整到合理的水平。

如果从国际贸易所引发的国际收支平衡的变动看,一国出现通货膨胀,就表明国内物价水平的普遍上涨。当国际市场价格不变时,该国居民就会选择进口外国商品,以替代价格持续上涨的本国商品,从而引起进口需求的持续扩张。与此同时,本国物价的持续上涨,又会极大地降低本国商品与劳务在国际市场上的竞争力,导致本国出口规模的压缩,最终导致本国国际收支恶化,进而传导到外汇市场,引起本币贬值,外币升值。

从货币市场上看,当一个国家的通货膨胀持续高涨,在名义利率没有发生相应变动的时候,必然会造成资本市场上实际利率水平的降低,由此导致国内外资本市场的收益失衡。追求更高利润的投资者,必然会将本国资本抽逃出去,从而导致资本的外流,引起资本与金融账户中的国际收支逆差,进而导致该国货币汇率的贬值。

历史上,德国在第一次世界大战以后所出现的恶性通货膨胀,是现代金融史中的重要事件。它也成为验证一个国家通货膨胀与国际市场中的货币汇率关系的重要历史事件。一战结束以后，一方面为了偿付巨额的战争赔款；另一方面，也需要通过扩张性货币政策来挽救被战争几近摧毁的德国经济，减少失业，德国政府被迫选择了极端的货币扩张政策。它在推动德国国内物价飞速上涨的同时，德国马克在国际市场中的汇率急速贬值，并最终几乎摧毁了德国经济，将整个欧洲拉入货币危机的泥潭。表 1－6 反映了 20 世纪初期德国的恶性通货膨胀对马克汇率的影响。

表 1－6 德国通货膨胀对马克汇率影响（月平均汇率） DM/ $

时 间	汇 率	时 间	汇 率
1914 年 7 月	4. 2	1922 年 7 月	493. 2
1919 年 1 月	8. 9	1923 年 1 月	17 972. 0
1919 年 7 月	14. 0	1923 年 7 月	353 412. 0
1920 年 1 月	64. 8	1923 年 8 月	4 620 455. 0
1920 年 7 月	39. 5	1923 年 9 月	98 860 000. 0
1921 年 1 月	64. 9	1923 年 10 月	25 260 208 000. 0
1921 年 7 月	76. 7	1923 年 11 月	4 200 000 000 000. 0
1922 年 1 月	191. 8		

资料来源：Gustave Stolper. German Economy, 1870 – 1940, Issues and Trends [M]. New York: Reynal & Hitchcock, 1940:151; revised version in James C. Baker. The German Stock Market: Its Operations, Problems, and Prospects[M]. New York: Praeger Publishers, 1970:11.

（三）利率水平

在现代全球经济中，资本市场的规模早已超越了传统的国际贸易市场的规模。在资本市场上，众多的跨国公司、银行以及投资者，为了追求投资收益的最大化，不断地寻找合适的投资场所，每天都有大量的资本跨越国境在全球资本市场中流动，并对外汇市场产生重大的冲击。

利率是对金融市场状况的一种反映。信贷紧缩时，利率上升；信贷松动时，利率下降。各国间利率的差距，将引起短期资金在各国之间的流动。资本移动将引起外汇市场供求关系的变化，从而对外汇市场发生影响。在通常情况下，一国利率提高，信用紧缩，将导致该国货币的升值；反之，则导致货币的贬值。多数学者都认为，短期内，两国利率的差异是决定汇率的主要因素。

人们普遍认为，20 世纪 80 年代初期的美元升值就是由于美元的高利率导致的。这一时期，美国经济由衰退转向了快速增长，然而，其贸易伙伴国的经济却非常不景气，结果使得美国的出口下降，进口上升。这种情况本身会使得美元贬值，但是，从图 1－4 中可以看到，这一时期美元的利率却大大高于其他货币（参见图中美元与其他主要货币的实际利率差异），从而导致国外投资大量流入美国，美元出现升值。美元的升值表明,贸易收支恶化对美元贬值的压力要小于资本流入对美元升值的推动力。1985—1986 年,当美元利率下降时,美元对德国马克和日元等主要货币的比价出现了下降。

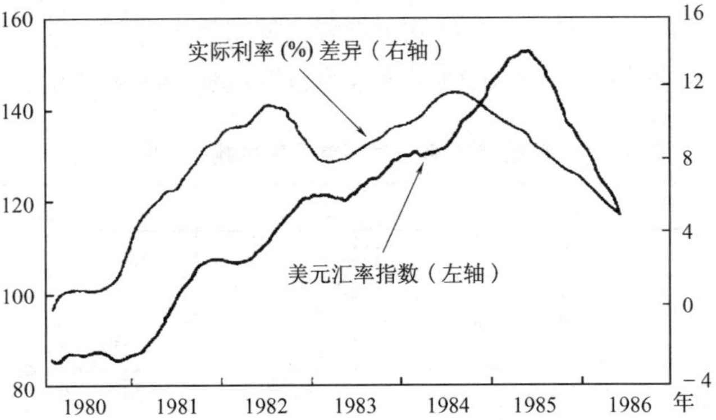

图1-4 利率及美元汇率的变化

资料来源:Craig Hakkio. Interests Rates and Exchange Rates: What is the Relationship? [J]. Economic Review,1986(11).

然而,在考虑利率与汇率的关系时,问题并非如此简单。重要的一点在于,必须将名义利率和实际利率(名义利率减去通货膨胀率)区分开来。对国际投资者而言,他们所关注的是两国实际利率的相对变化。如果美元名义利率上升的同时,通货膨胀率也以相同的幅度上升,那么,实际利率将不会改变。此时,更高的名义利率并不能使美元证券对英国投资者更具吸引力。这是因为,美国通货膨胀的上升将刺激美国人购买相对便宜的英国商品,从而会导致对英镑需求的增加,以及美元的贬值。这样,英国投资者预期,随着美元购买力的下降,美元将对英镑贬值。因此,美元证券较高的名义收益率会被预期的贬值抵消,英国在美国的投资不会增加。只有当美元更高的名义利率意味着美元实际利率的上升时,美元才会对英镑升值。反之,如果美元更高的名义利率意味着预期通货膨胀率的上升及实际利率的下降,那么此时美元将贬值。

(四)经济增长率

实际经济增长率与未来的汇率变动有着更为复杂的关系。主要有两种情形。如果一国的出口保持不变,经济增长加速,国内需求水平提高,将增加该国的进口,从而导致经常项目逆差。如果一国经济以出口为导向,经济增长是为了生产更多的出口产品,在这种情形下,经济增长率的提高,可以使出口的增长弥补进口的增加。

一般来讲,高增长率会引起更多的进口,从而造成本国货币汇率下降的压力。

但是经济增长率的变化也反映一国经济实力的变化，经济增长快、经济实力强的国家可以加强外汇市场上对其货币的信任，因而货币汇率也有上升的可能。经济增长率的变化并不是一个孤立的因素，而是同国际收支情况、通货膨胀率和利率的变化交织在一起，相互联系、相互影响的。

（五）财政赤字

政府的财政赤字常常被用作预测汇率变化的指标。如果一个国家的财政预算出现巨额赤字，其货币汇率将会下降，因为庞大的财政赤字意味着政府支出过度，从而导致通货膨胀率的加剧和经常项目收支的恶化，于是本币汇率自动下浮。但这一结果也不是十分确定的，因为庞大的财政赤字将促使利率上升，而较高的利率又会吸引资金流入，使货币趋向坚挺。

（六）中央银行对外汇市场的干预

按照传统的经济自由主义观点，市场机制对于经济的调节最为有效，而政府政策对于经济的干预只会带来更多效率的损失，因此政府应该尽量减少对于宏观经济的干预，让市场这只“看不见的手”自发地发挥调节作用。而事实上，伴随着 20 世纪 30 年代大萧条之后，凯恩斯主义所倡导的宏观经济管理思想被西方各国所接受，在现代全球经济中，即使自诩为自由市场经济体制的西方发达国家，也广泛运用各种宏观经济手段，对国民经济进行调节。其中，就包括参与外汇市场交易，干预市场汇率水平。

目前，在浮动汇率体制下，各国央行不再承担把货币汇率维持在一个稳定范围的义务，但是各国央行仍然会积极参与外汇市场，通过在公开市场中买入或卖出外汇，以避免汇率剧烈波动给国民经济造成巨大冲击，维持汇率的相对稳定。

事实上，在现代全球经济中，货币汇率涨跌不定，波动剧烈。特别是美国“次贷”危机以及欧洲债务危机以来，一些经济陷入困境的国家的货币，都面临着加速贬值的危机。如果任由市场自发调节货币汇率，必然催生更多的市场投机行为，加剧外汇市场的波动，反而影响全球经济的整体运行。因此，为了避免货币汇率的大幅波动，各国中央银行都会采取各种措施，干预外汇市场交易；或者通过一些货币政策、汇率政策，以影响外汇市场的走势，从而稳定经济。

20 世纪 80 年代《广场协议》的签订，就是主要国家的中央银行联合干预外汇市场的典型例子。1981 年，日本对美国的贸易顺差为 300 多亿美元，而到了 1987 年，日本对美国的贸易顺差已经超过 500 亿美元。与此同时，1984 年美国的贸易赤字也从前一年的 600 亿美元，飙升至1 090亿美元，而当年美国的财政赤字也达到近1 000亿美元。美国面临着极大的经济下行的压力，巨额的贸易赤字也使得美国国内纷纷把矛头指向日本，里根政府开始在各种公开场合指责日本政府干预外汇市场，阻止日元的升值。一时之间，美日两国关于日元汇率与日美贸易失衡的争端频起，日本政府也在国际经济领域承受着巨大的压力。初期，日本更多针对美国的高利率政策展开攻击，把日美贸易失衡归结于美国的高利率政策。然而，随着日美关系的进一步紧张，日本决定在日元汇率方面对美做出让步。

1985年9月，美国新任财政部长詹姆斯·贝克邀请日、德、英、法等国的财政部长和中央银行行长齐聚美国的纽约广场饭店，并签订了对此后世界金融格局产生巨大影响的《广场协议》。该协议建议五国政府采取联合干预外汇市场的做法，以促使美元对其他主要货币汇率的有秩序下调。会后的第二天，外汇市场上美元对日元的汇率就从1比239跌到了1比222，并在一年多以后跌破了1比100，从而拉开了日元大幅升值的序幕。

1985年2月至1988年11月，日元对美元升值111%；1990年4月至1995年4月，升值89%；1998年8月至1999年12月，再次升值41%。日元的连续升值，极大地缓解了日本与美国等贸易伙伴之间的贸易争端，也在很大程度上缓解了日美两国贸易的不平衡状态。

（七）心理预期

我们知道，市场基本因素（比如实际收入和物价）的变化会使汇率产生波动。然而，有时汇率的变化幅度和速度都不能从这些因素中得到解释。比如，汇率的变化在一天内可以达到或超出20%，而市场因素的变化一般无法对此种反常的汇率变化做出解释。当汇率立即对市场因素做出反应时，往往会受到各种预期因素的影响，换句话讲，汇率的变化不仅包含了已有的市场因素的影响，而且还包含了各种预期的影响。

一些研究表明，投资者的心理预期和盲目跟风会对短期汇率变化产生重大影响。然而，这些影响很难预测。投资者的心理变化既有可能来自于政治因素，又有可能来自于微观经济事件，比如，某个企业的投资决策。而这些因素与宏观经济基本面（比如通货膨胀）的联系并不紧密。同时，一些政治家独特的行为有可能引发或加剧羊群效应①。

与股票市场一样，当新的信息出现时，外汇市场也会迅速做出反应。大选、战争以及中央银行（比如美联储）的人事变动等都预示着未来货币政策的改变。此类事件，甚至包括此类事件的谣传都会对股市和汇市产生影响。假设人们普遍预测美国的经济将发生以下几方面的变化：①增长速度快于日本；②未来利率水平低于日本；③通货膨胀率高于日本；④货币供给增长快于日本。所有这些预期都表明美元将对日元贬值。为了避免美元贬值所带来的外汇市场损失，美元持有者会迅速将美元兑换成日元，从而导致对日元的需求上升以及美元对日元的贬值。

有时，即便没有出现与市场因素相关的信息，投资者也会调整他们对未来汇率

① 经济学里经常用“羊群效应”来描述经济个体的从众跟风心理。羊群是一种很散乱的组织，平时在一起也是盲目地左冲右撞，但一旦有一只头羊动起来，其他的羊也会不假思索地一哄而上。因此，“羊群效应”指的是人们的一种从众心理。

变化的预期，从而对汇率产生影响。在这方面，其中的一个例子就是投机泡沫对汇率的影响。比如，当绝大多数投机商预期瑞士法郎将要升值时，这种预期并非一定来自于对瑞士的市场基本因素的判断，或许是因为投机商在观察日汇率变化的图形时，认为瑞士法郎将大幅升值。此时，他们将大量买入瑞士法郎，并导致瑞士法郎的升值。因此，投机商的预期具有自我实现的功能。随着投机商对瑞士法郎的信心越来越强烈，他们购买的瑞士法郎越来越多，这种货币就会出现持续的投机性上涨。当然，投机泡沫会在某一时刻破灭。此时，瑞士法郎又会急剧下跌。因此，投机商的行为会加剧汇率的波动性。

总之，由于汇率的变化受到多种因素的影响，有些因素可能使得某种货币贬值，另一些因素可能会使得该货币升值，因此，汇率变化的最终结果将变得十分复杂而难以预测。

二、汇率变化对经济的影响

汇率变化对经济的影响是广泛而深远的。首先，从微观上看，汇率变化会给企业带来外汇风险，从而造成其生产经营活动的损失。比如，本币对外升值（外汇贬值）后，出口企业外汇收入兑换成的本币减少，就会导致出口企业的损失；而本币对外贬值（外汇升值）后，进口企业购买外汇的成本增加，就会导致进口企业的损失。其他经济实体，比如，贸易公司、金融机构、政府部门等，在从事进出口业务和国际借贷与投资业务时，也都面临着同样的问题。其次，汇率变化还会对整个宏观经济造成影响，其中包括以下几个方面。

（一）汇率变动对国际收支的影响

1. 对贸易收支的影响。在其他条件不变的前提下，一国货币汇率下降，则该国所有商品的外币价格下降，该国的出口量便会增加；进口商品的本币价格随之上升，进口量便会减少。反之则相反。

一国货币汇率变动对该国进口额和贸易差额的影响还要看弹性值的大小。若一国出口商品富有需求弹性，即需求价格弹性大于1，则本币汇率下降会刺激出口额增加，因为出口实物量的增加幅度大于出口产品外币价格的下降幅度。若一国进口商品富有需求弹性，即本币汇率下降所引起的进口实物量减少幅度大于进口产品本币价格上升幅度，进口额将会减少。缺乏弹性会引起相反的结果。

2. 对非贸易收支的影响。汇率变化对非贸易收支的影响基本上与对贸易收支的影响相同。本币贬值后，外币的购买力相对提高，本国的劳务（比如交通、导游和住宿等）费用会变得相对便宜，这无疑会吸引更多的外国游客，使得与旅游业相关的外汇收入上升。与此同时，本币贬值后，国外的旅游和其他劳务开支对本国居民来说显得更加昂贵，从而抑制了本国劳务费用的支出。因此本币贬值有助于劳务收支改善。反之，本币升值，劳务收支会恶化。

3. 对资本流动的影响。资本国际流动的目的是为了获得较高的收益。汇率的变动会对以某一货币所表示的资产价值和收益产生较大的影响,因而会影响到资本的流向。

长期资本项目,例如,移民资本转移、直接投资和其他长期投资的流动主要是为了获得长期的投资收益,短期汇率的变动对其影响不大。但是,一些研究表明,汇率对直接投资的影响在不断提高。1996 年,日本经济企划厅编制的《经济白皮书》对日本对外投资进行了多因素的回归分析,结果发现汇率因素对日本在亚洲直接投资的影响程度不断提高。

一般情况下,人们认为,一国货币升值会导致对外投资的增加,因为随着以外币表示的出口商品价格上升,竞争力下降,出口替代型的直接投资会相应增加;另外,本币升值后,会降低货币贬值国的国内生产和资产成本,可以使升值国家利用较少的资本进行投资,增加对外投资。相反,一国货币贬值则会减少对外投资。例如,日元升值与日本对外投资呈正相关关系。1993 年日元升值后,日本在 1994—1995 年保持了较高的对外投资增长率,分别为 14% 和 23. 5%;反过来,1995 年下半年开始的日元贬值使得 1996 年的直接投资减少了 5. 3%,且 1997 年继续下降。

短期资本,例如,证券投资、货币存款和其他短期投资的流动以保值和追求短期收益为目的,因此,对汇率变动十分敏感。一国货币贬值,意味着以该国货币表示的各类金融资产的价值下降,为了避免因货币贬值带来的不利影响,短期资本会纷纷逃往其他国家。一国货币的升值,则意味着以该国货币表示的各种资产价值的增加,短期资本会流入该国。短期资本对国际金融市场行情的反应十分迅速,而且规模巨大,因此,其在国际的流动对流入国和流出国的冲击都很大:对于流出国来说,会进一步加剧货币贬值的速度,影响该国货币的国际地位,也影响到其信用能力,使其国际收支恶化;对于流入国来说,会使其汇率迅速上升,削弱出口的竞争力,还可能导致货币供应量增加,引发通货膨胀。

4. 对外汇储备的影响。汇率变动可以改变储备货币的实际价值。例如,若美元汇率下降而日元汇率上升,则美元储备的实际价值下降而日元储备的实际价值上升。当某国动用美元储备偿还日元债务时,债务负担则更为沉重。

从长远看,储备货币汇率的变动可以改变外汇储备资产的结构。汇率不断上升的外汇在外汇储备中的比重不断提高,汇率逐步下降的外汇在外汇储备中的比重有所下降。

本国货币汇率的变动直接影响该国外汇储备的数量。在一般情况下,一国政府实行压低本国货币汇率的政策,有助于国际收支出现顺差和外汇储备的增加。反之,政府实行高估本国货币汇率的政策,往往造成国际收支逆差和外汇储备的短缺。

(二)汇率变动对国内经济的影响

1. 对国内物价的影响。影响物价是一国货币汇率变动对国内经济最为直接的作用。从进口角度来看，一国货币汇率下降首先引起进口商品的本币价格相应上升。它会带动国内同类商品的价格上升，若进口商品属于生产资料，其价格上升还会通过生产成本上升推动最终产品的价格上涨。从出口角度来看，一国货币汇率下降首先引起出口量的扩大。在国内生产能力已经得到充分利用的情况下，这会加剧国内的供需矛盾，使出口商品的国内价格上升。反之，一国货币汇率上升，则有助于抑制本国通货膨胀。

2. 对国民收入和就业的影响。汇率变化会影响到进出口贸易，而贸易的变化又会因为乘数作用对国民收入和就业造成影响。本币贬值后，如果国内存在各种人、财、物等闲置资源，那么，本国的产量就会扩大，贸易收支得到改善。贸易收支的改善将会通过乘数效应扩大总需求，带动国民收入增长，就业上升。本币升值，其结果相反。

3. 对产业结构的影响。不同产业收益的变化，使稀缺资源在各产业中重新分配，导致产业结构的变化。一国货币汇率下跌，一方面引起出口增加，使生产出口商品的企业和部门收益增加，导致资源由其他部门向该类部门转移；另一方面使进口减少，国内对进口商品的需求转移到同类的国产商品上，使生产进口替代产品的部门和企业的收益增加，从而引起资源的重新分配。因此，当一国货币汇率下降时，该国生产出口产品和进口替代产品的企业和部门得到发展；反之，上述行业则受到打击。

（三）汇率变化对世界经济的影响

汇率变动对世界经济的影响主要表现在主要工业化国家货币汇率变化方面，而一般国家汇率的变动只会对贸易伙伴国的经济产生一定的影响而不会对整个世界经济造成冲击。

在布雷顿森林体系时期（参见第 10 章），美国曾实行高估美元汇率的政策。这种政策使美国跨国公司得以廉价购买其他国家的资源，促进了美国的资本输出。在 20 世纪 70 年代初，美元两度大幅度贬值，使以美元计价的初级产品出口收入受到损失，并使各国美元储备的实际价值下降。

在当前的浮动汇率制下，发达国家经常用压低本国货币汇率的手段，以争取贸易顺差和摆脱经济停滞局面。但是，一国的贸易顺差是以其他国家的贸易逆差为代价的。因此，它会引起发达国家竞相降低本币汇率的货币战。从世界角度来看，各国货币汇率的频繁上下波动加大了国际贸易和国际金融运动中的风险，为外汇交易中的投机行为提供了可乘之机。这种影响是区域性货币集团得以发展的重要原因。

第四节 国际货币危机

一、货币危机的含义

货币危机（Currency Crisis），又称国际收支危机，它的含义有广义和狭义两种。

从广义来看,一国货币的汇率变动在短期内超过一定幅度(有的学者认为该幅度为15% ~20%),就可以称为货币危机。就其狭义来说,货币危机是与对汇率波动采取某种限制的汇率制度相联系的,主要发生于固定汇率制下。它是指市场参与者对一国的固定汇率失去信心的情况下,通过外汇市场进行抛售等操作导致该国固定汇率制度崩溃、外汇市场持续动荡的带有危机性质的事件。在有的研究和分析中,人们对货币危机和金融危机不加区分,但一般认为,这两者是存在区别的。前者主要发生在外汇市场上,体现为汇率的变动;而后者的范围更广,还包括发生在股票市场和银行体系等国内金融市场上价格的波动以及金融机构的经营困难与破产等。货币危机可以诱发金融危机,而由国内因素引起的一国金融危机常常也会导致该国货币危机的发生。

二、货币危机的类型

货币危机按其性质不同可分为两种:一种是在基本经济条件恶化时发生的,建立在经济基础之上的;另一种则与本国经济条件无关,主要是由于人们心理预期的变化所造成的。

(一)经济条件恶化所造成的货币危机

政府过度的扩张性财政、货币政策导致经济基础恶化是引发对固定汇率的投机冲击从而爆发货币危机的最基本的原因。我们可借助于国际收支的货币分析法来分析这种货币危机发生的过程。假定一国的货币需求非常稳定,而该国的货币供给由国内信贷及持有外汇储备两部分构成。在该国货币供求平衡时,如果政府持续扩张国内信贷来融通财政赤字,那么这会带来货币供给的扩张。在其他条件不变时,该国居民将会通过向外国居民购买商品、劳务、金融资产等国际收支活动,引起外汇储备下降从而使货币供给与货币需求相等。

一国的外汇储备总是有限的。在其他条件不变时,国内信贷的持续扩张必然最终导致该国外汇储备持续下降,直至最终为零。外汇储备是政府维持固定汇率制的主要工具,当政府不持有任何外汇储备时,只能听任外汇市场的汇率自由浮动。这样,当一国持续扩张的货币政策导致该国外汇储备下降,并放弃固定汇率制时,汇率的自由浮动会较原有的固定汇率有大幅度的贬值。

需要指出的是,以上的分析没有考虑到心理预期因素。如果投机者能够对经济基本因素有比较正确的预期,则必然会对这一未来汇率的大幅贬值提前做出反应。当投机者预期固定汇率制即将崩溃时,往往会提前以固定汇率购入外汇。如果市场上的投机者在某一时刻一致抛售本币、抢购外汇,就形成了对该国固定汇率制的投机冲击。这一投机冲击一般发生在原有的外汇储备下降为零的时刻之前。当本国政府还持有部分储备时,投机冲击会造成本国外汇储备立即耗尽、固定汇率制被迫放弃。

在相当长的时期内,国际上实际发生的货币危机大都属于这一类型。从战后来看,比较有影响的有20世纪70年代之后墨西哥的三次货币危机,1982年智利货币危机等。进入90年代之后,投机性资本流动对宏观经济的冲击越来越大,往往在经济基本情况还比较健康时,也会发生投机性冲击并常常引发货币危机。这种货币危机无法用传统观点来解释,而需要对投机性资本的运动机制做出进一步的考察。

（二）由于心理预期所导致的货币危机

投机冲击的出现有可能与基本经济条件无关,而是在国际短期资金流动存在独特的内在运动规律的条件下,主要由心理预期因素导致的。例如,一国可能在没有实施扩张性政策、外汇储备充足的情况下突然出现投机冲击而发生货币危机。理解这种类型的货币危机的关键是掌握利率在宏观经济中的特殊地位。

投机者对一国货币的投机冲击步骤往往是首先在本国货币市场上借入本币,再在外汇市场对本币进行抛售,买入外币资产。如果这一攻击能取得成功,投机者会在本币贬值后再用外汇购回本币,归还本币借款。这样,投机者在进行投机攻击中的成本是本国货币市场上的利率所确定的利息,预期收益则是持有外汇资产期间外国货币市场上的利率所确定的利息收益以及预期本币贬值会带来的收入。所以,政府提高利率就可以有效地提高投机者进行投机攻击的成本。在外国利率不变时,投机者对本币未来贬值幅度的预期越高,对提高本国利率的承受力就越强。从理论上讲,政府总可以将利率提高到一定水平来维持固定汇率制度。问题在于,提高利率不是没有成本的,当政府被迫放弃固定汇率制时,原因一定是提高利率来维持固定汇率制的成本大大高于维持固定汇率所能获得的收益。

政府提高利率来维持固定汇率制度的成本一般包括:①如果政府债务存量很高,高利率会加大预算赤字,给政府带来沉重的还本付息负担。②高利率不利于银行稳定经营。利率上升时,由于较高的利息成本会使较为稳健的投资者放弃借款申请,社会上会有更多的风险大的借款人愿意接受贷款。同时,为偿还这一较高的利息成本,任何借款人都倾向于改变他自己的项目性质,使其风险变得更大。这两种情况都使得商业银行在高利率时期的贷款质量下降,国内金融风险加大。③最为重要的是,高利率一般意味着经济紧缩,这会带来衰退与高失业率等一系列问题。尤其是现代经济中,股票市场、房地产市场状况与利率存在着密切联系。如果因为利率过高而导致股市暴跌,房地产价格低迷,就会使整个经济陷入萧条乃至于危机的境地。

政府维持固定汇率制度的收益包括:①固定汇率可以消除汇率自由浮动时可能出现的过度波动给国际贸易和投资带来的不利影响,为一国经济创造一个较为稳定的外部环境。②政府可以通过维持汇率稳定来获得政策一致性的声誉,这种声誉会对公众的预期产生重大影响,从而使政府以后的经济政策容易收到成效。

政府面临投机冲击时,决定是否提高利率维持固定汇率实际上是对这两方面的权衡过程。当维持固定汇率的收益超过其成本时,政府就应将其维持下去;反之,则放弃。也就是说,政府只能将利率提高到一定限度,如果为维持固定汇率制度而要求将利率提高到超过这一限度时,则政府宁肯选择放弃对投机攻击的抵御,听任汇率自由浮动。

实际上,投机者的行为实际上也取决于投机活动的成本和收益,只要预期投机攻击成功后的该国货币贬值幅度超过该国提高利率后两国利率之间的差异,投机者就会选择进行投机攻击。如果投机者预期该国货币的贬值幅度足够大,那么,在利率提高到该国政府可以承受的上限后,投机者仍可以接受这一利息成本,继续进行投机攻击,以迫使政府最终放弃固定汇率。在这里,投机者最终能否取得成功,取决于投机者掌握的投机资金数量;羊群效应是否发生;政府态度的坚决性以及各国政府之间的国际协调和合作是否及时和有效等。

三、货币危机的传播

在世界经济和国际金融市场高度一体化的今天,货币危机有很强的传染性。货币危机最容易传播到以下三类国家。第一类是与货币危机发生国有较密切的贸易联系,或者是出口上存在竞争关系的国家。这样,发生货币危机的国家对该国商品进口下降,从而导致该国贸易收支变化,这会诱发新的投机攻击。第二类是与货币危机发生国存在着较为相近的经济结构、发展模式,尤其是存在潜在的经济问题的国家。投机资本会比较一致地对这些国家逐一攻击。第三类是过分依赖于国外资金流入的国家。影响比较大的货币危机发生后,国际金融市场上的投机资本一般都会调整或收缩其持有的外国资产,或至少是存在较大风险的国家的资产。许多国家将不可避免地发生相当部分资金流出的现象,如果这一流出对该国的国际收支有重大影响,则该国也有可能发生货币危机。

四、20 世纪 90 年代的主要货币危机

(一)1992 年英镑危机

1990 年,英国加入欧洲汇率体系,把英镑绑定在德国马克等欧洲其他国家货币之上。加入之初,确定英镑与马克的汇率为 1 英镑兑换 2.95 马克。而德国经济的高速增长与英国经济的长期衰退,使得英镑面临着严重的贬值压力。特别是 1992 年 2 月 7 日,推动欧洲一体化的《马斯特里赫特条约》签订后,英镑的高估更

为明显，英国政府如果不想让英镑贬值，就必须选择降息。然而，如果德国等欧洲其他国家不实行降息，而英国单方选择降息，又将进一步给英镑施加贬值压力。

尽管英国首相梅杰多次公开宣称英国有实力坚持高利率政策，保证英镑留在欧洲货币体系。然而，外汇市场中英镑却一直在贬值，已经跌至欧洲货币体系规定的下限，英镑的弱势暴露无遗。此时，以索罗斯为代表的一些国际投资者敏锐地察觉到英镑已经很难维持既有汇率，英镑的大幅贬值已经难以避免，因此选择以5%的保证金方式大量借入英镑，购买马克，借以狙击英镑。如果他的计划得到实现，那么在英镑贬值后，他只需要抛出部分已经升值的马克就可以归还英镑借款，从而获得投资收益。事实上，在这次英镑危机中，仅索罗斯掌控的量子基金就抛售了相当于70亿美元的英镑，给市场制造了巨大的恐慌。当其他投机者也跟随索罗斯抛售英镑之后，英镑的贬值已经无法避免。

为了对抗索罗斯的狙击，英国请求德国一同提高利率，然而他们的要求被德国人无情地拒绝了。英国耗光了价值269亿美元的外汇储备；同时通过多次单方上调利率，最终把英镑利率提高到15%，希望增加市场持有英镑的信心。然而，英国政府的努力并没有收到效果：短短的一个月内，英镑贬值超过了20%。1992年9月15日，英国宣布退出欧洲货币体系。

在此次英镑危机中，欧洲各国央行共损失了60亿美元，而索罗斯仅在狙击英镑上，就获利10亿美元；加上狙击意大利里拉，以及持有德国马克多头的收益，短短的一个月，索罗斯的量子基金总共获利20多亿美元。

（二）1994年墨西哥金融危机

1994年12月至1995年3月，墨西哥发生了一场比索汇率狂跌、股票价格暴泻的金融危机。第二次世界大战后的50年间，墨西哥通过奉行积极的进口替代发展政策，逐渐建立了工业化的国民经济体系，被国际经济学界称为新兴工业国的大国发展模式。1992年，墨西哥人均国民生产总值就达到3 030美元，是拉美国家中仅次于巴西的第二大国。鉴于其经济改革所取得的成就，墨西哥一向被称作经济改革的“样板”和投资的“热点”。然而，就是在这种形势下，墨西哥却突然爆发了一场金融危机，不仅造成本国金融市场的严重混乱，国家财政濒临崩溃，而且还波及邻近国家。

墨西哥实行的是钉住美元的汇率制度，新比索对美元的比价长期限定在3～3.5比索兑1美元的狭窄范围内。由于墨西哥国内形势的紧张导致比索贬值的压力不断增大，进入1994年12月份，新比索对美元汇价一直紧临政府干预的上限，比索贬值的压力已经逐渐超出了政府干预能力。在这种情况下，1994年12月20日，金融危机终于爆发。

1994年12月19日深夜，上任伊始的墨西哥新政府突然对外宣布，本国货币新比索贬值15%，大大突破了上届政府规定的允许比索每日贬值0.000 4的上限。这一决定在市场上引起了极大恐慌。外国投资者疯狂抛售比索,抢购美元,比索汇率急剧下跌。12 月 20 日,汇率从最初的 3.47 比索兑换1 美元跌至 3.925 比索兑换1 美元,狂跌 13%,21 日再跌 15.3%。伴随比索贬值,金融市场的投机活动进一步加剧,外国投资者大量撤走资金,墨西哥外汇储备在 20 日和 21 日两天锐减近 40 亿美元。墨西哥的整个金融市场一片混乱。

在这种形势下,墨西哥总统不得不撤换财政部长,并且为了稳定墨西哥金融市场,墨西哥政府经过多方协商,推出了紧急经济拯救计划:尽快将经常项目赤字压缩到可以正常支付的水平;迅速恢复正常的经济活动和就业;将通货膨胀减少到尽可能小的程度;向国际金融机构申请紧急贷款援助等。

这场货币危机的冲击波也开始危及世界货币和股市的稳定,造成一些国家股市行情的下跌,引起各国投资者的恐慌。世界各国和国际经济组织都密切关注金融危机的发展,为防止墨西哥金融危机的影响继续扩大,危及世界金融体系的正常运转和稳定,美国和加拿大等国以及国际货币基金组织立即对此做出反应。

稳定的墨西哥比索有利于北美自由贸易区的稳定。而北美自由贸易区对美国的就业岗位能起到积极作用。正因为北美自由贸易区和墨西哥金融稳定对美国经济至关重要,克林顿政府指示美国财政部帮助稳定墨西哥金融市场,美联储为支持比索,曾于一天之内应墨西哥中央银行的请求两次买进墨西哥比索,抛出美元。加拿大中央银行也不得不多次入市干预外汇市场。

随着墨西哥金融危机的持续,国际社会再次提供新的援助计划,克林顿政府决定从美国 340 亿美元的外汇稳定基金中提出 200 亿美元,作为贷款和贷款保证,以援助墨西哥政府。国际货币基金组织提供了 178 亿美元的贷款,国际清算银行提供了 100 亿美元的贷款,从而成功地稳定了墨西哥金融危机。

墨西哥金融危机也严重冲击了拉美国家和地区的金融市场,甚至影响到了亚洲和欧洲的金融市场。南美国家受到墨西哥金融危机严重影响的主要是阿根廷、巴西、智利、秘鲁等国,其中受影响最严重的是阿根廷和巴西。阿根廷与墨西哥的宏观经济具有相似的特征,这决定了它是第一个受到波及的拉美国家。在墨西哥危机爆发的三个月中,阿根廷外汇储备减少了 1/3,银行利率大幅升高,股票市场严重下跌;2 月 17 日到 3 月 9 日的时间内,阿根廷的股票市场下跌了 25%。巴西金融市场所受冲击也比较严重,1995 年 1—2 月,其股票价格下跌 25%,外汇储备大幅减少。

1995 年 1 月,墨西哥金融危机对亚洲金融市场的影响表现出来,但经历一个月后即重新恢复稳定。主要原因在于,墨西哥金融危机严重动摇了投资者对远东及亚洲新兴市场稳定性的信心,投资者担心泰国以及中国香港等地会发生同样的情况,因而纷纷将资金转移到日本市场,以寻求较为安全的投资场所。在这种情况下，亚洲新兴市场如泰国、菲律宾以及中国香港等金融市场，受到了一定程度的冲击。

总之，墨西哥危机不仅涉及面广，而且使外国投资者损失巨大；据估计，仅美国投资者在此危机中就损失了100多亿美元。

（三）1997年东南亚金融危机

1997年8月11日，国际货币基金组织及亚太一些国家和地区决定，向泰国提供总额达160亿美元的经济援助，以帮助泰国摆脱由金融动荡造成的经济困境。这是自1995年墨西哥金融危机以来，国际社会为挽救一国经济而采取的最大规模的联合行动。

泰国金融市场自1997年初开始发生激烈动荡，并且很快在东南亚地区引起了多米诺骨牌效应：菲律宾、马来西亚、印度尼西亚，甚至连经济状况一向较好的新加坡，也都先后出现类似泰国的情况。总体上看，这次起始于泰国的东南亚金融危机，一共经历了四个阶段。

第一阶段，1997年1月至4月，是泰国金融危机的萌发期。泰国货币（泰铢）在1996年曾遭受投机商断断续续的进攻，到1997年1月末和2月初面临贬值的压力。由于经常项目赤字较高，短期外债高筑，加上房地产市场泡沫破裂，当时国际市场上泰铢能否维持兑美元的比价日益受到关注。与以往的做法一样，泰国当局试图通过直接的市场干预和临时提高利率来避免酿成危机，但此次不再灵验。主要是因为，在市场看来，政府采取的措施还不足以解决泰国金融系统所存在的痼疾。

第二阶段，1997年5月至7月初，泰国进入危机期。1997年5月初，对泰铢的压力再度增强，促使泰国中央银行加大了对即期外汇与远期外汇市场的干预，但这些措施未能恢复人们对泰铢的信心，到5月下半月和6月，强大的压力继续存在。在这期间，泰国已对邻近的马来西亚、印度尼西亚和菲律宾等国造成影响，并开始影响其他地区。由于泰国政府的措施不够得力果断，大批资金仍源源不断外逃，迫使其在7月2日放弃了对外汇市场的控制，允许本币对美元的自由浮动。泰铢在最初贬值10%之后，持续下跌。

第三阶段，1997年7月至10月中旬，危机弥漫东南亚四国。在泰国之外，菲律宾的货币比索也面临同样大的压力。由于菲律宾比索实际上已同美元挂钩，当局先采取了提高利率的办法试图稳住比索，并进行了干预。到7月11日时，当局开始允许汇率自由浮动，以阻止和削弱投机商对比索采取的破坏行动。与此同时，泰国的危机也迅速影响到马来西亚和印度尼西亚。马来西亚当局未采取提高利率的办法，而任其货币林吉特贬值。在印尼，政府的干预也未奏效，7月21日印尼卢比大幅度贬值，此后政府又强化了清偿条件，但仍然未能减轻外汇市场的压力，于是只好于8月14日开始允许卢比自由兑换。到此时，泰铢兑美元的汇率已经下跌了

18%，菲律宾、马来西亚、印度尼西亚的货币大约贬值了 10%。这种局面在随后的两个月里明显趋于恶化。

到 10 月中旬，印度尼西亚和泰国货币兑美元的汇率下跌了 30% 以上；马来西亚和菲律宾的货币兑美元的汇率也贬值了 20%。8 月份股票市场大跌后，9 月份以当地货币价值计算的股票价值稍趋稳定。这期间，亚洲其他国家（地区）开始受到负面影响，其中包括 7 月份新加坡元和新台币小有疲软，港币在 8 月初受到侵袭。香港、台湾的股市价格在 8 月份走高，后因金融当局试图以提高银行利率来抑制外汇市场压力而导致股市急转直下。韩国为缓解外汇市场的压力于 8 月份提高了利率，随后股票市场也开始下滑。在此期间，东南亚四国危机对亚洲以外地区的影响还是十分有限的。

第四阶段，1997 年 10 月中旬以后，危机波及全球金融市场。从 10 月中旬开始，亚洲金融市场都受到了下跌的压力。东南亚四国地位再度削弱。台湾外汇市场压力增加，迫使当局从 10 月 17 日起停止了对市场的干预，导致台币贬值 6%。对港币汇率的压力致使香港股票市场价格三天内下跌了 23% 以上。美国的股票市场价格于 10 月 27 日下跌了 7%。到 10 月份最后一周，韩国货币韩元面临的压力也在上升，股市价格急速下坠，显然表明投资者对韩国大企业能否有序地偿还巨额债务和金融系统能否筹集到偿债资金表示出了担心。虽然韩国当局下了很大力气保卫韩元，但外汇储备的源源流出，最终迫使韩国当局于 11 月 20 日向国际货币基金组织发出了求救信号。

从 10 月后期到 11 月初，东南亚地区金融市场的风波，使其他新兴国家的股票市场纷纷走下坡路；新兴国家的债券市场遭受严重损失，并开始侵袭到美国布雷迪债券。俄罗斯在 10 月 28 日股市下跌 20% 之后，于 11 月初宣布提高卢布的官方利率达 7 个百分点。

10 月份后期，工业化国家的股市曾有短时修正。到 12 月初，除日本以外，大多数国家（地区）的股市已经回升。由于从亚洲出逃的部分资金流入到更为安全的政府债券市场，特别是美国市场，因此债券的利息大幅度下降。加拿大和欧洲部分国家提高了官方利率。为了能继续保持经济增长，美国联邦储备委员会决定保持利率不动。在日本，债券利息跌到了历史最低点，股市价格在截至 11 月 14 日的三周里下降了 15%。

五、货币危机的影响

货币危机会对经济造成诸多影响（参见表 1－7）。对货币危机发生国而言，主要会受到一些不利影响，但同时也会有积极的成分。货币危机的不利影响体现在以下几个方面。

表 1－7 货币危机对经济的冲击

国　家	发生时间	汇率变化(%)	储备变化(%)	GDP 增长率(%)
墨西哥	1994 年 12 月	－11.8	－61.7	－6.2
泰　国	1997 年 7 月	－15.6	－19.0	－10.5
马来西亚	1997 年 7 月	－17.1	－11.3	－7.4
韩　国	1997 年 11 月	－35.3	－33.0	－6.5
印度尼西亚	1997 年 12 月	－54.5	－1.0	－13.1
南　非	1998 年 6 月	－15.5	－15.4	0.8
俄罗斯	1998 年 8 月	－14.7	－14.8	－4.9
巴　西	1999 年 1 月	－20.3	－15.6	0.8
土耳其	2001 年 2 月	－23.8	－17.5	－7.4
阿根廷	2002 年 1 月	－40.2	－23.8	－12.0

资料来源：Mills Christopher and Omarova Eleonora. Predicting Currency Crisis—A Practical Application for Risk Managers[J]. Business Economics, 2004(1).

第一，货币危机发生时对经济带来的不利影响。例如，政府采取的提高利率的措施会给经济带来诸多冲击；政府对外汇市场的管制可能会维持很长时间，这会给经济带来严重的消极影响。从国际资金流动角度看，大量资金的频繁流动会扰乱该国的金融市场运作。从公众角度看，货币危机发生期间的不稳定的局势会对他们的正常生产经营活动带来很大干扰，一国的经济秩序也往往陷入混乱状态。

第二，货币危机发生后经济条件会发生变化。首先，货币危机容易诱发金融危机、经济危机乃至于政治危机、社会危机。其次，外国资金往往在货币危机发生后大举撤出该国，会给该国经济发展带来沉重打击。再次，货币危机导致以本币衡量的对外债务大量增加。最后，货币危机发生后被迫采取的浮动汇率制度，往往因为政府无力有效管理而波动过大，给正常的生产、贸易带来不利影响。

第三，从货币危机发生后相当长的时期内政府被迫采取的补救性措施的影响看，紧缩性的财政货币政策是一国政府采取的最普遍的措施。在货币危机并不是由扩张性宏观政策因素导致的时，这一措施的后果往往给社会带来巨大的灾难。另外，为获得外国的资金援助，一国政府将被迫实施获得这些援助所附加的条件，例如，开放本国商品、金融市场等，这给本国经济带来较大的不利影响。

货币危机之所以还有积极影响，是因为它暴露了一国经济原来掩盖的许多问题，使之有可能得到根本解决。同时，货币危机发生后，该国货币的大幅度贬值一般有利于纠正该国原先存在的货币高估现象，有利于该国国际收支的改善。当然这些有利影响本身也是在非常痛苦的过程中发挥出来的。

主要概念

外汇　汇率　直接标价法　间接标价法　升值　法定升值　贬值　法定贬值
基本汇率　套算汇率　名义汇率　实际汇率　有效汇率　货币危机

思考题

1. 现钞买入价为什么低于现汇买入价？

2. 已知即期£ 1 = $1.745 0/70，3个月远期差价为40/30。请问：(1)美元远期是升水还是贴水？(2)远期汇率为多少？

3. 已知 $1 = SF1.524 0/80，$1 = Can $1.326 0/90，计算瑞士法郎对加拿大元的交叉汇率(即1瑞士法郎等于多少加元)？

4. 已知即期汇率为€1 = $1.260 0，6个月期美元和欧元存款的年利率分别为 $i_{us} = 4\%$，$i_{eu} = 5\%$。请问：(1)欧元远期是升水还是贴水？(2)6个月的远期汇率为多少？

5. 一国的国际收支状况如何影响该国汇率的变化？

6. 购买力平价理论为什么会偏离实际？

7. 利率平价理论的主要结论是什么？

8. 阐述汇率变化对国内经济的影响。

9. 货币危机的危害表现在哪些方面。

第二章

汇率制度

汇率制度是国际金融领域的另一项核心内容。汇率制度安排是否恰当会直接影响到经济的发展。在这一章,我们首先介绍各种不同汇率制度的特点,其中包括固定汇率制、浮动汇率制、可调整钉住汇率制、爬行钉住汇率制、货币局和美元化制度。第二节详细介绍了长期以来理论界围绕固定汇率和浮动汇率而展开的争论。在当今的混合汇率体系时代,各国面临的一个实际问题就是,如何对本国的汇率制度做出安排。第三节对这一问题进行了探讨。欧元的诞生引起了人们对最适货币区理论的关注,因此,我们在第四节中对相关理论进行了介绍。第五节分析了货币的兑换问题以及开放条件下宏观经济政策所面临的难题(三元悖论)。最后,我们简要介绍了人民币汇率的演变以及人民币的自由兑换问题。

汇率制度又叫汇率安排,它是指一国货币当局对本国货币汇率变动的基本方式所做的一系列安排或规定。汇率是复杂多变的,但汇率制度作为有关汇率的确定、变动的基本原则,具有普遍适用和相对稳定的特点。

一种汇率制度应该包括以下几方面的内容:确定汇率的依据、汇率的波动界限、维持汇率应该采取的措施和汇率的调整方法。根据汇率的波动情况,可以将汇率制度分为:固定汇率制、浮动汇率制,以及介于二者之间的可调整的钉住汇率、爬行钉住汇率和管理浮动汇率等。此外,一些比较特殊的国家(经济体)采用了货币局和美元化等做法。

第一节　汇率制度的种类

一、固定汇率制

固定汇率制(Fixed Exchange Rate System)是指汇率受平价制约,只能围绕平价在较小范围内上下波动的一种汇率制度。金本位制下的汇率就是典型的固定汇率制。在金本位制下,两种货币汇率的法定平价由它们之间含金量的比(即铸币平价)决定,市场汇率的波动以黄金输送点为界限。黄金输送点和铸币平价之间的差异取决于黄金在两国间运送的各种费用。由于运送费用和所运送的黄金的价值相比很小,所以汇率的波动幅度也很小。

比如,在金本位制下,1 英镑的纯金含量为 113.001 6 格令,1 美元的纯金含量为 23.22 格令,这样,两种货币含金量的比即铸币平价(Mint Par)为 4.866 6 (113.001 6 ÷ 23.22),因此,英镑对美元的汇率平价为£ 1 = $4.866 6,市场汇率围绕这一平价波动,但是,波动范围以黄金输送点(Gold Points)为界限。黄金输送点由黄金输出点和黄金输入点构成:

黄金输出点(汇率上限) = 铸币平价 + 黄金运送费用

黄金输入点(汇率下限) = 铸币平价 - 黄金运送费用

由于在英美两国之间每运送 1 英镑的黄金大约需运送费用(包括运输费、包装费和保险费等)为 3 美分,所以,外汇市场上英镑对美元的汇率将在 4.836 6 和 4.896 6 之间波动。

金本位制下的固定汇率制度有如下三个特点:

首先,汇率波动幅度很小,基本上是固定的。比如,按照上面的数据计算,英镑对美元的汇率波动幅度仅为平价上下各 0.06%(0.03/4.866 6)。

其次,汇率的波动幅度是自动而不是靠人为措施维持的。只要外汇市场上外汇汇率超过了黄金输出点,本国的对外债务人(如进口商)将以黄金而不是外汇来支付对外债务。所以,在金本位制下,外汇市场上外汇的需求可能会超过外汇供给,使外汇汇率高于铸币平价,但由于黄金可以在国际自由移动,对外汇的需求不可能超过外汇供给太多,以至外汇汇率超过黄金输出点。与此类似,只要外汇市场上外汇汇率低于黄金输入点,本国的对外债权人(如出口商)将以输入黄金而不是外汇的方式了结对外债权。这样,只要外汇汇率低于黄金输入点,外汇供给即不再增加。因此,在金本位制下,外汇市场上外汇供给可能会超过需求,使外汇汇率低于铸币平价,但不可能低于黄金输入点。

再次,国际收支失衡主要体现为黄金的国际流动,为价格—现金流动机制(参见第六章)的运转提供了基础。

在纸币流通条件下也存在着固定汇率制度,比如,20 世纪 40 年代中期所建立的布雷顿森林制度就是以美元为中心的一种固定汇率制度。它在规定各国货币与美元固定比价的同时,还规定了汇率波动的范围为平价上下各 1%。由于它还规定,当一国国际收支出现根本性不平衡时,可以调整汇率平价,所以,布雷顿森林制度也是一种可调整的固定(或钉住)汇率制。

金本位制下的固定汇率制度和纸币流通条件下的固定汇率制度既存在共同点,也存在一些差别。共同点表现在:两者都有平价和波动范围的限制。区别在于:①在金本位制度下,固定汇率所要求的平价和波动范围都是自发形成的;在纸币流通条件下,固定汇率所要求的平价和波动范围都是通过各国共同协商而人为建立起来的。②在金本位制度下,汇率受黄金输送点的制约而十分稳定;在纸币流通条件下,汇率受到诸多因素的影响而经常出现剧烈波动。

二、浮动汇率制

浮动汇率制(Floating Exchange Rate System)是指汇率不受平价制约,主要随外汇市场供求状况而变动的汇率制度。20 世纪 70 年代初期,随着以美元为中心的固定汇率制的瓦解,各主要国家相继采用了浮动汇率制。

按浮动形式的不同,浮动汇率制可以分为单独浮动和联合浮动。单独浮动(Single Float)是指在本国货币不与任何外国货币建立固定联系的情况下进行浮动。比如,目前的美元、日元、英镑等货币所采用的就是单独浮动。联合浮动(Joint Float)是指,同一货币体系内各成员国货币之间保持固定汇率,而对非成员国货币则实行浮动的一种汇率安排。以前的欧洲货币体系(参见第十章)即采用联合浮动方式。

按政府是否对汇率进行干预来区分,浮动汇率制又可以分为自由浮动和管理浮动。自由浮动(Free Float)又叫清洁浮动(Clean Float),是指货币当局对外汇市场不加任何干预,让汇率随市场供求状况的变动而自由涨落。管理浮动(Managed Float)又叫肮脏浮动(Dirty Float),是指货币当局随机对外汇市场进行干预,使汇率朝着有利于本国利益的方向浮动。由于汇率的变化会对一国经济产生一定的冲击,因此,在现实生活中,实行浮动汇率的国家大多采用的是管理浮动,而自由浮动纯粹是理论上的一种假设。因此,在这里我们主要介绍管理浮动制的内容。

在管理浮动汇率下,一国政府有责任对外汇市场进行或明或暗的操纵、干预,以期达到在不影响汇率长期趋势的基础上熨平汇率的短期波动,避免汇率在短期内的过分波动给经济带来冲击。管理浮动汇率制度和固定汇率制度以及可调整钉住汇率制度不同:在固定汇率制度以及可调整钉住汇率制度下,均有汇率平价和汇率波动范围的约束;在管理浮动汇率制度下,既无汇率平价又无波动界限可言。管理浮动汇率制度和完全自由的浮动汇率制度也存在着明显的差别。在后一汇率制度下,汇率完全由外汇市场上外汇的供求自发决定,不存在任何政府干预。总的说来,在固定汇率和自由浮动汇率构成的两极中,可调整钉住汇率和管理浮动汇率均位于其间,所不同的是可调整钉住汇率制度更接近固定汇率制度,管理浮动汇率制度更接近于自由浮动汇率制度。

相对于可调整钉住汇率制度,管理浮动汇率制有其优越之处:

第一,从长期趋势看,各国货币的汇率由外汇市场上外汇的供给和需求决定,可以反映各国经济实力的变动,在一定程度上得以避免可调整钉住汇率制度下由于汇率缺乏弹性造成的汇率偏高或偏低的现象,汇率长期失衡的情况较少。

第二,在政府干预下,汇率经常性的小幅度波动可以避免可调整钉住汇率下汇率一夜间大起大落对国内外经济造成的冲击。

第三,汇率对国际收支失衡的调节能力增强。比如,国际收支逆差时,外汇汇率上浮,促进出口,减少进口,起到改善国际收支的作用。

另一方面,管理浮动汇率制也有不少缺陷,这些缺陷可以归为两类。其中一类和自由浮动汇率制度的缺陷在性质上基本相同,只是程度轻些(关于自由浮动汇率的缺陷下节详论)。另一类与政府干预外汇市场的困难有关。比如,关于干预外汇市场应遵循什么原则的问题,至今没有得到圆满解决。

到目前为止,全世界还没有一个由实行管理浮动汇率制国家所公认的干预外汇市场的正式原则。1978 年正式生效的"国际货币基金协定第二次修正案",将会员国干预汇率的行为,置于基金组织的监督之下,并规定了会员国干预汇率时应遵循的一些原则。这些原则主要包括:①会员国应避免操纵汇率、阻止国际收支的调节来获取不公平的竞争利益;②外汇市场出现具有破坏性的短期汇率波动时,会员国应干预外汇市场;③会员国在干预外汇市场时,应考虑其他会员国的利益,等等。由于基金组织对这些原则没有明确的解释,而且由于监督必然影响到各国经济政策的自主权,因此,基金组织的监督很难奏效。

三、可调整的钉住汇率制

可调整钉住汇率制度(Adjustable Peg)是指一国将本国货币依照固定汇率方式钉住某一主要外国货币或一篮子货币,并将汇率波动幅度限制在中心汇率的较小波动范围内。比如,第二次世界大战后,根据《国际货币基金协定》确立的以美元为中心的固定汇率制度,就属于可调整钉住汇率制度。该制度规定,各国货币与美元固定比价,比价一经确定便不能随意变更。汇率波动的幅度为平价上下各 1%。只有当一国国际收支出现"根本性不平衡"时,才能改变和调整本国货币对美元的比价关系。

可调整钉住汇率制度试图将固定汇率制度和浮动汇率制度结合起来,既利用固定汇率制汇率稳定的优点,又利用浮动汇率制以汇率变动纠正国际收支不平衡的优势。但是,实践证明,可调整钉住汇率制也有其明显的缺陷。

(一)调节国际收支的能力有限

一种汇率制度成功与否,判断标准至少有二,其一是能否促进世界经济,尤其是国际贸易的稳定发展;其二是能否有效地、迅速地对国际收支不平衡进行调节。从战后的实践看,可调整钉住汇率制度在促进世界经济稳定发展方面还是成功的,但在调整国际收支失衡上却是失败的。

首先,对于什么是国际收支的"根本性不平衡",基金组织从未有过明确的界定,从而失去了判定各国货币何时应该贬值,何时应该升值的客观、公认的标准,埋下了汇率失衡的隐患。其次,汇率缺乏弹性。顺差国为了国内经济的稳定和增长,即使国际收支出现了长期持续的巨额顺差也不愿让其货币升值。而当一国由于经济结构失调或经济基础政策失误导致国际收支逆差时，对本国货币进行贬值等于承认政府政策的失败，因此，有关国家政府又都尽力避免使货币贬值。战后的汇率制度虽是按可调整钉住的原则建立起来的，但实际上其运转更类似于固定汇率制度。在战后20多年的历史中，各国货币的汇率平价非常稳定，主要货币的平价变动极少。

（二）容易引起单向投机活动

可调整钉住汇率制的另一个缺陷是，容易引发单向投机。举例来说，假定英镑与美元间的汇率平价为£ 1 = $2，波动幅度为平价上下各1%（即英镑对美元的比价波动在$1.98 - $2.02之间）。又假定英国的国际收支逆差已经使汇率降到了£ 1 = $1.98。投机者认为，英镑大幅度贬值不可避免，于是纷纷买入美元卖出英镑。如果他们的预测成功，比如说英镑果然贬值10%，政府将汇率平价从£ 1 = $2变为£ 1 = $1.8（波动幅度仍为平价的±1%），投机者便可获利10%左右，即通过卖出以前买入的美元获利：[(1.98 - 1.8)/1.98] × 100% = 9.09%。如果投机者预测失误，损失却极为有限。因为政府的政策措施至多会使汇率上升到原来汇率波动的上限，即£ 1 = $2.02，损失最大不过2%左右，即投机时买入美元的汇率为£ 1 = $1.98，现在汇率为£ 1 = $2.02，损失为：[(2.02 - 1.98)/1.98] × 100% = 2.02%。

因此，在可调整钉住汇率制度下，由于汇率波动幅度很小，汇率平价的变动（即贬值或升值）幅度一般都大于汇率的波动幅度，使得投机者所面临的风险和收益不对称。于是，当一国国际收支逆差达到一定程度，投机者认为该国货币贬值不可避免时，就会沿一个方向进行投机（单向投机），大量买入外汇，抛出该国货币。大量投机资本的运动会对逆差国的外汇储备和经济政策造成极大的压力，最终导致该国货币贬值，使投机者的预测成功。单向投机所具有的这种破坏性的特点，使得本来不必贬值的货币不得不贬值，从而加大了汇率的不稳定性。这种单向投机对顺差国来讲也是一样的。

四、爬行钉住汇率制

爬行钉住汇率制度（Crawling Peg）是一些发展中国家实行的独具特色的汇率制度。在该汇率制度下，政府当局经常地、按一定的时间间隔（比如几个月），以事先宣布的百分比对汇率平价作小幅度调整，直到达到均衡汇率为止。

比如，从1968年开始，巴西政府宣布在每一年内对本国货币的平价进行几次调整，这种汇率的经常性调整取决于下列几种因素：①巴西的物价变化相对于其主要贸易伙伴国的关系；②巴西外汇储备的数额；③巴西的出口状况；④巴西的经常项目收支状况。此种汇率调整方法就是爬行钉住制在实践中的应用。除巴西之外,阿根廷、智利、以色列和秘鲁等国也曾采用过这种方法。

实际上,爬行钉住汇率制度是从可调整钉住汇率制发展而来的。实行爬行钉住汇率制国家的货币当局有义务维持某一汇率平价或将汇率的波动维持在一定范围内,只是时间要短得多,这使得爬行钉住汇率制度在某种意义上也可以归入可调整钉住汇率制度。另一方面,在爬行钉住汇率制度下,汇率平价经常地、小幅度地变动又和可调整钉住汇率制度下汇率平价偶然的(在几年甚至更长时间内)、大幅度的变动很不相同。

汇率平价经常地、小幅度地变动使爬行钉住汇率制度在某种程度上优于可调整钉住汇率制度:

第一,该汇率制度有利于对外贸易的顺利进行,特别是对于通货膨胀率较高的国家,实行该汇率制更为有利。它可以使这些国家出口品的外币价格在本国出现严重通货膨胀时基本保持不变,维持出口品在国际市场上的竞争力。另一方面它还使进口品的本币价格提高,削弱进口品在本国物价高涨情况下的竞争优势,保护本国的进口替代产业。如果面对高通货膨胀率,一国实行的是可调整钉住汇率制,汇率僵硬,必然使出口品外币价格趋于上涨,进口品的相对价格趋于下跌,导致出口下降,进口增加。

第二,汇率调节国际收支失衡的能力加强。由于爬行钉住汇率可以体现政府的意图,因此,当一国国际收支出现失衡,如逆差时,可以随时变动汇率以刺激出口,减少进口。和可调整钉住汇率制度相比,随着爬行汇率弹性的增强,对国际收支失衡的调节作用相应加强。

第三,可以避免单向投机。因为在爬行钉住汇率制度下,政府当局通过对日后汇率的变动事先进行预告,并承担维持平价的义务,这样可以有效地影响投机者对未来汇率的预期,阻止破坏性极大的单向投机的发生。

五、货币局

货币局(Currency Board)是一种较为特殊的汇率制度,其做法是,先由政府设立货币局这样一个权力机构,然后由这一机构按照某一固定的汇率,进行本国货币与某种被钉住货币之间的兑换。被钉住货币应该有较好的稳定性,且在国际上能够被广泛接受。大多数实行货币局制度的国家都将美元或英镑作为被钉住货币。同时也有少数货币局让本币钉住黄金。一般情况下,这种固定汇率受法律约束,以防止政府轻易地对汇率进行调整。除了完全的货币联盟之外,货币局是最稳固的一种固定汇率制度。

为了维持本币与外币之间的固定比价,货币局必须拥有足够的外汇储备。换句话讲,按照法律的规定,货币局所持有的外汇储备至少应该相当于流通中的本国货币。货币局可以与中央银行同时存在(两者都可以发行货币),或者是完全取代中央银行。一般情况下,为了稳固自己的货币,发展中国家会以货币局来取代中央银行。

按规定,货币局没有自由决策权,它的业务活动完全是被动和按部就班的。它只有一项功能:按固定汇率进行本国货币和被钉住货币之间的兑换。与中央银行不同,货币局不向本国政府和本国商业银行提供信贷。在货币局制度下,由于本币必须完全得到外汇的担保,因此,政府的资金只能来源于税收和借款,而不能来自于印发钞票。所以,货币局制度可以避免通货膨胀的出现。

采用货币局制度的国家使得自己的货币政策处于自动调节的状态:当被钉住货币(外汇)流入时,货币局就会发行更多的本币,从而利率会下降;当被钉住货币(外汇)流出时,利率会上升。这样,政府只能坐视利率的变化——即使利率的急速上升会导致经济的衰退。

许多经济学家认为,一些发展中国家的中央银行经常会受到政府的影响,因此不能保证货币制度的稳定运行。为了解决这一问题,中央银行应该放弃稳定币值这一繁重的任务,并将这一任务交给货币局这样的独立机构。该机构的唯一任务是严格按照固定的比价进行本币与外汇或黄金的兑换。

货币局制度极大地提高了固定汇率的可信度。货币局的主要作用在于,通过遵守货币发行纪律来保证汇率的稳定。这使得国内物价和本国货币的币值得以稳定。概括地讲,货币局制度具有如下优点:①使本国货币的价值以及本国的汇率更加稳定和更易于预测;②将本国货币的供给控制在一定范围内;③避免了通货膨胀的出现;④迫使政府按国内外市场利率借款;⑤增强国内外投资者对本国货币的信心,并最终导致贸易、投资和经济的增长。

尽管货币局制度由于有助于约束政府的支出,从而降低了发展中国家通货膨胀发生的机会,但是,人们对这一做法仍然存在着某种疑虑。其中,最不能被人们接受的一点是,货币局制度使得一个国家由于无法自主实施货币政策,因此会降低该国经济的独立性。同时,有人认为,由于缺乏最后贷款者,货币局制度容易导致金融恐慌。

六、美元化

美元化(Dollarization)制度是指放弃本币,而用美元代替本币执行货币的各项职能的制度。从本质上讲,美元化是固定汇率制的极端形式,或者说是一种超固定汇率制。在这种制度下,国家完全放弃了自己的货币而直接使用美元。美元化制度一般都是因为公民对中央银行完全失去信心的情况下才被采用。

美元化包括官方美元化和非官方美元化。

官方美元化是指货币当局明确宣布用美元取代本币,美元化作为一项货币制度被确定下来。官方美元化具体表现为三种形式:最高形式是本国或经济体全面放弃本位货币,美元成为法偿货币、计价货币、结算货币和储备货币。中级形式是本币的发行必须有十足的美元准备,美元与本币维持固定的比价,比如,我国香港特区和阿根廷的货币局制。初级形式是单一的钉住美元的汇率制度。一些拉丁美洲国家已经采用了美元化。厄瓜多尔和萨尔瓦多于 2001 年实行了美元化。危地马拉也于 2001 年把美元作为法币,但它仍保留本币,也不确定本币与美元的平价。

非官方美元化是指私人机构用美元来完成货币的职能,但还没有形成一种货币制度。这种美元化的程度可以用境内流通的美元现金和美元存款来衡量,即以国内银行体系的外币存款占广义货币的比率来衡量美元化程度。据 IMF 的统计,1995 年,该比率在阿塞拜疆、玻利维亚、柬埔寨、克罗地亚、秘鲁和乌干达都超过 50%;1998 年,该比率在 7 个国家中超过 50%,在另外 12 个国家中占 30% ~50%;在其他国家中,一般占 15% ~20%,其中,玻利维亚为 82%,土耳其为 46%,阿根廷为 44%,俄罗斯、波兰、希腊和菲律宾均为 20% 左右,墨西哥为 7%。

对放弃货币主权的国家(经济体)而言,美元化的做法既有优点,也有缺点。美元化的缺点在于:

第一,美元化经济体将失去独立的货币政策。在此,独立的货币政策有两种相关但又不同的含义,其一为广义的政策独立性,即某经济体依据经济运行实际来实施货币政策的能力,包括利率升降、货币供应量的调节和汇率变动等;其二为狭义的政策独立性,即在实施货币政策时不受其他因素的干扰,如不必为了捍卫固定汇率而提高利率。在中央银行制度下,这些政策通常可以被用来对付经济周期和外部冲击,比如,运用扩张性货币政策对付失业,运用汇率工具可以在一定时期内平衡国际收支和提高本国产品的竞争力。独立的货币政策的丧失,将使得美元化国家在遇到冲击时,无法采取积极的、有针对性的措施。与之密切相关的一点是,实施美元化或建立美元区后,其统一的、并且主要是以美国利益为优先考虑的货币政策,可能因发展不平衡和周期因素而损害美元化经济体的利益。

第二,实行美元化的国家将失去铸币税(Seigniorage)。所谓铸币税,原指铸币成本与其在流通中的币值之差,现通常指中央银行通过发行货币而得到的收入。在纸币制度下,当不存在通货膨胀时,铸币税来自于经济增长导致的对货币需求的增加。当存在通货膨胀时,铸币税也被称之为通货膨胀税。美元化之后,中央银行没有了货币发行权,因此,铸币税也随之丧失。

对美元化国家,尤其是那些与美国在贸易与投资方面联系密切的国家而言,从美元化中得到的好处主要表现在以下两个方面。

第一,汇率风险将消失或极大地降低,由此而来的积极影响,首先表现在交易成本将会大大降低。交易成本在这里主要指的是因货币不同而引起的成本,其中包括货币兑换的手续费，因汇率风险的存在而阻碍的贸易机会之收益，以及为规避汇率风险而采取的措施所引发的成本。另外，稳定的币值是一国参与国际分工，具体讲是吸引外国投资和促进贸易发展的必要条件之一。规模不大的美元化经济体将因此获得融入美国市场以及世界市场的更加便捷的途径，它们将吸收更多的直接投资和证券投资，美元区内的分工和贸易亦会获得长足发展。

第二，美元化势必为美元化经济体带来更为严格的金融纪律，进而为经济的长期稳定发展创造良好的政策条件。在许多新兴市场经济体中，当政者经常为了自身的短期政治利益需要而滥发纸币，进而引发恶性通货膨胀，并最终严重损害了经济的持续增长。美元化的主要积极结果之一，便是迫使当政者接受更为“硬”的预算约束，按照经济规律办事①。

第二节　固定汇率与浮动汇率之争

关于固定汇率和浮动汇率孰优孰劣的争论持续了很长的一段时间。至今，对这一问题的争论仍然没有停止。尽管固定汇率制与浮动汇率制的两分法已不能反映当前世界各国汇率制度多样化的局面，但这一分类从理论上讲仍然有其重要的意义，因此，我们有必要在此对两种汇率制度争论中产生的一些观点进行介绍。

一、主张浮动汇率的理由

第一，浮动汇率可以自动地对国际收支不平衡进行及时、迅速的调整，以避免长期失衡。当一国国际收支逆差时，外汇市场上对外汇的需求大于供给，外汇汇率上升，改变本国进出口品的价格，使进口减少，出口增加，国际收支恢复平衡。即使考虑到资本移动后，该论点仍然成立。如果资本流入逆差国，恢复国际收支平衡所需的汇率变动幅度缩小；如果资本流出，则恢复平衡所需的汇率变动幅度加大。

第二，浮动汇率下，政府可以将所有的政策工具都用于实现内部平衡，并提高了经济政策的独立性。在自由浮动汇率下，由于汇率变动保证了国际收支平衡，财政政策和货币政策得以从对外平衡中解脱出来，用于实现内部平衡。因为可供政府当局运用的有效政策工具很有限，自由浮动汇率的这一优点不可忽视。

在固定汇率制度下，假如一国的国际收支因采取扩张性的货币政策而出现逆差，由于该国的逆差即是其伙伴国的顺差，所以伙伴国货币供给会增加。这样，一国在采取扩张性货币政策时，会迫使其对手国也采取相同的货币政策。这种由外

① 张宇燕．美元化：现实、理论及政策含义［J］．世界经济，1999(9)．

部因素强加的政策很可能和伙伴国国内经济平衡要求的政策相矛盾,使该国的扩张性货币政策因此受到伙伴国的强烈反对而不得不终止,结果该国政策的独立性受到一定程度的破坏。在自由浮动汇率制度下,一国采取扩张性货币政策,增加货币供给量的结果是本国货币对外价值下降,对伙伴国货币供给量的影响较小,因此一国可以视本国经济状况的需要采取独立的宏观经济政策。

第三,浮动汇率下,货币政策的有效性得到增强。例如,当一国采取反通货膨胀政策时,由于货币供给下降,利率提高,将使进口支出下降,资本流出减少、流入增加,国际收支改善,本国货币汇率上浮。汇率上浮又会刺激进口,阻碍出口,进一步减轻国内通货膨胀的压力。

第四,浮动汇率下,有利于均衡汇率的建立,实现资源的有效配置。自由浮动汇率下,汇率是在没有任何政府干预的情况下,由外汇市场上外汇的供求关系决定的,反映了一个国家真实的经济状况。按照此种均衡汇率将各种外国商品的价格折成国内价格,和本国商品相比较就可以明确地知道,本国在哪些商品上具有相对优势,在哪些商品上处于相对劣势。在固定汇率下(主要是指可调整钉住汇率下),市场汇率常常是非均衡的。非均衡汇率将阻碍资源在整个世界的有效配置。例如,外汇汇率高估将导致过度出口,甚至出口本国处于相对劣势的商品。因为高估的外汇汇率降低了本国产品的外汇价格,提高了本国产品对外国商品的竞争力。这样外国商品虽然具有相对优势,生产规模却得不到扩大,破坏了资源的有效配置。本币汇率高估的情况则相反。

特别值得一提的是,在可调整钉住汇率制度下,政府有时故意维持非均衡汇率,试图以牺牲一个部门为代价来发展另一部门,或达到某些其他经济目标。发展中国家就常常故意将外汇汇率维持在低水平,以鼓励经济发展所需的资本设备的进口。这种做法阻碍了农产品和传统产品的出口,而且为了消除外汇低估造成的对外汇的过度需求,政府不得不实行多重汇率制度和贸易管理,这就不仅破坏了资源的有效配置,而且损害了市场机制的作用。

第五,浮动汇率下,可以免除政府干预市场的成本支出。自由浮动汇率下,政府并无维持汇率稳定的义务,加上国际收支经常保持平衡,所以政府没有干预外汇市场的必要,从而可以免除干预外汇市场的成本支出,如保有国际储备资产的机会成本、干预外汇市场的操作成本等。正是由于自由浮动汇率制的这一特点,使它特别受到那些主张在经济活动中将政府干预降低到最低限度,给私人经济以最大自由的经济学家们的偏爱。

二、主张固定汇率的理由

第一,固定汇率可以避免日常汇率的大幅度波动,有利于生产在世界范围内的专业化以及国际贸易和国际投资的发展。国际贸易和投资的最终依据是各国的实际比较利益，即根据生产效率的差异确定的比较利益。但实际比较利益需要通过汇率来计算、比较。固定汇率下，汇率日常波动幅度小，为国际贸易和投资提供了一个相对稳定的环境。自由浮动汇率下，汇率变幻莫测，进出口商和投资者无法确定未来的汇率，国际贸易、投资的不确定性增加，使他们倾向于固守国内市场，不愿进行国际贸易和投资。

对于这一点，自由浮动汇率倡导者们并不承认。他们认为，在真正的固定汇率制下（如金本位制下），汇率总是保持不变，因此不存在汇率大幅度频繁变动的风险。但在可调整钉住汇率制度下，汇率的不确定性不一定小，甚至可能比自由浮动汇率下的不确定性更大，只是不确定性的性质不同。首先，由于可调整钉住汇率制下的汇率常常是非均衡的，为了维持非均衡汇率，政府随时可能因外汇短缺而实施直接管制，且管制措施的变动难以预料，诸如此类的不确定性同样不利于国际贸易和投资。其次，虽然在自由浮动汇率下，贸易商要承受外汇风险，但在固定汇率下贸易商必须承受国内价格水平变动的风险。

第二，和自由浮动汇率制下的投机相比，固定汇率制下的投机更稳定。从投机对市场的影响看，它可以是稳定的（Stabilizing），也可以是反稳定的（Destabilizing）。当外汇汇率上升时，投机者预测外汇汇率将下降，从而卖出外汇；当外汇汇率下降时，投机者预测外汇汇率将上升，从而买入外汇。这种外汇投机，由于减少了汇率的波动幅度，被称为稳定投机。当外汇汇率上升时，投机者预测外汇汇率将会进一步上升，从而买入外汇；而当外汇汇率下降时，投机者预测外汇汇率将进一步下降，从而卖出外汇。这种外汇投机，由于加大了外汇汇率的波动幅度，被称为反稳定投机或破坏性投机。

在固定汇率制度下，汇率的波动有上下界限的限制。当汇率波动接近上下界限时，投机者大多会预测汇率将向反方向变动，由此产生的投机是稳定的。自由浮动汇率下，汇率波动无上下界限的限制，当汇率上升时，投机者很可能预测汇率将进一步上升，汇率下降时又预测汇率将进一步下降，使投机具有反稳定性。

对于这一论点，自由浮动汇率的倡导者们反驳道：在真正的固定汇率制度下（如金本位制下），汇率平价和波动界限始终不变，投机肯定是稳定的。但在可调整钉住汇率下则不然。在该制度下投机具有反稳定性的可能性很大。因为，在此汇率制度下，当一国国际收支出现根本不平衡时，可以改变汇率平价，对本国货币进行法定升值或贬值。因此，当一国面临严重的国际收支逆差，外汇储备不断流失时，外汇汇率必然上升，在此情况下外汇汇率下跌的可能性很小，汇率变动的方向完全在投机者的掌握中。此时即使外汇汇率已经上升，投机者仍会大量买入外汇，加重外汇汇率上升的压力。所以，可以说可调整钉住汇率更容易导致投机活动，并对外汇市场产生反稳定作用。

目前大多数经济学家认为，反稳定投机在管理浮动汇率和可调整钉住汇率下均可能发生,但在正常条件下,这两种汇率制度下的投机都是稳定的。在真正的固定汇率和完全自由浮动汇率制度下,投机也是稳定的。

第三,固定汇率下的“物价纪律”(Price Discipline)可以避免政府采取膨胀性货币政策,有利于国内物价稳定。在固定汇率制度下,一国若采取膨胀性货币政策,增加货币供给,就会使该国的物价水平提高,导致国际收支逆差,这意味着国际储备的流失。由于储备流失不可能长久持续下去,该国必然对通货膨胀政策十分小心,因此通货膨胀不易发生。与此形成鲜明对照,自由浮动汇率制度却具有通货膨胀的内在倾向:

(1)自由浮动汇率下,国际收支不平衡至少在理论上可以自动地由汇率变动加以纠正。由于国际收支经常保持平衡,没有国际收支逆差、国际储备流失的顾虑,货币当局比较容易采取膨胀性的货币政策,物价纪律不复存在。而且如果一国因实行膨胀性货币政策已形成了高通货膨胀的话,随着国际收支逆差,本币汇率下跌,进口品价格必然上升,又会带动物价水平的进一步提高,形成通货膨胀的恶性循环。

(2)在自由浮动汇率下,一国货币汇率下浮将提高进口品的国内价格,带动国内物价水平提高;当一国货币汇率上浮时,由于当今世界普遍存在的物价刚性,物价并不下降,结果汇率变动的净效应是世界通货膨胀率的提高,这就是所谓的“棘轮效应”(Ratchet Effect)。不可否认,在可调整钉住汇率制下,货币贬值也倾向于提高贬值国的物价水平,货币升值由于刚性也不能降低升值国的物价。但是由于自由浮动汇率制度下的汇率波动常常是过度的,相对于均衡汇率不是过度上浮,就是过度下浮,所以其通货膨胀率较固定汇率制下的更高。

对此,浮动汇率制的倡导者们认为,即使自由浮动汇率比固定汇率更容易导致通货膨胀,这也不是什么了不起的缺陷,相反,它是自由浮动汇率的一个重要优点。因为它使一国可以选择合意的通货膨胀和失业率的组合,以实现国内经济目标。例如,一国投资的自发增加通过投资乘数将提高国民收入水平,减少失业。但国民收入的增加将导致进口增加,国际收支逆差。在固定汇率下国际储备的流失将使该国不得不采取紧缩政策。在自由浮动汇率下,该国货币的汇率自动下浮,刺激出口,减少进口,在恢复国际收支的同时国民收入进一步提高,失业进一步减少。对于那些失业率高而通货膨胀率低的国家来说,自由浮动汇率赋予了政府以更大的主动性,可以以通货膨胀的提高为代价换取失业率的降低。另外,浮动汇率制的倡导者们还认为,固定汇率下也存在通货膨胀的传播问题。因为当一国推行通货膨胀政策而使国际收支恶化时,顺差国家会因为外汇储备的增长而引发通货膨胀。

第四,固定汇率下可使汇率调整的成本降低。汇率变动可以改变、调整一国的经济结构,但这是有成本的。要素流动性越高,汇率变动造成失业的可能性越小,调整成本越小;要素流动性越低,汇率变动造成失业的可能性越大,调整成本越大。

例如，一国货币汇率下跌，将刺激贸易品的生产，不利于非贸易品的生产。若生产要素在国内无法自由转移，非贸易品部门的生产要素无法转移到贸易品部门，非贸易品部门将会发生失业；若生产要素在国内能够自由转移，则非贸易品部门的生产要素可流至贸易品部门，增加出口品、进口替代品的生产。本国汇率上浮的情况可依此类推。固定汇率制度的倡导者们认为，自由浮动汇率在使生产资源不断在贸易品部门和非贸易品部门之间转移时，除了耗费巨额的资源转移成本外，还伴随有失业发生。这些变动、调整有时不足，有时过度，在绝大部分情况下根本不需要。

第三节 汇率制度的选择

上一节介绍了固定汇率制和浮动汇率制的主要特点。从中可以看到，两种汇率制度各有自己的优缺点。那么，一国究竟是应该实行固定汇率制，还是浮动汇率制，或者说，是应该实行钉住汇率制，还是弹性汇率制呢？显然，一国应根据自身的具体情况而定，做到扬长避短。1978 年《国际货币基金组织协定》第二次修正案对会员国自由选择汇率制度的合法性已作了认可。汇率制度的选择已成为世界各国面临的重大政策问题。

从各国汇率选择的实践来看，经济规模是影响汇率选择的一个重要因素。经济规模（以 GDP 衡量）较大的国家倾向于独立自主，而不愿意因采用固定汇率而放弃国内政策目标。换句话讲，经济规模较大的国家宁愿选择浮动汇率；经济开放程度（Openness）是影响汇率选择的另一个重要因素。这里说的开放程度，是指一国的进出口总额占 GDP 的百分比。比值越大，开放程度越高①。汇率变化后，首先影响的是对外贸易。经济越开放，所受到的冲击越大。因此，开放程度较高的国家倾向于选择固定汇率。

根据购买力平价理论，物价水平是决定汇率的基础。因此，当一国通货膨胀率与他国存在较大差异时，维持固定汇率是很困难的。换句话讲，高通货膨胀率的国家倾向于选择浮动汇率或爬行钉住汇率制。当一国贸易主要集中于另一个国家时，该国倾向于让自己的货币钉住这一主要贸易伙伴国的货币，从而使贸易保持稳定。比如，海地的贸易有 60% 集中于美国，因此，它采用了钉住美元的做法。

总之，人们认为一国汇率制度的选择主要由经济方面的因素来决定。这些因素包括：经济规模、经济开放程度、相对的通货膨胀率、进出口商品的地域分布状况、国内金融市场的发达程度、资本的流动性、劳动力市场的灵活性和中央银行的信誉。这些因素与汇率制度选择的具体关系可以归纳为表 2－1。

---

① 下面是部分国家 2004 年的对外开放程度：美国 19.5%，日本 20.26%，德国 59.44%，英国37.96%，法国 41.54%，加拿大 61.47%，中国 68.38%，俄罗斯 48.04%，巴西 26.86%，韩国 70.23%，泰国 111.81%，新加坡 340.24%，马来西亚 177.65%（2003 年）。

表 2-1 经济因素与汇率制度的选择

经济因素	汇率选择
经济规模和开放程度	如果一国开放程度很高,即进出口贸易在总产出(GDP)中所占的比重很大,那么汇率波动的代价会很高。这就说明,经济较为开放的小国最好采用固定汇率制
通货膨胀率	如果一国的通货膨胀率大大高于其贸易伙伴国,那么,它就应该采用较灵活的汇率制度,以防止自己的产品在世界市场竞争力的下降
进出口商品的地域分布	进出口商品地域分布集中的国家可以将自己的货币钉住主要贸易伙伴国的货币
金融市场的发育程度	对金融市场发育不足的发展中国家而言,选择自由浮动汇率可能是不明智的,因为少量的外汇交易就会导致汇率的剧烈波动
资本的流动性	国际资本的流动性越强,维持固定汇率的难度也越大
劳动力市场的灵活性	一国的工资刚性越强,即劳动力市场的灵活性越低,那么,它就越需要更灵活的汇率制度来抵御经济所遭受的外部冲击
中央银行的信誉	中央银行的信誉越低,就应该采用更加稳固的钉住汇率制,以增强人们对政府控制通货膨胀的信心

第四节 最适货币区理论

最适货币区(Optimum Currency Area),是指由若干国家组成的货币集团,集团成员国货币由永久固定的汇率联结在一起,对非成员国则实行共同浮动。最适货币区理论,是同区域性货币一体化有关的一种理论。它最初产生于20世纪60年代初西方经济学家关于固定汇率制和浮动汇率制的争论。第一个提出“最适货币区”概念的,是当时国际货币基金组织特别研究处的经济学家罗伯特·蒙代尔(1999年诺贝尔经济学奖获得者)。蒙代尔提出最适货币区理论之后,麦金农(R. McKinnon)等人分别从不同的角度对该理论进行了修正和补充。各种最适货币区理论,对最适货币区的界定有着不同的判定标准,下面首先对此做一个归纳,然后再分析建立最适货币区的利弊。

一、最适货币区的界定

(一)以生产要素的流动性为标准

1961年,蒙代尔提出用生产要素的高度流动性作为确定最适货币区的标准。根据他的观点,如果一组国家之间的生产要素(资本和劳动力)能够自由流动,则它们之间的国际收支就无须借助于汇率的调整。这些国家应该合并为一个通货区,并采用固定汇率,甚至采用共同货币。

为了说明这一理论,我们假设只有 A,B 两个国家。起初,两国的国际收支平衡。现在,国际交易活动中对 A 国出口品的需求下降,对 B 国出口品的需求增加。A 国面临国际收支逆差,劳动力和资本过剩;而 B 国则面临国际收支顺差,对资本和劳动力的需求上升。面对这种变化,此时存在如下可能的国际调节机制:①生产要素从 A 国流向 B 国,从而使两国的工资和物价达到新的均衡。②如果资本和劳动力不能够自由流动,那么,汇率的变化(A 国货币贬值,B 国货币升值)使得 A,B 两国的相对价格发生变化(A 国的物价上升,B 国的物价下降),这种相对价格的变化将使两国经济恢复均衡。这样,我们就理解了最适货币区为什么要以生产要素的流动为标准:如果要素能够从劳动力过剩的(失业)地区自由流动到劳动力短缺的地区,那么经济就能够在无须变动汇率(即汇率固定)的情况下恢复均衡。反之,当生产要素不能够自由流动时,经济的均衡就需要汇率的调整(汇率的浮动)。

蒙代尔的最适货币区理论实际上表达了一种重要思想,即像西欧这样一些经济一体化逐步发展,相互间要素流动性较高的地区,可以组成一个货币区,各成员的货币相互之间实行固定汇率或采用共同的单一货币,而对区外的其他货币则实行浮动(或弹性)汇率。蒙代尔的这一思想对欧洲货币一体化的发展有重大影响,因此,有人称他为“欧元之父”。

(二)以经济高度开放为标准

蒙代尔的“最适货币区理论”提出以后,在西方经济学家中引起了广泛的争论。1963 年美国经济学家麦金农提出用经济的“开放”程度作为组成最适货币区的标准。

麦金农认为,当一个开放经济利用弹性汇率,例如,以货币贬值来纠正对外支付不平衡时,首先会引起贸易商品价格的上升,从而引起国内价格的全面波动。这时,如果要想通过限制非贸易商品价格的上升来稳定物价,就会造成严重的需求收缩和失业上升。其次,更重要的是,由于一个开放经济缺少所谓“货币幻觉”,即在贬值后,人们会明显地感觉到消费支出的增加和实际收入的减少,所以人们会要求相应地增加工资,这就会引起生产成本的增加,抵消汇率变动对支付失衡的纠正作用。再次,开放经济的消费,对进口品的依赖很大,所以需求弹性较低。这样,对纠正某一水平的对外失衡来说,所需的汇率变动幅度也就相对较大。因此,麦金农认为,弹性汇率对开放经济来说,效能是低下的。而一些相互间贸易关系密切的开放经济,组成一个相对封闭的共同货币区,比较有利。对区外其他国家,则实行弹性汇率。这样,麦金农实际上得出了一个结论,即:一些相互间贸易关系密切的经济开放地区,应组成一个共同的货币区,在区内实行固定汇率,而对与其贸易往来关系不大的地区,则实行弹性汇率制度。麦金农的理论把重点放在贸易账户上,而忽略了资本流动的影响。

(三)以产品的多样化程度为标准

彼得·凯南(P. Kenen)在1969年提出,以低程度的产品多样化作为确定一个最适货币区的标准。

同蒙代尔一样,凯南的建议也是建立在国际收支失衡的主要原因是宏观经济需求波动这一假设基础上的。他认为,一个产品相当多样化的国家,出口也将是多样化的。在固定汇率下,某一种出口商品的需求下跌了,由于它在整个出口中所占的比重不大,因而对国内就业影响也不会很大。由于出口的多样化,外部动荡对内部经济的影响经过平均化后变小了,出口收益可以相当稳定。相反,对于低程度产品多样化(因而出口产品种类也不多)的国家来讲,如果外国对本国出口商品的需求下降了,势必要更大幅度地变动汇率,才能维护原来的就业水平。因此,产品多样化国家可以容忍固定汇率的后果,它们应当建立一个最适度通货区。

(四)以金融高度一体化为标准

针对单一标准无法圆满解说最适货币区理论的情况,詹姆斯·伊格拉姆(J. Ingram)在1969年指出:为了决定通货区的最优规模,有必要考察经济社会的金融特征,他在1973年提出用国际金融高度一体化作为建立一个最适货币区的标准。

伊格拉姆认为,一个区域内各国国际收支的不平衡,同资金的移动有关,尤其同缺乏长期证券的自由交易有关。如果国际金融市场的一体化是不充分的,那么,外国人大都会以买卖短期外国证券为主,因为买卖短期证券的外汇风险可以通过远期市场抛补来避免,这样,各国长期利率的结构就会发生明显的差异。但假如国际金融市场高度一体化(尤其是长期资本市场高度一体化),只要国际收支失衡导致利率发生少量变动,便会引起足够的均衡性(非投机性短期)资本流动,从而汇率的变动就可以避免。因此,金融高度一体化的国家可以组成一个最适货币区。

(五)以通货膨胀的相似性作为标准

1970年和1971年,G. 哈伯勒(G. Haberler)和G. M. 弗莱明(G. M. Fleming)提出以通货膨胀率的相似性作为确定最适货币区的标准。哈伯勒和弗莱明采用通货膨胀率相似性为标准的理由是:国际收支失衡最经常和最可能的原因是由于各国发展结构不同、工会力量不同和货币政策不同所引起的通货膨胀的不一致,它除了会造成国际收支基本账户(经常账户加长期资本账户)的失衡外,还会引起短期资本的投机性移动。这个标准的实际含义是:通货膨胀率差异是国际收支失衡和汇率波动的主要原因。因此,如果区域内各国的通货膨胀率趋于一致,便可避免汇率的波动,建立起一个最适货币区。

可以看出,上述各种分析和主张,实际上是从不同的侧面,修正、补充和进一步阐述了蒙代尔最初提出的"最适货币区"概念。总起来看,他们所认为的最适货币区,实际是指由一些彼此间的商品、劳动力、资本流动比较自由,经济发展水平和通货膨胀率较为接近,经济政策比较协调的地区所组成的独立的货币区。在这样的货币区内,各成员采用固定汇率制并保证区内各种货币的充分可兑换。其“最适度性”表现为,这样的货币区能通过协调的货币、财政政策和弹性的对外汇率来达到三个目标:保持区内各成员的充分就业;保持内部的物价稳定;保持对外收支的平衡。因此,最适货币区主要涉及以下三方面内容:①要素的自由流动。在一个最适货币区内,商品、劳动力和资本的流动应该是比较自由的,相互间的贸易往来关系应该是密切的。②汇率的统一。最适货币区内各国货币均实行固定的或钉住的汇率,因此汇率是稳定的。③货币政策和财政政策的协调。显然,如果这种最适货币区进一步向前发展,各成员采用共同的单一货币、建立共同的国际储备、设立一个共同的中央银行,就可发展成一种像欧元区那样的紧密的货币联盟。

二、建立最适货币区的利弊

如果不同的国家间建立起最适货币区,成员国可以得到以下好处:

第一,最适货币区的形成可以消除由于汇率变动造成的外汇风险,促进成员国间生产的专业化、国际贸易和投资。最适货币区的形成还促使生产者将整个货币区看成统一的市场,从规模经济中获益。

第二,货币的统一,提高了区域内经济的开放性,有利于货物和资本的自由流通以及资源在整个货币区的更有效分配。而经济活动范围的扩大,成员国货币币值的相对稳定,贸易计价与结算的便利,又可促进成员国贸易的发展,扩大生产和投资,从而促进区域经济的增长。

第三,当一国出现国际收支不平衡时,既可通过商品市场上进出口货物的流动来调节经常项目收支,又可通过金融市场上资本的流动来筹措资金。在这种情况下,国际收支调节的负担较小。

第四,永久固定的汇率可以使货币区成员国的物价水平更加稳定:①由于货币区内生产要素流动性的加强,国际贸易和投资的发展,一种影响物价的因素必须要能够对整个货币区产生相当的影响才会真正地影响物价水平。②货币区建立后,各成员国贸易中受汇率变动影响的部分大大减少,因汇率变动造成的贸易品价格变动减少,由此而造成成员国物价水平的变动减少。稳定的价格可以产生一系列的经济利益。它使货币区货币作为交易手段、贮藏手段、支付手段的职能加强,有利于经济交易的顺利开展;可以避免因通货膨胀产生的易货贸易;可以节约官方干预外汇市场的成本,因为成员国货币间不再有外汇投机活动,由此引起的资源支出便可以节约下来。

建立最适货币区,也会给成员国带来不利。

第一,最适货币区的最大不足是,每一成员国都失去了采取独立的经济政策以达到自身偏爱的、适合本国具体国情的经济目标的自由。例如,在货币区中经济萧条的国家需要扩张性的财政、货币政策以降低失业率;同时经济过热的国家则需要实行紧缩政策以缓和通货膨胀。若成员国各行其是,则不仅会对其他成员国经济造成不利影响,还会使各国货币的对外价值朝不同方向变动。实行紧缩政策国家的货币将会升值,实行扩张性政策的国家的货币将会贬值,破坏货币区的基础——永久固定的汇率。最适货币区的这一不足,在一定程度上可以由资本、劳动等生产要素从供给过度的成员国流向需求过度的国家加以弥补,但不可能完全消除,就如同在一国之内始终存在着相对贫穷的地区(美国的阿巴拉契亚地区、意大利南部),需要实行一些特殊政策一样。

第二,各成员国要尽力保持国际收支的平衡。在浮动汇率下,一国政府可以自由运用货币和财政政策来影响本国经济;而在固定汇率下,对内平衡要服从于对外平衡,从而限制了货币和财政政策对内部经济的作用。

第三,经济结构的差异,使成员国从共同汇率政策所获的利益不均等。和成员国经济关系越密切的国家所获利益越大;和非成员国经济关系越密切的国家所受不利影响越大。

第五节　货币兑换和三元悖论

一、外汇管制与货币的可兑换性

货币可兑换是货币自由化的核心内容,它是作为外汇管制的对立物出现的。因为各国对国际收支的不同项目分别实行过不同的管理政策,所以,实施外汇管制的国家可以分为三种类型:

第一,基本上取消外汇管制的国家。它们对国际收支的经常项目和资本项目没有或很少限制,国家只进行国际收支的统计监测和国际储备管理,汇率实行自由浮动。这类国家属于成熟的市场经济国家,这些国家虽然没有普遍的、经常性的外汇管制,但在某个时期,由于某种特殊原因仍可能采取限制性措施。如 1992 年和 1993 年,欧洲货币体系发生危机时,英、法、意、美曾一度采取过停止外汇交易、限制资本流动等管理措施。

第二,实行比较全面的外汇管制的国家。它们对经常项目和资本项目都实行管制,不论贸易收入和非贸易收入都要全部或大部分按官方汇率结售给政府指定的银行;支出要逐笔批准,或超过一定限额的要批准;资本项目的输入和输出都实行严格的审批管理制度。在汇率方面,许多国家采取复汇率制度或钉住一篮子货币的汇率制度。这类国家通常经济比较落后,外汇资金短缺,市场机制不发达,或者是实行计划经济的国家。

第三,介于前面二类之间,实行部分管制的国家。这些国家一般对经常项目的外汇收支不实行或基本不实行外汇管制,但对资本项目收支实行管制。在对国际收支项目进行全面管制的条件下，凡出口和其他渠道获得的外汇均必须按金融管理当局规定的外汇牌价全部结售给政府指定的银行；所有外汇的分配权亦集中于金融管理当局，进口商品和其他的外汇需求都必须向当局申请，在得到批准后，才有权用本国货币按规定牌价配给外汇。

可见，在外汇管制条件下，外汇这种稀缺资源同本国货币之间的联系被严格地隔离开来，本币成为不可自由兑换货币。换句话说，一国货币的不可兑换性是外汇管制的核心内容和必然结果。

二、货币兑换的类型

按照废除外汇管制的程度和货币可自由兑换的范围的不同，可以把货币的可兑换分为两种类型。

（一）经常项目可兑换

实现经常项目可兑换的准确含义是指取消经常项目下外汇交易的各种限制，使得由进出口贸易以及劳务等非贸易项目下产生的外汇供应和需求能够不受约束地实现。通常，经常项目下的可兑换是货币可兑换的第一步，也是最为基本的一步，它往往成为各国货币可兑换实践的突破口。纵观战后金融史，从 20 世纪 50 年代末期欧洲国家货币可兑换，60 年代日本货币的自由兑换，到七八十年代以来拉美国家、东南亚各国货币的自由兑换，大都以经常项目的自由兑换作为开端。其所以如此，大致有以下原因：

第一，按照《国际货币基金组织协定》的规定，经常项目的可兑换是可兑换货币的起码含义，只要做到了这一点，一种货币就可以被认为是自由兑换货币了。在《国际货币基金组织协定》条文中，围绕该项目下货币可兑换，分别有第 4 条、第 8 条和第 14 条（其中具有决定意义的是第 8 条）。它们对货币自由兑换从不同角度加以强调和规范。

第二，在《国际货币基金组织协定》中，除第 6 条略为涉及之外，并无对资本项目下货币可兑换的强制性规定。这样，成员国在资本兑换方面的压力大为减轻。

第三，就经常项目和资本项目开放对一国宏观经济的影响程度而言，后者因为投机性因素较强而比前者的难度与风险大得多，所以，大部分实行货币可兑换的国家比较倾向于采取由易到难，以比较安全的顺序来实现可兑换。

第四，从国际经济环境来看，实行可自由兑换同战后由关贸总协定一直推动的自由贸易倾向有关系。贸易自由化在先，资本自由化在后，这是战后世界经济的一个重要特点。这一特点无疑也对货币可兑换安排的阶段性产生了影响。

（二）资本项目可兑换

尽管国际货币基金组织对资本项目可兑换并无强制性规定，但是贸易自由化达到一定阶段后必然要求资本自由化与之相配合，没有资本自由化的贸易自由化是不彻底的。因为现代国际贸易活动在规模、结构和交易方式上均已同国际资本的流动发生了紧密的联系,大规模的贸易活动往往伴随着相应的融资安排。比如,在出口信贷下,一项通过信用证清算的国际贸易活动中,商品运动与资本流动是合二为一的。贸易与资本之间的内在联系,使得贸易自由化与资本自由化之间具有重要的相互推动的作用。经常项目下可兑换的必要延伸即是资本项目下的可兑换。后者对前者的作用不仅仅是短期的融资安排,更重要的是它可以形成一种开放条件下健全的对外经济机制。

根据许多国家的实践,资本项目下货币可兑换本身也是分阶段实施的。一般的观点是,应首先考虑长期资本项目下的自由兑换,然后逐步允许短期资本项目下的自由兑换。这样可以在一国金融体系的培育过程中,免于游资带来的种种风险和不确定性因素。根据国际货币基金组织的统计,到 1994 年底,随着冰岛取消了剩余的管制,所有工业化国家的货币在资本项目下都是自由兑换的。近十几年来,许多国际收支状况有所改善的发展中国家也已取消了对资本项目的外汇管制,这些国家主要集中在南美洲和东南亚一带。

货币在上述两类交易中的自由兑换是可兑换中实质性的内容,若二者均获实现,则该种货币便被称为充分的自由兑换货币。

三、货币兑换的三个阶段

一国货币在迈向自由兑换的过程中,大致要经历准备、实施和完成三个阶段。

(一)准备阶段

准备阶段通常要实施一些有关的政策措施,努力争取经常项目顺差和资本项目顺差,尽可能地多积累一些外汇储备。与此同时,采取有效措施,稳定通货膨胀,保持币值不受冲击,并设法使物价尽可能地与世界价格体系靠近。

(二)实施阶段

实施阶段逐步放松贸易与外汇管制,形成金融机构、金融市场和金融业务的开放,允许带有一定试验性质的、有条件的货币可兑换,如有条件的经常项目下的货币可兑换。在实践证明切实可行后,就可推出经常项目下的货币自由兑换,成为国际货币基金组织的第 8 条款国①。随后可视国内外的条件,逐步推行资本项目下的货币自由兑换。事实上,这一阶段是货币自由兑换实质性进展的阶段。

(三)完成阶段

在经常项目实施自由兑换和资本项目逐步开展自由兑换的基础上,宏观经济、

① 《国际货币基金组织协定》第 8 条款的含义是:(1)对国际经常往来的对外支付和资金转移不施加限制;(2)兑付外国持有的在经常性交易中所取得的本国货币;(3)不实行歧视性的货币措施和多重汇率。达到该要求的国家又称 IMF 第 8 条款国。

国际收支等方面的情况稳定后，就可以最终取消资本项目下的大部分管制措施，以实现全面的自由兑换。多数西方国家的货币在由经常项目自由兑换发展为资本项目自由兑换的过程中大致经历了 10~15 年的时间。

四、三元悖论

三元悖论（Trilemma）又叫不可能三角（Impossible Trinity），它揭示了开放条件下的宏观经济政策所面临的难题，即政府在下述三个目标中只能达到两个，而不能同时实现三个：①货币政策独立；②汇率稳定；③资本自由流动。图 2－1 对这一情况进行了描述：三角形的三个顶点是经济开放条件下政策制定者希望达到的三个目标，遗憾的是，最多只有其中两个目标可以共存。换句话讲，政府只能选择三角形三条边中的一条。对照图形，蒙代尔三角可以分解为以下推论。

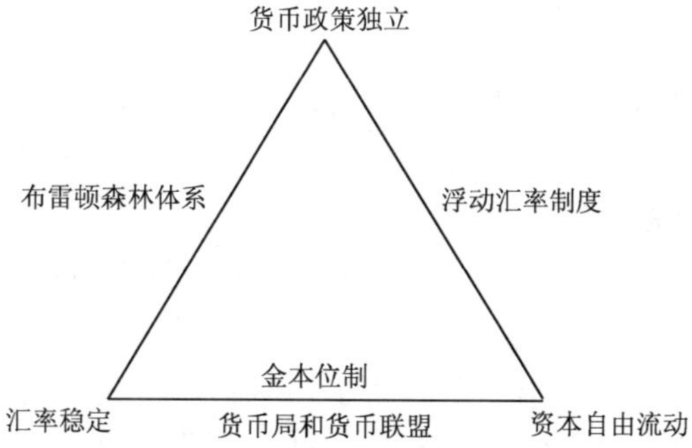

图 2－1 三元悖论示意图

首先，如果一国实行资本控制（或者说资本项目尚未放开），国内金融资产与国外金融资产不可替代，那么它既能保持自主的货币政策，又能维持汇率的稳定。

其次，如果一国已经实现资本项目自由化，资本可自由流动，那么，它若要保持货币政策的自主性，就必须实行浮动汇率制；若要维持汇率稳定，就必须放弃自主的货币政策。

最后，如果一国认为保持自主货币政策十分必要，那么，随着资本账户自由化的推进，它会采取更加灵活的汇率制度，而（部分）放弃对汇率稳定的追求。

从图 2－1 中可以看到，金本位、货币联盟和货币局均选择了汇率稳定和资本自由流动，同时放弃了“货币政策的独立性”。1944—1973 年的布雷顿森林体系时期，各国“货币政策的独立”和“汇率稳定”得到实现，但“资本流动”受到严格限制。1973 年以后的浮动汇率时代，“货币政策的独立性”和“资本自由流动”得以实现，但“汇率稳定”不复存在。

第六节 人民币汇率制度

一、人民币汇率的演变

当前,世界各国汇率制度的基本趋势是逐步放松对汇率的管制,使汇率具有较大的灵活性。近年来,将本国货币钉住一种或一篮子货币的国家有所减少,而实行灵活汇率制度特别是单独浮动汇率制度的国家在增多。在我国,随着经济体制和外汇、外贸体制改革的深化,人民币汇率也不断地进行着改革,从 1949 年 1 月 18 日人民币汇率首次产生至今,人民币汇率的形成已经历了三个发展阶段,其趋势是从行政性确定为主转向以市场外汇供求为基础;从钉住汇率制转向有管理的浮动汇率制,汇率形成机制的市场化程度不断提高。

(一)传统体制下的人民币汇率(1949—1978 年)

这一时期的人民币汇率分为人民币对西方国家货币的汇率和对苏联、东欧国家货币的汇率。根据汇率制定的方法和波动的特点,人民币对西方国家货币的汇率又可以分为两个时期。

1. 国民经济恢复时期(1949—1952 年)。新中国政府逐渐稳定了局势后,经济发展速度很快,然而外汇收入短缺,外汇收入主要靠私营企业和海外汇进的侨汇,其中侨汇约占外汇收入的一半左右。由于当时物价变化极为猛烈,所以为了使创汇企业和依靠侨汇收入的人民不至于亏损和生活困难,政府以内外物价,主要是国内物价为依据,不断地调整人民币汇率。

2. 计划经济时期(1953—1978 年)。1953 年起,中国实行计划经济体制,对外贸易由国营对外贸易公司专管,外汇业务由中国银行统一经营,逐步形成了高度集中、计划控制的外汇管理体制。国家对外贸和外汇实行统一经营,用汇分口管理。外汇收支实行指令性计划管理,一切外汇收入必须售给国家,需用外汇按国家计划分配和批给。国际收支平衡政策"以收定支,以出定进",依靠指令性计划和行政办法保持外汇收支平衡。实行独立自主、自力更生的方针,不借外债,不接受外国来华投资。人民币汇率作为计划核算工具,要求稳定,逐步脱离进出口贸易的实际,形成汇率高估。

(二)经济体制改革时期的人民币汇率(1979—1993 年)

1979 年,作为我国经济体制改革和对外开放的重要组成部分,我国对人民币汇率也着手进行改革,其中包括:实行贸易内部结算价;不断调低人民币汇率;建立外汇调剂市场,形成外汇调剂汇率。在这一阶段,人民币官方汇率与市场调剂汇率并存。从 1979 年起实行外汇留成办法。为调剂外汇市场需要,1980 年 10 月起中国银行开办外汇调剂业务。1988 年 3 月放开汇率,由买卖双方根据外汇供求状况议定,中国人民银行适度进行市场干预。从1979年到1993年，是人民币逐步贬值的时期，美元对人民币的汇率从1比1.7左右上升到1比8.7。这期间国内物价也上涨了两倍。

（三）市场化改革后的人民币汇率（1994年—　）

从1994年1月1日起，作为外汇管理改革的主要内容和重要成果之一，人民币汇率形成机制得到突破性的改进，人民币汇率开始向市场汇率过渡。其成就突出表现在以下三个方面：首先，随着我国外汇管理体制从外汇额度管理为主向银行结售汇制转变，人民币汇率由官方汇率和市场调剂汇率并存向以市场供求为基础的、单一的、有管理的浮动汇率转变。国家不再行政性规定汇率水平，也取消了按官方汇率买卖外汇的指令性指标。人民币汇率开始由市场供求力量来决定，中央银行主要通过市场干预手段来调节市场供求、稳定汇率，实现宏观金融的调控目标。其次，汇率的形成机制发生了变化，外汇市场供求成为汇率的决定基础，出口换汇成本不再是确定汇率的最主要依据。最后，中央银行以进入外汇市场的方式对汇率进行干预，人民币汇率进入了管理浮动制时代。

可是，多年的管理浮动结果表明，人民币汇率的市场化程度仍然很低。尽管这一时期国内外经济形势都有较大的变化——比如，20世纪90年代中期中国严重的通货膨胀，1997年亚洲金融危机以及90年代末期中国的通货紧缩等等——人民币汇率却长期固定在1美元兑8.27元人民币左右。

1997年亚洲金融危机后，人民币汇率的稳定减轻了世界经济所受到的压力。然而，危机过去后不久，21世纪初期，由于西方国家经济乏力，因此，它们开始纷纷指责中国操纵人民币汇率，压迫人民币对外升值。在这种情况下，人民币的汇率进行了新的调整。

自2005年7月21日起，我国开始实行以市场供求为基础、参考篮子货币实行管理浮动汇率制度。这次人民币汇率形成机制改革的内容是，人民币汇率不再钉住单一美元，而是按照我国对外经济发展的实际情况，选择若干种主要货币，赋予相应的权重，组成一个货币篮子。同时，根据国内外经济金融形势，以市场供求为基础，参考篮子货币计算人民币多边汇率指数的变化，对人民币汇率进行管理和调节。此后，人民币开始对美元逐步升值。

二、人民币的自由兑换

改革开放后，人民币开始朝着自由兑换的方向迈进。20世纪80年代初，我国外汇管制逐步放松，国家允许企业留成外汇。80年代中期，国家开设了外汇调剂市场。1994年，人民币实现了经常项目下的有条件可兑换，国家取消外汇留成制度，实行银行结、售汇制，在大多数经营性经常项目下，企业只需凭有效的单证就可以直接到银行购汇而不需要外汇管理局的用汇审批。1996年底，中国实行了人民币经常项目下可兑换，标志着中国已基本上达到《国际货币基金组织协定》第8条款的要求。

自1994年起,中国一直实行强制性的银行结售汇制度。结汇是指外汇收入者将其外汇收入出售给外汇指定银行,后者按市场汇率付给本币的行为。结汇分为强制结汇、意愿结汇和限额结汇等形式。强制结汇是指所有外汇收入必须卖给外汇指定银行,不允许保留外汇;意愿结汇是指外汇收入可以卖给外汇指定银行,也可以开立外汇账户保留,结汇与否由外汇收入所有者自己决定;限额结汇是指外汇收入在国家核定的限额内可不结汇,超过限额的必须卖给外汇指定银行。实行结汇制度的目的是将我国企业的外汇收入及时足额地汇入外汇储备,为进口支付外汇提供保障。通常在外汇储备规模较小时,主要采取强制结汇方式;随着外汇瓶颈的解除,意愿结汇更符合间接管理的需要。

2008年修订后的《外汇管理条例》明确企业和个人可以按规定保留外汇或者将外汇卖给银行。这意味着,强制结售汇制度正式退出了历史舞台。2009年以来,为进一步促进贸易投资便利化,提高政策透明度,外汇管理部门大力开展法规清理,共宣布废止和失效400余个外汇管理规范性文件。涉及强制结售汇的规范性文件被宣布废止、失效或修订。

目前,我国资本项目的外汇实行账户制度,其外汇收支实行审批制度。外商投资企业必须进行外汇登记,经外管局核准后,可以到外汇指定银行开立资本金账户。境内机构借用国外贷款,发行境外外币债券,须经外管局核准,开立外汇账户;外商投资企业借用国外贷款,须报外管局备案。对外担保及境外拨资亦须经外管局批准。国家对外债及对外担保实行登记制度,对外债进行统计监测,并从规模和结构上进行控制。资本项目外汇的结汇、售汇及属于资本项目的外汇支付均须经外管局核准。资本项目外汇用于经常项目支付,由外汇指定银行根据有关商业单据和有效商业凭证审核支付。

由于当前我国的外汇需求还主要限于交易性需求,而没有预防性需求,更没有投机需求,再加上外汇市场的不完善,因此会造成人民币汇率的扭曲,最终影响人民币均衡汇率的形成。而扭曲了人民币汇率,无论是高估人民币汇率还是低估人民币汇率,对国民经济的发展都是不利的。因此,在实现经常项目可兑换后,研究人民币汇率的形成机制,使人民币汇率水平真正反映市场供求而形成真正的市场均衡汇率,仍然是一个值得关注的问题。

主要概念

汇率制度　固定汇率制　浮动汇率制　铸币平价　爬行钉住制　管理浮动
自由浮动　单独浮动　联合浮动　货币局　美元化　三元悖论

思考题

1. 简述可调整钉住汇率制度的优缺点。
2. 主张固定汇率的理由有哪些?
3. 主张浮动汇率的理由有哪些?
4. 一国如何选择自己的汇率制度?
5. 建立最适货币区的利弊?

第三章

外汇市场与外汇交易

本章提要

国际经济交易的最终完成，离不开外汇市场的存在。第三章对外汇市场以及外汇市场上各种主要的外汇交易进行了介绍。首先介绍了与外汇市场相关的一些知识，其中包括外汇市场的组织形式、外汇市场的参与者、外汇市场的交易规则和外汇市场的作用。随后，我们对外汇市场上的一些传统交易方法进行了介绍，包括即期和远期这两种最基本的交易方式，用于套期保值的掉期交易以及为获取差价收益而进行的套汇和套利交易。

第一节　外汇市场

外汇市场是人们进行外汇交易的场所。外汇市场的存在为国际经济交易的结算和国际资金融通提供了必要的条件，同时也为套期保值和外汇投机提供了活动场所。

一、外汇市场的组织形式

外汇市场在形式上有具体和抽象之分。前者是指从事交易的当事人必须在固定的交易场所和规定的营业时间里进行外汇买卖。如法国的巴黎、德国的法兰克福、比利时的布鲁塞尔等地就有这种具体的外汇市场。后者是指一个由电话、电报、电传和计算机终端等通信网络所形成的市场。这种外汇市场没有固定的交易场所，也没有固定的开盘、收盘时间。如美国、英国和瑞士等国的外汇市场就没有具体的交易场所，也不挂标明一切货币汇率的行情牌，市场参与者之间都是通过某种电讯工具来询价、报价并安排成交的。

上述外汇市场形式上的区别主要是由于英美等国与欧洲大陆国家长期以来在商业传统和习惯做法上存在着不同。然而，由于伦敦和纽约是世界上最大的两个外汇市场，所以，人们一般都将典型的外汇市场理解为后一种抽象市场。当然，这个交易网络还包括银行为满足客户零星交易的需要而设置的交易柜台。

二、外汇市场的参与者

（一）零售客户

这类市场参与者，有的是为实施某项经济交易而买卖外汇，如经营进出口业务的国际贸易商，到外国去投资的跨国公司，发行国际债券或筹借外币贷款的国内企业，等等；有的为调整资产结构或利用国际金融市场的不均衡状况进行外汇交易，如买卖外国证券，在不同国家货币市场上赚取利差、汇差收益的套利者和套汇者，对市场汇率进行赌博以赚取风险利润的外汇投机者，等等。除此之外，还有其他零星的外汇供求者，如国际旅游者、出国留学生、汇出或收入侨汇者、提供或接受外币捐赠的机构和个人等等。在上述各种外汇供求者中，最重要的是跨国公司，因为跨国公司的全球经营战略涉及许多种货币的收入和支出，所以它进入外汇市场非常频繁。

（二）外汇指定银行

外汇指定银行即由中央银行指定或授权经营外汇业务的银行，通常又称“外汇银行”。外汇指定银行包括：①以外汇为专营业务的本国专业银行；②兼营外汇业务的本国商业银行；③外国银行设在本国的分行及本国与外国的合资银行。在日本，具有外汇指定银行资格的共有200多家；而美国则没有外汇指定银行的限制，所有银行都能经营外汇业务。在英国，外汇指定银行必须由英格兰银行推荐并得到财政部批准。外汇指定银行是外汇市场上最重要的参与者。

外汇银行在外汇市场的作用一般可以通过下列四种交易活动反映出来：①通过买卖外汇，使得客户能够参与和完成国际性的商业活动；②通过买卖外汇，使得客户或外汇银行自身能够完成对外的实际投资和金融投资活动；③通过以套期保值为目的的外汇买卖来消除客户或外汇银行自身所面临的某种外汇裸露风险（Exposure）；④根据对将来外汇汇率变化的预测或预期，从事投机性的外汇买卖。在前两种交易活动中，外汇银行通常只是作为客户的代理人向其收取服务费用，因此自己并不承担外汇风险。在第三种交易中，外汇银行充当的是一位防御性的套期保值者，其目的是要降低外汇裸露的风险。比如，它可能会通过使某种外汇处于空头（出售外汇）来抵消其多头（买入外汇）。在第四种交易活动中，外汇银行想通过制造敞口头寸（Open Positions）来赚取投机利润。

据联邦储备系统估计，在美国外汇市场上，大约有200家外汇银行充当活跃造市商（Market Maker）的角色，其中只有30家左右的商业银行和投资银行在为5种最重要的货币提供造市服务。外汇银行之间的投机性交易既可以由双方直接完成，也可以通过专业的外汇经纪商来完成。据纽约联邦储备银行估计，大约有44%的投机性交易是通过专业化的经纪商来完成的。投机性的交易能够借助各种外汇交易工具来完成。即期交易的投机最常见——金融机构通过买卖差价（即不同时间购买价和销售价的不同)来赚取利润。同时,外汇银行也可以通过外汇远期、期货和期权的交易来进行投机。

在西方,银行因巨额外汇投机失败而倒闭的事例层出不穷。有鉴于此,各国政府从国家的利益出发,对银行投机性的外汇头寸进行了限制。例如,在日本,每家外汇银行都有义务将其外汇综合头寸控制在政府规定的一定额度内。又如,德国的金融当局和美国的联邦储备银行都要求外汇银行定期报告其外汇头寸。

(三)外汇经纪商

实际上,外汇市场上的大部分交易活动都是在银行同业之间进行的,但这并不意味着各外汇指定银行相互之间直接面对面的打交道。相反,银行同业市场上的货币交换(或更确切一些,是银行之间不同货币存款的交换)绝大多数都是由外汇经纪商作中介安排成交的。每个外汇交易中心都有若干个外汇经纪商,他们是经中央银行批准后才经营外汇中介业务的。经纪商在批发层次将想要购买某种货币的银行与想要出售该种货币的银行带到一块,促成交易,并根据成交金额向双方收取佣金作为报酬。外汇经纪商的佣金费率一般很低(如每英镑 0.001 美元),但由于外汇批量交易的金额较大,故所收取的佣金仍相当可观。

外汇经纪商的作用主要是提高外汇交易的效率。例如,某家银行想购买 100 万英镑,假如它直接去找交易对象,那就比较麻烦,而且即便找到了一家想出售英镑的银行,但成交的价格也不一定是最好的价格。而如果该项外汇交易委托给经纪商,他就能够在多家银行的报价中找出最好的价格。因为外汇经纪商有着广泛的联系网络,并频繁地与市场各方面进行着接触,所以一般总能替客户找到最合适的交易对象。

目前,外汇交易中的一个主要结构性变化在于,同业市场上越来越多的交易是通过路透(Reuters)这样的电子经纪商系统来完成的,而不是直接通过电讯手段完成的。2000 年,主要货币的同业交易中,有 85% ~95% 是通过电子经纪商来完成的。而 1998 年,这一数据为 50%;1995 年,这一数据只有 20% ~30%。电子经纪商能够自动向交易者提供最好的价格。在传统的交易方式下,交易者想获得市场价格信息就必须与几家主要的大银行联系。

(四)中央银行

外汇市场上另一个重要的参与者是各国的中央银行。这是因为各国的中央银行都持有相当数量的外汇余额作为国际储备的重要构成部分。作为管理一国货币流通和控制一国金融体系的官方机构,中央银行经常通过购入或抛出某种国际性货币的方式来对外汇市场进行干预,以便能把本国货币的汇率稳定在一个所希望的水平上或幅度内,从而实现本国货币金融政策的意图。中央银行干预外汇市场的范围与频率在很大程度上取决于该国实行什么样的汇率制度。假如一国货币与别国货币挂钩,实行固定汇率制,那该国中央银行的干预程度比起实行浮动汇率制的国家来要大得多。

在一般情况下，中央银行在外汇市场上的交易数量并不很大，但其影响却非常广泛。这是因为外汇市场上的其他参与者都密切地关注着中央银行的一举一动，以便能及时获取政府宏观经济决策的确切信息，所以，中央银行在外汇市场上即便作一个微小的举动，有时也会对一国货币汇率产生重大影响。

总而言之，外汇市场的结构呈金字塔形（参见图 3－1），在塔的底层是大量的进出口商人、跨国投资者、旅游者等，他们是外汇的基本供求者；在塔的中层是外汇银行（或商业银行），它们操纵着绝大多数的外汇买卖业务；在塔的顶尖则是中央银行，它控制着整个外汇市场；而外汇经纪人在金字塔中的地位是在中央银行与商业银行之间，它为中央银行的购进和抛售外汇，为银行同业间的外汇交易起着穿针引线的作用。

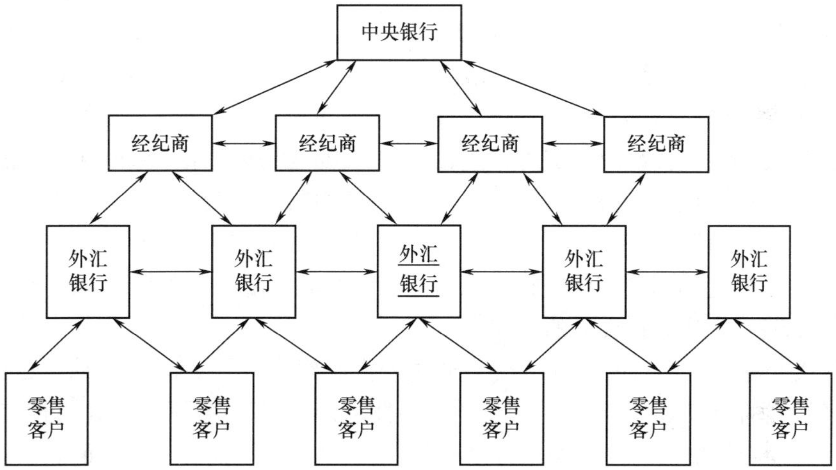

图 3－1 外汇市场的组织结构

三、外汇市场的交易规则

外汇市场上交易复杂，为了保证外汇交易高效有序地进行，交易者应注意以下市场规则：

第一，由于美元在国际上的特殊地位，外汇市场采用的是以美元为中心的报价方法。即除了有特殊说明之外，所有报出的汇率都是针对美元的。

第二，为了使外汇交易能顺利进行，交易各方大多采用统一的标价方法。除了英镑、澳大利亚元、新西兰元和欧元等货币采用间接标价法以外，其他货币的交易均采用直接标价法。

第三，外汇交易讲究效率，在报价时力求精简。按交易惯例，银行一般只报汇率的最后两位数。

第四,外汇交易报价以及媒体所显示的参考汇率都以100万或更大的金额为交易单位,它主要适用于银行同业之间的大批量外汇买卖,对一般客户的买卖不适用。

第五,接受客户询价后,银行有义务报出买入和卖出两个价格。

第六,一般而言,交易的金额是以被报价货币为单位,除非报价时有特别声明。

四、外汇市场的交易模式

银行间外汇市场的交易一般有两种交易模式:直接交易和间接交易。直接交易是指外汇交易是在银行之间直接进行的。这种交易模式的惯例是:当其他银行欲同本银行进行外汇交易时,可以直接向本银行询价,本行外汇交易员向对方报出买价和卖价,由对方决定是买进还是卖出。一旦确认买卖,双方进行交割和账务清算。这种交易模式的缺点是:银行双方直接进行交易,询价银行所得到的只是对方的一种报价,它不一定是最好的价格。如果要寻求最好的价格,就需要向多家询价,通过比较,选择它认为最好的报价进行交易。对单个交易者来说,这是一件很麻烦的工作。此外,当交易双方实力相差悬殊时,交易容易被大银行操纵和控制,这样对小银行明显不利。但这种模式由于是银行双方直接进行交易,可以省去因经纪人介入所需支付的佣金,降低交易成本,所以直接交易模式比较适合于大银行间的外汇交易。在伦敦、纽约、苏黎世等国际外汇市场上,大银行在进行数额巨大的国际性外汇交易时,往往采用直接交易的模式。

间接交易是指银行间的外汇交易通过外汇经纪人进行。间接交易中,虽然由于有经纪人的介入,银行需支付额外的交易佣金,但它却节省了银行在直接交易情况下为询价所付出的时间和费用,避免了因信息来源不全面、不及时而可能发生的在不利价格条件下成交所导致的损失。尤其在当今行情迅速变化的外汇市场上,经纪人的加入可使银行在最短的时间内获得最新、最好的报价信息,从而做出最有利的交易决策。因此,各国的国内银行间外汇市场一般都采用间接交易模式。

五、外汇市场的作用

(一)促成外汇价格形成

外汇市场的重要功能是促成了外汇价格的形成。国际贸易和其他国际活动产生的外汇供给和外汇需求,都集中到外汇银行进行外汇的买卖。外汇银行接受顾客的买卖申请后,加上银行自身买卖外汇的需要,形成银行同业市场上的外汇供给和需求。在外汇市场大量交易的作用下,供给者与需求者互相竞价,必将在外汇市场上形成一个市场均衡价格。外汇市场套汇交易的存在将使世界上各外汇市场的汇率趋于一致,套利交易的存在将使各外汇市场的期汇升贴水与各地的利率水平相适应，由此可确定银行同业买卖外汇的价格，再以此价格进一步确定零售外汇市场的汇价，从而确定了整个外汇市场的外汇价格。

（二）实现国际的购买力转移

任何一项国际经济交易都是居民与非居民之间的交易，都涉及使用不同国家（或地区）货币的问题。国际经济交易的结果往往需要债务人（如进口商）向债权人（如出口商）进行货币支付，将购买力从债务人所在国转移到债权人所在国，这种购买力的国际转移是通过外汇市场来实现的。外汇市场为外汇供给者提供出售外汇的机会，同时也为外汇需求者提供以本币购买外汇的可能，它是不同国家货币购买力和资金转移的渠道。外汇市场的存在，使得各种潜在的外汇出售者和外汇购买者的愿望联系起来，使各种类型的国际商业往来和经济合作，以及各国在政治、军事、文化、体育、科技等各个领域里的交流成为可能。当市场的汇率变动使得外汇供求相等时，所有潜在的出售和购买愿望都得到了满足，外汇市场即处于均衡状态。

（三）便利国际的资金融通

任何一种资本或货币资金的跨国界移动，都会涉及不同货币之间的兑换。而外汇市场的存在实际上起到了将不同国家（或地区）的货币市场和资本市场相互联结起来的作用，从而使得国际借贷和国际投资活动能够顺利进行。由于外汇市场的存在，人们能够跨越国界在一个国家借款筹资而向另一个国家提供贷款或进行投资。外汇市场使得不同国家的货币市场和资本市场日益连成一个整体，不同资金市场的资金余缺可通过外汇市场上的资金流动得到调剂。国际外汇市场的迅速发展还加快了国际金融市场一体化的进程。在当代，国际金融市场已和外汇市场十分紧密地交织在一起；外汇市场已成为国际金融市场重要的组成部分。它是国际资金融通不可缺少的桥梁，在买卖外汇的同时向国际经济交易者提供资金融通的便利。

（四）提供外汇保值和投机的场所

外汇风险是国际经济交易中由于汇率变动给交易双方中任何一方造成损失的可能性。由于外汇交易至少涉及两个国家的货币，且参与者众多，任何一国的政治变化、经济改革乃至人们的心理预期等都会对外汇汇率产生较大的影响，较之国内金融市场，外汇交易的风险更大。尽管外汇风险是客观存在的，但人们可通过转移风险来达到避免外汇风险的目的。由于不同的人对风险的态度不同，有人希望花费一定的成本来转移风险（外汇保值者即属于这一类人），有人则愿意承担风险以期实现一定的利润（外汇投机者属于这一类型的人）。

在外汇市场上，实际的外汇供求者（即外汇保值者）构成了套期保值交易的一方，交易的另一方则是职业的外汇交易商或外汇投机者，外汇市场为这两类人实现各自的目的提供了场所和条件。外汇市场上传统的保值手段是利用外汇远期交易,但20世纪70年代以来随着国际金融创新的不断发展,外汇期货交易、期权交易等新型交易方式不断涌现,使得避免外汇风险和进行外汇投机的手段日趋丰富,外汇投机风险也大大增加。

六、中国的外汇市场

改革开放前,我国实行统收统支的外汇管理体制,没有外汇市场的基础和概念。伴随着改革开放,我国外汇市场从无到有,逐步发展。经过40年的发展,我国外汇市场产品不断丰富、市场主体不断增加、对外开放程度不断提高,市场配置外汇资源、服务实体经济的能力不断增强,走出了一条有中国特色的发展道路,其主要成就包括以下几个方面。

(一)服务实体经济,不断丰富外汇市场产品体系

实体经济对于外汇市场的基本和核心需求,是有效配置外汇资源和防范汇率风险;外汇市场的改革发展始终将服务实体经济放在首要位置,充分考虑经济主体的风险识别和管理能力,由简单到复杂、由基础到衍生,逐步引入各类新工具。

目前,我国外汇市场已具有即期、远期、外汇和货币掉期以及期权等基础产品体系,基本满足了各类市场主体的汇率风险需求(近几年的具体交易数量参见表3-1)。2017年,我国外汇市场人民币对外汇交易各类产品累计成交24.1万亿美元,较2002年增长43倍,其中衍生品交易量的比重由2002年的0.7%,增长至2017年的60%;根据国际清算银行(BIS)三年一次外汇市场调查,中国外汇市场交易量占全球外汇市场交易量的比重,由2004年的0.02%上升至2016年的1.1%。外汇市场深度和广度进一步扩展,为推进汇率市场化改革和支持市场主体适应汇率双向波动提供了有力保障。

表3-1　中国外汇市场交易概况　　单位:亿美元

交易品种	2015年	2016年	2017年
一、即期	82 602	88 354	94 894
银行对客户市场	33 978	29 085	30 914
其中:买入外汇	18 892	15 909	15 840
卖出外汇	15 087	13 177	15 074
银行间外汇市场	48 623	59 269	63 980
二、远期	4 950	3 783	4 259
银行对客户市场	4 578	2 254	3 225
其中:买入外汇	3 260	1 551	1 743
卖出外汇	1 318	703	1 482

续表

交易品种	2015 年	2016 年	2017 年
其中:3 个月(含)以下	2 442	895	1 598
3 个月至 1 年(含)	1 736	1 154	1 411
1 年以上	399	205	216
银行间外汇市场	372	1 529	1 034
其中:3 个月(含)以下	267	1 195	726
3 个月至 1 年(含)	96	305	270
1 年以上	9	28	38
三、外汇和货币掉期	86 033	101 297	135 672
银行对客户市场	2 427	1 068	1 032
其中:近端换入外汇	2 214	331	163
近端换出外汇	213	736	869
银行间外汇市场	83 606	100 229	134 640
其中:3 个月(含)以下	76 420	88 520	116 566
3 个月至 1 年(含)	7 055	11 592	17 935
1 年以上	131	117	137
四、期权	4 047	9 550	6 021
银行对客户市场	1 159	2 079	2 308
其中:买入期权	656	1 021	1 210
卖出期权	503	1 058	1 098
其中:3 个月(含)以下	501	668	615
3 个月至 1 年(含)	475	1 196	1 391
1 年以上	183	215	303
银行间外汇市场	2 888	7 471	3 712
其中:3 个月(含)以下	2 406	6 998	2 381
3 个月至 1 年(含)	478	468	1 324
1 年以上	4	4	7
五、合计	177 631	202 984	240 845
其中:银行对客户市场	42 142	34 486	37 480
银行间外汇市场	135 489	168 498	203 365
其中:即期	82 602	88 354	94 894

续表

交易品种	2015 年	2016 年	2017 年
远期	4 950	3 783	4 259
外汇和货币掉期	86 033	101 297	135 672
期权	4 047	9 550	6 021

说明：

(1)外汇市场统计口径仅限于人民币对外汇交易，不含外汇之间交易。

(2)银行对客户市场采用客户买卖外汇总额，银行间外汇市场采用单边交易量，均为发生额本金。

(3)银行对客户市场：即期 = 买入外汇(售汇) + 卖出外汇(结汇)(含银行自身结售汇，不含远期结售汇履约)；远期 = 买入外汇(售汇) + 卖出外汇(结汇)。外汇和货币掉期 = 近端换入外汇(售汇) + 近端换出外汇(结汇)；期权 = 买入期权 + 卖出期权；均采用客户交易方向。

(4)本表计数采用四舍五入原则。

资料来源：国家外汇管理局网站(http://www.safe.gov.cn)。

(二)扩大市场开放，构建多元化的市场主体层次

2004 年以来，一批承担境外人民币清算职能的境外金融机构相继进入银行间外汇市场，还有更多的境外金融机构在跨境贸易人民币结算业务项下与境内银行开展场外外汇交易，我国外汇市场对外开放程度逐步提高。

2005 年汇改以来，银行间外汇市场开始打破原先单一银行的参与者结构，一方面对内开放，允许符合条件的非银行金融机构和非金融企业入市交易；另一方面根据港澳和跨境人民币业务的发展需要，逐步推动市场对外开放。

2017 年年末，银行间外汇市场成员中境外金融机构 81 家，占比为 13%；在银行间外汇市场各类产品交易量 645 亿美元，占比为 0.2%。外汇市场的对外开放不仅丰富了境内市场交易主体，更重要的是体现了境外机构对境内市场的交易产品、交易机制、基础设施等各类市场要素全方位发展的充分认可。

(三)借鉴国际经验，探索有中国特色的外汇市场发展道路

在充分借鉴国际成熟经验的同时，我国外汇市场发展一直以前瞻性视角，积极探索适合我国国情和引领国际趋势的发展新路。以外汇交易中心为主平台的我国银行间市场，从 1994 年建立之初就呈现出有组织交易平台的基本形态，可以兼容多种交易模式、适应不同交易工具，打破了场内与场外的传统边界。

中国外汇市场取得的发展成就，是中国全面深化经济体制改革和对外开放，深入推进金融市场发展的必然结果。随着我国改革开放的继续推进，外汇市场发展仍面临重大发展机遇，应积极把握人民币汇率市场化、可兑换和国际化给外汇市场发展带来的挑战与机遇，以拓展交易范围、丰富交易工具、扩大参与主体、推动市场开放、优化基础设施、完善市场监管为重点，继续推进外汇市场的发展。

第二节 即期交易和远期交易

即期外汇交易和远期外汇交易是外汇市场上的两大基本交易形式。即期交易主要被用于进出口贸易和资本输入输出所引起的国际结算,而远期外汇交易则主要用于防范外汇风险或是用于外汇投机。

一、即期外汇交易

即期外汇交易(Spot Transaction)俗称现汇买卖,是指外汇买卖成交后在两个营业日内办理有关货币收付(即交割)的外汇业务。即期外汇交易所使用的汇率叫即期汇率。即期外汇交易一般在成交后两个营业日内进行交割,其原因是在大多数情况下,外汇交易要借助于某种结算工具来清算,而这些有关的信用工具通过银行系统进行偿还或清算一般需要两天时间。一般来说,外汇买卖零售业务大都可在成交当日交割,而银行同业间的交易大多在成交后第二个营业日交割。

下面来看两个即期交易(同业交易)的实例:

【例1】ABC银行与XYZ银行之间所进行的美元与瑞士法郎的交易,其过程如下:

ABC:CHF1

(询价者ABC询问交易金额为100万美元的瑞士法郎价)

XYZ:CHF 1.121 3/18

(报价银行XYZ报价,价格为USD1 = CHF 1.121 3/18)

ABC:13 DONE,MY CHF TO ABC ZURICH A/C

(ABC以1.121 3的价格卖出美元100万给XYZ,并要求XYZ把它买入的瑞士法郎汇入其设在苏黎世的瑞士法郎账户中)

XYZ:AGREE,CFM AT 1.121 3 WE BUY USD 1 MIO AG CHF,VAL MAY 20,USD TO XYZ NY,TKS FOR CALLING N DEAL BI BI

(XYZ回应交易已成交,XYZ确认以1.121 3的价格买入美元100万,并卖出瑞士法郎,交割日为5月20日,XYZ要求ABC把它买入的美元汇入其在纽约的美元账户上,XYZ谢谢ABC的询价及交易)

ABC:TKS FOR PRICE BI BI

(ABC谢谢XYZ的报价)

【例2】ABC银行与XYZ银行所进行的英镑对美元的交易,其过程如下:

ABC:GBP 5 MIO

(ABC询问英镑对美元的比价,交易金额为500万英镑)

XYZ:1.824 3/47

（XYZ 报价为 GBP1 = USD 1. 824 3/47）

ABC：MY RISK

（ABC 不满意 XYZ 所报的价格，在数秒钟之内可以再次询问价格）

ABC：NOW PLS

（ABC 再次向 XYZ 询问价格）

XYZ：1. 824 4 CHOICE

（XYZ 报价，以 1. 824 4 的价格任 ABC 选择是买还是卖）

ABC：SELL PLS，MY USD TO ABC NY

（ABC 选择卖出英镑，金额为 500 万，并告知对方将其所买入的美元汇到它的纽约银行账户上）

XYZ：OK DONE，AT 1. 824 4 WE BUY GBP 5 MIO AG USD，VAL MAY -20，GBP TO MY LONDON，TKS FOR DEAL ，BI BI

（XYZ 告知对方，此交易达成，并确认在 1. 824 4 的价格下我以美元买入 500 万英镑，交割日为 5 月 20 日；请将我买的英镑汇入我在伦敦的账户中）

二、远期外汇交易

远期外汇交易（Forward Transaction）又称期汇交易，是指买卖双方在成交时将交易的币种、价格、数量及交割期限等以合同的形式确定下来，等到合同到期时交易双方再按合同条件进行交割。

远期交易涉及不同的交割期限，最常见的期限为 30 天、60 天和 90 天等，期限大多不超过一年。至于远期汇率对即期汇率的差价幅度，对一些经常交易的货币来说，其年率大约在 3% 以内；而对于一些交易稀少的货币来说，有时会高达 20% 。交易过于稀少的外汇，其远期市场根本不存在。

远期交易者从事交易的目的主要表现在两个方面：一是利用远期交易来避免外汇风险；二是利用远期外汇交易进行投机。从事国际贸易的进出口商和从事外汇业务的银行都可以通过远期外汇交易来避免外汇风险。比如，进出口商在进行国际贸易时，从贸易合同的签订到合同的执行往往都要经过一段时间。在此期间，由于汇率可能会发生变化，所以进出口商面临着成本或收益不确定的风险。借助远期外汇交易，进出口商就可以在贸易合同达成时将汇率确定下来，从而避免了外汇风险。

例如，法国某葡萄园种植主向英国出口葡萄酒，两个月后收汇，价格为 100 万英镑。如果两个月到期时英镑对欧元升值，出口商将获得更大的收益；如果英镑对欧元贬值，出口商将遭受一定的损失。要排除这种出口收益的不确定性，法国出口商可以在远期市场进行保值交易。假设当时外汇市场行情如下：

即期:1 英镑 = 1.435 0/90 欧元

60 天远期:50/40

由上述条件可知,60 天远期汇率为 1 英镑兑 1.430 0/50 欧元。法国出口商以 1 英镑兑 1.430 0 欧元的远期汇率出售 100 万英镑。这样,无论两个月后汇率如何,出口商均可收到 1 430 000 欧元(1 000 000 × 1.430 0)。

远期外汇交易的另一个功能是为外汇投机者提供条件。远期外汇投机是指交易者根据对汇率变动的预测,有意保持某种外汇的多头或空头,希望从汇率变动中赚取差价利润的行为。外汇保值交易者是要消除多头或空头,而外汇投机者则是有意创造多头或空头。

利用现汇市场进行投机,必须拥有一定数量的资金。而利用远期市场投机,则不必拥有大量资金。因为远期买卖成交时只需签订合同,合同到期时双方按差价计算盈亏即可。远期投机者预计某种货币将来会大幅度贬值时,他就会在远期市场出售该货币的远期,希望将来这种货币贬值后低价买入获取利益,这种先卖后买的投机交易被称为卖空。反之,远期投机者预计某种货币将来会大幅度上升时,他就会在远期市场买入该货币的远期,希望将来该货币升值后高价卖出获取利益,这种先买后卖的远期交易被称为买空。

除了以上所讲的固定交割日的交易外,还有一种未固定交割日的远期交易,即择期交易。在现实生活中,进出口商往往很难确定付款或收款的日期,在这种情况下进行固定日期的远期交易就会遇到困难,为了解决这一问题,就产生了择期交易。

所谓择期交易(Option Date Forward 或 Forward with a Maturity Window),就是顾客和外汇银行签订合同,根据合同,顾客可以在今后未确定的日期以事先确定的汇率买进或卖出一定数量外国货币的外汇交易。比如,一个将在贸易合同签订后第二个月收到出口货款,但不能确定具体日期的出口商,可与银行签订一择期合同,择期在第二个月,则根据该合约该出口商必须在第二个月内将外汇卖给该银行,至于究竟在这一个月的哪一天交割,完全由他自己选择。

择期交易在交割日上对顾客较为有利但对银行不利。为此,银行在择期交易中使用的是对顾客相对不利的汇率。总的说来,银行将选择从择期开始到结束期间最不利于顾客的汇率作为择期交易的汇率。

比如,美国一进口商以择期交易购买了 10 万英镑,择期在第一个月或第二个月,即该进口商可以在合约签订后的第一、二这两个月中的任何一天购买所需英镑。有关银行的卖出价为:

情况一:即期(英镑兑美元)汇率为 $1.830 0;

　　　　一月远期:£ 1 = $1.840 0;

　　　　二月远期:£ 1 = $1.850 0。

情况二:即期(英镑兑美元)汇率为 $1.830 0;

一月远期:£ 1 = $ 1.820 0;

二月远期:£ 1 = $ 1.810 0。

在第一种情况下,英镑对美元的择期汇率是 $ 1.850 0;在第二种情况下,择期汇率将是 $ 1.830 0,即无论哪种情况下都是选择对出口商不利的那个汇率。

三、中国的即期和远期外汇交易

(一) 中国的即期外汇交易

根据中国外汇交易中心 2005 年 12 月 29 日发布的《银行间外汇市场人民币外汇即期交易规则》《银行间外汇市场人民币外汇即期竞价交易清算规则》《银行间外汇市场人民币外汇即期竞价交易起息日计算规则》《银行间人民币外汇交易系统应急操作流程》等相关文件的规定,人民币外汇即期交易是指会员以约定的外汇币种、金额、汇率,在成交日后第二个工作日或第二个工作日以内交割的外汇对人民币的交易。

银行间外汇市场实行会员制管理,中国外汇交易中心为会员之间的即期交易提供电子交易系统和其他相关服务。依法设立且具有主管部门批准的外汇业务经营资格的银行、非银行金融机构或非金融企业,可向交易中心提交书面申请,获得批准,可在交易中心提供的交易系统内从事即期交易。

取得会员资格的银行、非银行金融机构或非金融企业可在中国外汇交易中心参与外汇即期交易。会员应在中国人民银行开立人民币账户,在境外商业银行开立外汇账户。美元资金清算,除交易中心指定会员通过交易中心开立于中国银行纽约分行的账户办理外,其他会员都通过交易中心开立于花旗银行纽约分行的账户办理。欧元资金清算,除交易中心指定会员通过交易中心开立于中国银行法兰克福分行账户办理外,其他会员都通过交易中心开立于德意志银行法兰克福分行的账户办理。办理外汇账户开立时,需如实填写《清算账户开户情况表》,交给交易中心,以保证资金清算顺利实施。

即期交易分竞价交易和询价交易。竞价交易采取分别报价、撮合成交方式。交易员应在规定的价格浮动范围内进行报价,竞价交易的开始时间最初确定为 9:30 ~ 15:30,并通过交易中心集中清算。自 2006 年 10 月 9 日起,把银行间外汇市场即期竞价交易收市时间调整为 17:30,与即期询价交易时间保持一致。

询价交易的币种、金额、汇率等由交易双方协商议定,但不应与相关规则冲突;询价交易的交割与结算由交易双方协商议定,但也不应与相关规定相冲突。交易采取分别报价、撮合成交方式。交易系统对买入报价和卖出报价分别排序,按照价格优先、时间优先的原则撮合成交。

(二) 中国的远期外汇交易

1997 年 4 月 1 日,经中国人民银行批准,中国银行成为我国首家试点办理远期结售汇业务的商业银行。2003 年 4 月,国家外汇资产管理局又进一步扩大远期结售汇业务的试点,允许四大国有银行全面开展远期结售汇业务。

远期结售汇业务是指客户可以与银行签订远期结售汇合同,约定将来办理结汇或售汇的外币币种、金额、汇率和期限,到期外汇收入或支出时,即按该远期结售汇合同订明的币种、金额、期限和汇率与银行办理结汇或售汇的业务。这也成为中国外汇远期市场发展的开端,成为中国外汇体制改革过程中的重要事件。远期结售汇业务试点的推出,为国内企事业单位、国家机关、外资企业和社会团体的贸易或非贸易项目下的国际收支提供了更为便捷的规避汇率风险的手段。

在推出远期结售汇业务之初,银行只能为客户提供期限在 6 个月以内的远期结售汇业务。2003 年 4 月,经国家外汇管理局批准,其期限被延长到 1 年,至此,银行的外汇远期结售汇业务的交割期限可以在 7 天、20 天、1 个月、2 个月、3 个月、4 个月、5 个月、6 个月、7 个月、8 个月、9 个月、10 个月、11 个月和 12 个月等 14 个档次内选择,汇率按同档次的汇率计算。交易的币种包括美元/人民币、日元/人民币、欧元/人民币、港币/人民币、加元/人民币、瑞士法郎/人民币、澳大利亚元/人民币和英镑/人民币等多种选择。而外汇择期交易的交割日可以选择两个不同档期时间段内的任何一天,按签订远期售汇合同时的汇率进行交割。

2004 年 10 月 13 日,国家外汇管理局颁布《国家外汇管理局关于扩大远期结售汇业务试点的通知》,进一步明确了办理外汇远期结售汇业务的外汇指定银行的准入条件为:取得结售汇业务资格两年(含)以上;能认真执行国家外汇管理局有关结售汇业务的管理规定,在提交申请的前两年内,无结售汇业务重大违法违规记录;上年度全行结售汇业务量在 200 亿美元(含)以上等八条基本规定。此后,越来越多的银行开始进入外汇结售汇市场,到 2006 年 6 月,我国银行间外汇远期交易会员已经增加到 62 家,其中外资银行 45 家,外资银行已经成为银行间远期外汇交易的主力军。

在外汇指定银行的审批方面,外汇指定银行申请开办远期结售汇业务遵循法人制审批原则。境内政策性银行、国有独资商业银行、股份制商业银行统一由其总行向国家外汇管理局申请。境内城市商业银行、农村商业银行及其他中资外汇指定银行由其总行,外资银行由其境内主报告行直接向所在地外汇局分局申请,由所在地外汇局分局审核,并报国家外汇管理局核准。

境内外汇指定银行分支机构开办远期结售汇业务,实行法人授权、分支机构备案的管理办法,凭总行书面授权文件、结售汇业务资格证明,以及国家外汇管理局批件到所在地外汇局分支局申请备案,经所在地外汇局分支局审核并办理备案后,方可开办远期结售汇业务。

2005 年 8 月 8 日,中国人民银行颁布《关于加快发展外汇市场有关问题的通知》,进一步明确银行间远期外汇市场参与主体须为交易中心的会员。政策性银行、商业银行、信托投资公司、金融租赁公司、财务公司和汽车金融公司会员参与银行间远期外汇交易，须获得中国银行业监督管理委员会颁发的金融衍生产品交易业务资格；其他非银行金融机构会员须获得其监管部门的批准；非金融企业会员须经国家外汇管理局批准。国家外汇管理局对银行间远期外汇市场参与主体实行法人备案管理。符合条件的交易中心会员向交易中心提出申请，交易中心初审后报国家外汇管理局备案。国家外汇管理局对该机构进行备案审核。国家外汇管理局根据结售汇业务量、资本金或营运资金规模、外汇资产状况等指标，核定非金融企业和非银行金融机构的本外币转换头寸。

至此，国内主要银行都已经可以从事外汇远期交易，我国的远期外汇市场逐渐发展起来，为汇率制度改革后，面临更大的汇率风险的国内企业提供了更为便捷的汇率风险的控制手段。

第三节　掉期交易

一、掉期交易的定义

掉期交易(Swap)是指外汇交易者在买进(或卖出)某种期限的外汇的同时，卖出(或买进)数额相同的另一种期限的同种外汇。在掉期交易中，一种货币在被买入的同时即被卖出，并且所买入的货币与所卖出的货币在数额上总是相等的，因此，掉期交易不会改变交易者的外汇持有额。但是，所买进的和所卖出的货币，在期限上有所不同，因此交易的结果导致交易者所持有的货币的期限发生变化。这也正是“掉期”的含义所在。

掉期交易包括两种类型：即期对远期掉期和远期对远期掉期。即期对远期，指在买进(或卖出)一笔现汇的同时，卖出(或买进)该种货币相同金额的期汇。远期对远期，指买进(或卖出)某种期限的远期外汇的同时，卖出(或买进)币种和金额相同的另一种期限的远期外汇。

二、掉期交易的作用

掉期交易实质上是一种套期保值。但是，它与一般的套期保值有所区别：①掉期交易的第二笔交易，必须与第一笔交易同时进行，而一般的套期保值通常发生在第一笔交易之后。②掉期的两笔交易金额完全相等，而一般的套期保值交易则只需要保持大体相等的金额。

掉期交易的第一个作用是调整起息日。客户做远期交易后，因故需要提前交割，或者由于资金不到位或其他原因不能够按期交割，需要展期时，可以通过掉期来对原来的交割时间进行调整。比如，中国某公司预计 3 个月后，将收到 10 万英镑的出口货款。为了防止英镑将来对人民币贬值,公司在3个月的远期市场出售了10万英镑。3个月后,公司得知出口货款需要推迟一个月才能够收到。于是,公司达成了一笔掉期:买入10万英镑的即期(用于原来的远期交割),同时出售10万英镑的1个月远期。这样,公司就将交易的起息日,从第3个月调整到了第4个月。

掉期交易的第二个作用是防范风险。若客户目前持有甲种货币,而需要使用乙种货币;日后又要收回乙种货币,并将其换成甲种货币。此时,就可以通过掉期来防范外汇风险。比如,中国企业向美国出口,获得了100万美元的出口收入。这笔外汇目前需要换成人民币,用于国内支出。与此同时,企业需要在3个月后对外支付100万美元的进口货款,因而面临着将来美元对人民币升值的风险。在这种情况下,企业可以做一笔人民币对美元的掉期交易:出售100万美元的即期外汇,同时购买100万美元的3个月远期外汇。通过掉期,企业既满足了目前资金周转和使用的需要,又防止了将来支付进口货款时,美元对人民币升值的风险。

三、中国的外汇掉期业务

相比较即期与远期外汇交易,外汇掉期业务在我国出现要晚很多,但近年来其发展却极为迅速。2005年人民币汇率制度改革后,人民币汇率波动幅度加大。2005年8月9日,中国人民银行发布了《关于扩大外汇指定银行对客户远期结售汇业务和开办人民币与外币掉期业务有关问题的通知》(银发〔2005〕201号,下文简称“通知”),开始在中国货币市场推出外汇掉期业务。

在通知中规定,尽管远期结售汇业务范围除了境内机构的经常性项目,还被扩大到部分资本和金融项目,然而,获准从事外汇掉期交易的银行仅限于为境内机构的人民币资金办理掉期业务,而且境内机构需要以经济性项目外汇资金办理掉期业务,履约换回的外汇资金可以进入境内机构的经常性项目外汇账户。

2005年11月25日,为适度回收流动性,保持货币市场利率的平稳运行,中国人民银行向包括中、农、工、建等四大国有商业银行,交通银行、中信银行、浦东银行、招商银行、国家开发银行和中国进出口银行在内的国内十家主要商业银行推出外汇掉期交易,央行以1美元兑7.85人民币元的价格即期卖出美元,同时约定1年后以相同汇率买回美元,并相应收取美元与人民币的利差补偿。在这笔操作中,央行只允许参与掉期交易的商业银行将所获美元投资于美元计价资产,而不能将美元兑换成人民币。该次掉期交易总规模达到60亿美元,央行收回基础货币484.83亿元人民币,由此满足了众多有意投资美元资产的国内商业银行的需求。这也成为中国人民银行首次利用外汇掉期交易进行公开市场业务的政策尝试。

2006年4月,根据《国家外汇管理局关于中国外汇交易中心发布人民币外汇掉期交易规则的批复》(汇复〔2006〕87 号),中国外汇交易中心公布《全国银行间外汇市场人民币外汇掉期交易规则》(《中国外汇交易中心、全国银行间同业拆借中心关于公布全国银行间外汇市场人民币外汇掉期交易规则的通知》,中汇交发〔2006〕118 号)。由此,中国银行间外汇市场于 2006 年 4 月 24 日正式引入了人民币掉期交易。这是自 2005 年 8 月推出远期交易、2006 年 1 月推出询价交易和引入做市商制度后,我国又一次意义重大的外汇市场改革。

根据该规则,所谓银行间人民币外汇掉期交易是指交易双方约定一前一后两个不同的交割日、方向相反的两次本外币交换,在前一次货币交换中,一方用外汇按照约定汇率从另一方换入人民币,在后一次货币交换中,该方再用人民币按照另一约定汇率从另一方换回币种相同的等额外汇;反之亦可。其中交割日在前的交易称为交易近端,交割日在后的交易称为交易远端。交易的币种则包括美元、欧元、日元和港元四种货币,涵盖了 1 周、1 月、2 月、3 月、6 月、9 月和 1 年 7 个标准期限,在实际运行后,交易期限则由双方确定。

2006 年 10 月 20 日,《关于外汇指定银行对客户远期结售汇业务和人民币与外币掉期业务有关外汇管理问题的通知》(国家外管局汇发〔2006〕52 号)的颁布,对于我国的外汇掉期业务进行了进一步的细化管理。明确客户掉期近端(指掉期中的前一次资金交换)换出的外汇资金,限于按照外汇管理规定可以办理即期结汇的外汇资金;掉期远端(指掉期中的后一次资金交换)换出的外汇资金,限于近端换入的外汇资金;银行应参照远期结售汇业务的履约审核管理,在客户掉期履约换出外汇资金时,按照即期结汇的管理规定审核客户交付的资金和凭证;客户可以通过掉期业务直接以人民币换入外汇,换入外汇资金的支付使用应符合外汇管理规定;客户掉期远端换入外汇资金,原则上应进入原换出外汇资金账户;对于近端来自外商投资企业资本金账户、外债专户、外债转贷款专户的外汇资金,远端换入时可以进入经常项目外汇账户,不得再进入上述三类资本项目外汇账户。因客户掉期业务违约形成的银行外汇或人民币敞口,银行可以自行纳入本行结售汇综合头寸进行平盘,由此产生的损益由银行自行与客户处理;客户可以对掉期合约全额或部分金额进行履约期限调整(提前履约或展期),展期次数和期限由客户与银行自行协商。

第四节　套汇和套利

一、套汇交易

套汇交易(Exchange Arbitrage)是指交易者利用不同外汇市场上的汇率差异,同时在低价市场买进,在高价市场卖出,以获取汇率差价收益的一种外汇交易。套汇交易可分为两地套汇(Two-Point Arbitrage)和三角套汇(Three-Point Arbitrage 或 Triangular Rrbitrage)两种。

(一)两地套汇

两地套汇,又叫直接套汇(Direct Arbitrage),是指利用两个外汇市场之间出现的汇率差异而进行贱买贵卖,以赚取减价利润。

【例1】已知在某一时刻存在如下外汇行市:

伦敦:£ 1 = $1.724 5 - 1.726 5

纽约:£ 1 = $1.728 0 - 1.731 0

某外汇银行以 10 000 000 英镑套汇:

① 在纽约(英镑的高价市场)卖 10 000 000 英镑,买入 17 280 000 美元

② 在伦敦(英镑的低价市场)卖 17 280 000 美元,买入 10 008 688 英镑(17 280 000/1.726 5)

获利(交易费用不计):10 008 688 - 10 000 000 = 8 688(英镑)

(二)三角套汇

三角套汇,又叫间接套汇(indirect arbitrage),指同时在三个外汇市场上进行贱买贵卖,以赚取差价利润。

【例2】已知某一时刻存在如下汇率:

伦敦:£ 1 = $1.618 8 - 1.619 5

纽约:$1 = J¥122.780 - 122.840

巴黎:£ 1 = J¥194.756 - 194.939

问:上述条件下可不可以进行三角套汇。如果可以,那么套汇者以 100 万英镑为成本可获利多少(交易费用不计)?

分析:以英镑为成本套汇只有两种可能的循环(参见图 3 - 2)。

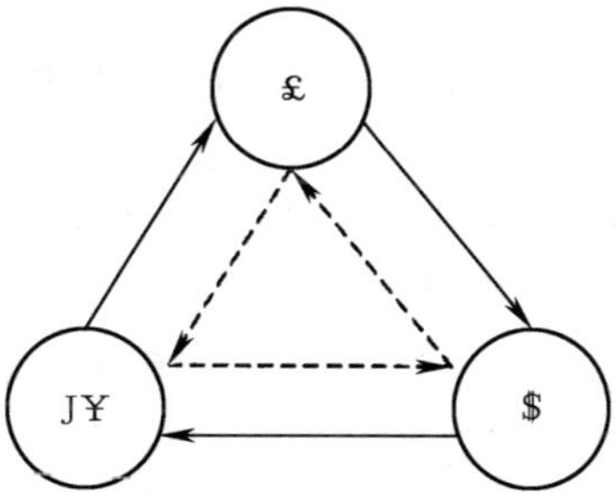

图 3 - 2 三角套汇中两种可能的循环

(1)£ → $ → J¥ → £

(英镑兑美元,美元兑日元,日元兑英镑)

(2)£ → J¥ → $ → £

（英镑兑日元，日元兑美元，美元兑英镑）

任选一循环，比如循环(1)来看。将三个汇率上下排列，并注意三式首尾相连（首尾货币相同）：

£ 1 = $1.618 8

$1 = J¥122.780

J¥194.939 = £ 1

现有一经验法则：如果等式右边三个数的积除以左边三个数的积，其结果大于1，就说明可以套汇，且此循环正确；若结果小于1，说明也可以套汇，但应按另一循环来进行；若结果等于1，则说明三个市场处于平衡，不可套汇。仍以上面为例：

右边三个数之积/左边三个数之积 = (1.618 8 × 122.780 × 1)/(1 × 1 × 194.939) = 198.756/194.939 = 1.019 6，结果大于1。因此，上述条件下可以套汇。下面计算收益：

① 在伦敦外汇市场卖出100万英镑，买入161.88万美元(100万 ×1.618 8)。

②在纽约外汇市场卖出161.88万美元，买入1.987 56亿日元(161.88万 × 122.780)。

③在巴黎外汇市场卖出1.987 56亿日元，买入101.96万英镑(1.987 56亿 ÷ 194.939)。

最后获利：101.96 - 100 = 1.96(万英镑)

关于套汇交易，必须注意以下几点：

第一，套汇交易涉及一些成本，包括获得信息的费用以及电报费、电传费、付给外汇经纪人的佣金、某种货币买入和卖出的差价等交易费用。因此，套汇的净利取决于汇率差异和套汇成本两个因素。

第二，套汇活动是市场不均衡的产物，它使得套汇者能赚到毫无风险的利润；但与此同时，套汇交易的进行又能将市场重新推回均衡，因为在低价市场的大量买进会促使该市场的价格上升，而在高价市场的大量抛出又会形成使市场价格下跌的压力，从而使同一种货币汇率在全世界范围内趋向一致。然而，套汇活动并非一直进行到各外汇市场报出的汇率完全一致为止。实际上，当各市场之间的汇差等于套汇成本时，就不会再有套汇交易发生。

第三，成功的套汇要求套汇者能及时发现货币汇率的差异并能迅速采取行动。由于大的商业银行在海外都设有分支机构或代理行，它们信息灵通，交易方便，因此一直是外汇市场上的主要套汇者。另外，银行的资金实力雄厚，从事套汇交易能获得规模经济效益。

第四，由于科学技术在当代获得了日新月异的发展，银行的通信手段和计算机技术也日益现代化，各外汇市场之间的联系更加紧密，因此，在不同市场之间出现货币汇率差异的机会日趋减少；另外，由于各家银行的交易员都密切注视着工作台上的电脑屏幕,一旦出现汇率差异,就会有许多家银行同时进行大规模的套汇交易以赚取无风险的利润。因此,套汇的机会即使偶然出现,其存在的时间也是非常短暂的。

第五,不同的国际金融中心处于不同的时区,因此,只有比较营业时间处于重叠的外汇市场的报价才是有意义的。

二、套利交易

根据利率平价原理,外汇市场的汇率与资本市场的利率应该保持均衡的关系:利率高的货币将会远期贴水,利率低的货币将会远期升水,其升贴水的幅度应该大致等于两个市场的利率差。而实际上,理想的利率平价原理在现实生活中并不是总能够实现;很多的时候,利率与汇率并不能保持理论上的平价状态。这就为投资者提供了在全球不同资本市场中转移资本,并以此获取更高投资收益的机会。

套利交易(Interest Arbitrage),又叫时间套汇,是指交易者利用货币市场上短期利率差与外汇市场上远期升/贴水幅度不一致,而进行有利的资金转移,从中赚取利率差或汇率差的行为。

套利可分为非抵补套利和抵补套利两种。非抵补套利建立在对汇率预期的基础之上,其成败取决于交易者对汇率预测的准确程度。其做法依预测结果而定:①如果预测即期汇率不变,那么就应该将资金从利率低的国家调往利率高的国家;②如果两国利率相等,则应将资金从预期汇率下降的国家调往汇率将上升的国家;③如果两国间利率差大于高利率货币的预期贬值幅度,那么应该将资金从利率低的国家调往利率高的国家;④如果利率差小于高利率货币的预期贬值幅度,则应将资金从利率高的国家调往利率低的国家;⑤如果利率差与高利率货币预期的贬值幅度相等,则说明不可进行套利交易,因为此时利率差所得将会被汇率差抵消。由于汇率的预测结果不一定与实际吻合,因此非抵补套利实际上是一种投机行为。

如果交易者将资金转移与远期交易结合起来,进行抵补套利,那么就可以在无风险的条件下获取收益。这样,抵补套利就成为人们投资的一种手段。下面介绍抵补套利的原理。

假设 A,B 两种货币短期(M 个月)存款的年利率分别为 i_a 和 i_b。两种货币的即期和远期(M 个月)汇率分别为 S 和 F,则 A,B 两种货币之间可否套利就取决于利率差 $\Delta i(=|i_a-i_b|)$ 与汇率差 $\Delta R[=|S-F|/S\times(12/M)]$ 之间的关系:

(1)如果 $\Delta i>\Delta R$,则说明两种货币的利率差大于汇率差,可将资金从利率低的市场调往利率高的市场存放,在远期保值的情况下赚取利率差。

(2)如果 $\Delta i<\Delta R$,则说明汇率差大于利率差,应反向套利,即将资金从利率高

的市场调往利率低的市场存放，进行远期保值可获取一定的汇率差收益。

(3)如果 $\Delta i=\Delta R$，则说明汇率差与利率差相等，利率平价成立，外汇市场与货币市场处于均衡状态，因此不可进行抵补套利。

【例 3】设某一时间存在如下行市：货币市场上，英镑和美元三个月期的存款年利率分别为 $i_{uk}=10\%$ 和 $i_{us=}7\%$；外汇市场上，即期£ 1 = \$ 2.00，三个月远期英镑贴水 200 点，试分析套利的可能性及套利的净收益。

分析过程如下：

利率差 $\Delta i=10\%-7\%=3\%$

汇率差 $\Delta R=|S-F|/S\times(12/M)=0.0200/2.00\times(12/3)=4\%$。

因为利率差小于汇率差，故应反向套利，即将利率高的英镑兑成利率低的美元存放。假设套利成本为 1 英镑。

(1)在即期市场出售 1 英镑买入 2.00 美元，按 7% 的利率存三个月，到期可得本息：$2+2\times7\%\times3/12=2.035$(美元)；

(2)将 2.035 美元的本息在三个月的远期市场出售(即掉期保值)，到时可收回：1.027 8 英镑(2.035/1.98)；

(3)若这 1 英镑存在国内，到期总收益为：$1+1\times10\%\times3/12=1.025$(英镑)；

(4)套利收益为：$1.0278-1.025=0.0028$ 英镑，即如果以 100 万英镑为成本可获利 2 800 英镑。

通过上述分析我们了解到，抵补套利活动并非一定是资金从利率较低的国家向利率较高的国家转移。这是因为抵补套利的净收益取决于两国的利差以及两国货币的远期汇率对即期汇率的升(贴)水率这两个因素。假如远期升水率或贴水率大于利率差异，抵补套利活动就会以资金从利率较高的国家流向利率较低的国家的形式进行。

关于套利交易，必须注意以下几点：

第一，套利活动以有关国家对货币的兑换和资金的转移不加任何限制为前提。换句话说，在实施外汇管制和金融管制的国家之间不会发生套利交易。

第二，所谓有关国家货币市场上利率的高低不同，是就同一性质或同一种类金融工具的名义利率而言的，否则就不具有可比性。例如，人们一般不会根据国库券利率与公司债券利率的不同来进行套利活动。因为这是两种不同性质的金融工具，前者属国家信用，后者属商业信用；而不同信用等级的投资涉及不同的流动性、安全性和预期收益率。

第三，由于需要远期保值，因此抵补套利活动所涉及的投资是短期性质的，期限一般都不超过一年。

第四，抵补套利能使投资者获取毫无风险的利润，它是市场不均衡的产物。然而，随着抵补套利活动的进行，市场上利率与汇率之间的均衡关系会重新得到恢复。以上述例子来看,英美之间利差为3%,而英镑远期贴水4%。货币市场与外汇市场不平衡,存在套利可能。但是,随着抵补套利活动的进行,资金从英国流向美国,使英镑利率上升,美元利率下降,利差继续扩大;另一方面,外汇市场上,买美元即期,卖美元远期,结果会造成美元对英镑升水的幅度(英镑对美元贴水的幅度)下降,这样下去,利率差将与汇率差靠近,直到套利活动停止。

第五,抵补套利也涉及一些交易成本,如外汇经纪人在接受客户委托做即期和远期外汇买卖时所收取的佣金,资金借贷中除了利息以外有时还涉及其他费用,诸如管理费、手续费、杂费等,去外国投资和在国内投资存在纳税方面的差异,等等。因此,不必等到利差与远期升(贴)水率完全一致,抵补套利就会停止。

第六,根据"资产组合理论",国内外的金融资产是不可能完全替代的。一般来说,即使是购买同一种性质的有价证券,去国外投资总比在国内投资要冒更大的"政治风险"或"国家风险"。因为外国政府实施某种程度的外汇管制、制定对外国人较为不利的税收政策的可能性毕竟是存在的,这就是投资者总是更看重国内投资的一个重要原因。特别是在最佳资产组合已经形成的情况下,即使有抵补套利的机会,如果没有足够大的收益来补偿对资产组合的重新调整,投资者一般是不愿意通过抵补套利交易去增加一笔额外的外币金融资产的。

主要概念

外汇头寸　即期交易　远期交易　择期交易　掉期交易　套汇交易　套利交易

思考题

1. 外汇市场主要有哪些参与者?
2. 直接交易与间接交易各有什么优缺点?
3. 简述外汇市场的作用。
4. 远期交易的主要作用是什么?
5. 套利交易存在的前提是什么?
6. 已知:£ 1 = $ 1.745 0 - 1.747 0;€ 1 = $ 1.106 0 - 1.108 0;£ 1 = € 1.654 0 - 1.656 0。计算以100万英镑为成本套汇可以获得多少收益?
7. 已知6个月期美元和欧元存款的年利率分别为 $i_{us}=3\%$,$i_{eu}=5.5\%$。即期汇率为€ 1 = $ 1.274 6,6个月远期欧元贴水30点。请计算:(1)此时可不可以进行抵补套利?(2)如果可以,那么,其收益如何?

第四章

外汇衍生工具

20世纪70年代以来,各种金融创新业务的发展,使得与外汇相关的交易不再只局限于传统的交易方式。本章对主要的外汇创新业务进行了介绍。首先我们介绍了衍生金融工具的含义、衍生金融工具发展的原因、衍生金融工具的功能以及衍生金融工具交易的风险。然后,在第二节中介绍了外汇期货交易的内容,主要包括外汇期货交易的方式、特点、作用以及中国期货市场的发展情况。外汇期权交易有着自己的独到之处,它与远期外汇交易和外汇期货交易存在着很大的区别。第三节对外汇期权的内容进行了介绍,包括期权交易的特点和种类、期权的价值构成、期权保值交易在实际中的应用以及中国外汇期权市场的发展情况。

第一节　衍生金融工具

一、衍生金融工具的概念

衍生金融工具(Derivatives)又称衍生金融商品或金融派生产品,是指以货币、债务、股票等传统金融商品为基础,以杠杆或信用交易为特征的一系列金融合约。目前,衍生金融工具的种类已超过1 200种,其中比较常见的是金融期货、金融期权、互换交易和远期利率协议等。现代市场经济条件下,利率、汇率、债券和股票价格等都处于不断变化之中。投资者预测这些金融商品的未来变化趋势,通过支付少量保证金的方式签订远期合约,因此而形成了多样的衍生金融商品。

衍生金融工具有两大基本特征:首先,建立在传统的金融商品基础之上。无论衍生金融商品的形式多么复杂,它总是以某一种或某几种传统的金融商品作为基础。货币、债券、股票等传统的金融商品的价格支配着衍生金融商品价格的变化。其次,具有高杠杆比,即衍生金融合约的价值可以多倍地(通常为数十倍)高于保证金的价值。这使得人们可用较低的成本进行更为灵活的风险管理,同时也为投机者提供了更大的冒险机会。

二、衍生金融工具的发展过程

外汇期货合约交易，是最早大规模出现的一批衍生金融工具。20 世纪 70 年代初，以美元为中心的固定汇率体系（即布雷顿森林体系）瓦解之后，各国货币的汇率开始浮动。在这种情况下，芝加哥商品交易所（CME）设立了一个从事外汇期货合约交易的附属机构——国际货币市场（International Monetary Market，简称 IMM）。

衍生工具的第二次大规模增长，与各种利率衍生证券相关。导致此类衍生证券增长的主要原因是，20 世纪 70 年代以及后来利率波动性地增加。由于金融机构的资产负债表中，包括了许多的利率敏感性资产和负债，因此，随着利率波动性地增加，金融机构净资产（权益）对利率变化的敏感性也会增加。为了解决这一问题，芝加哥商品交易委员会（CBT）在 20 世纪 70 年代，引入了各种短期和长期的利率期货合约，并于 80 年代引入了股票指数期货和股票指数期权合约。

第三次衍生金融工具创新的浪潮，发生在 20 世纪 90 年代。它是随着各种信用衍生证券（比如信用远期和信用互换）的出现而发展起来的。比如，信用远期协议的作用在于，贷款利率确定并发放贷款之后，可以用它来防止贷款违约风险的上升（借款人作用等级的下降）。在对新兴市场国家的信用风险以及整体资产组合的信用风险进行管理时，此类衍生证券有着特别重要的作用。

三、衍生金融工具的功能

（一）基本功能

1. 避险功能。金融家们不断创新乃至量体裁衣式地设计出了大量的衍生金融商品，使金融市场得到了丰富和完善，金融市场内形成了许多既相互联系又相对独立的子市场。通过衍生交易，或者传统交易与衍生交易的组合，或者若干衍生交易的组合，投资者在一个市场上的损失可以由另一个市场的收益来弥补。这样的实际效果是：汇率、利率、价格等因素的变化被限定在较小范围内，即使出现不利情况发生风险，损失也大为减少。

从整个市场看，避险之所以能够实现有两个原因：一是投资者面临不同的风险，通过市场达成对各自有利的交易，控制了总体风险。例如，进口商担心汇率上扬，而出口商害怕汇率下跌，他们之间进行反向的外汇套期保值，就可以使风险对冲；二是市场上存在着愿意通过承担风险而获利的投资者。

2. 价格发现功能。衍生金融商品交易特别是场内交易，拥有众多交易者。他们通过类似于拍卖的方式确定价格。这种情形接近完全竞争市场，能够在相当程度上反映出交易者对金融价格走势的预期。衍生商品的价格通过行情提示和各种媒体广泛传播，为各界了解汇率、利率及金融趋势提供了重要的参考信息，有助于人们更加科学、准确地把握未来，安排好生产经营。如果市场规则不健全，价格被少数投资者所左右，或者交易大多数以投机为目的，那么，衍生交易的价格发现功能将大打折扣。当然，受价值规律的左右，过大的价格偏差终究会被修正。

3. 盈利功能。衍生商品的盈利，既包括交易本身所带来的收入，也包含提供经纪人服务的收入。

衍生金融商品的价格变化会产生盈利。由于存在着明显的杠杆效应，投资者操作正确就可以得到很高的利润率。衍生金融商品交易并不列入投资人的资产负债表，潜亏潜盈都不会影响财务指标，也避免了对资信状况的影响。因而，投资人不增加资产总额便可以增加收益。这种独特的盈利功能是吸引众多投资者的一大原因。对于资本与风险资产比例受到严格限制的商业银行来讲，这一特点极大地拓展了它的盈利空间。

（二）延伸功能

在广泛的使用中，衍生金融商品的功能不断地被挖掘、拓展，应用的范围也越来越广。下面仅介绍几项最常见的衍生金融商品的延伸功能。

1. 资产负债管理。汇率、利率的波动，既影响金融机构的资产，又影响其负债。保持适宜的资产负债结构，对于金融机构特别是商业银行而言可谓生存之本。品种繁多的衍生金融商品，为资产负债管理提供了多种有效的方法和工具。商业银行经常运用金融期货、金融期权对资产负债进行缺口管理，用利率互换来回避资产与负债到期时间不匹配而产生的利率风险。

2. 筹集投资。因为存在许多不确定因素，不少投资项目都令投资者望而却步。恰当地运用衍生交易，往往能使投资者降低投资风险，使筹资由难变易。1992年，英国北海石油公司准备在北海开发新油田，预计开采费用达14亿美元。由于石油储量、最终开采费用和投产后的油价难以确定，因此筹集开发经费遇到了困难。美国信孚银行利用衍生交易手段使难题迎刃而解。该银行向北海石油公司提供浮动利率贷款，然后再提供利率互换，把浮动利率变成固定利率，从而锁定了利息成本。北海石油公司同时运用互换业务，将石油价格由浮动价格转变为固定价格。成本与未来收入共同锁定，降低了投资风险，使筹资顺利实现。

3. 产权重组。通过产权重组提高企业的经营效益，这在现代市场经济中十分普遍。其中，民营化和职工持股又是最常见的方式。然而，有时受个人购买力的限制，或者因个人对企业前景缺乏信心，投资欲望不强，产权重组障碍重重。用银行的融资功能向投资者提供资金，再用衍生交易手段避险，可以帮助个人投资者参与产权重组。

4. 激励功能。在公司制情况下，怎样激励经营管理人员为所有者努力工作，这是一个关系到企业发展的重要问题。一些企业所有者用期权作为激励经营管理人员的工具，取得了较好效果。他们给予经营管理人员较长期限内的该企业股票的买入期权,合约规定的买入价一般与当时的股价接近。这样,经营管理人员只要努力工作使企业经济效益不断提高,股票价格也会随之上扬,股票买入期权的价格同样会上升,经营管理人员便可从中获益。因为规定的期限比较长,这种激励方式通常有较好的持久性,对防止经营管理人员的短期行为十分有利。

四、衍生金融工具交易的风险

衍生金融工具既可以成为保值或风险管理的工具,又可以成为投机的工具,事实上,在金融派生市场上投机者明显超过套期保值者。对于套期保值者来说,衍生金融工具交易也并非总能完全避免风险。即使对于价格风险来说,期货价格与现货价格的平行变动趋势并不意味着二者总是一致的或变动比例相同。对于金融机构来说,金融派生市场的发展激化了竞争,使其盈利减少,迫使它们从事高风险业务。

20 世纪 90 年代以来,国际金融市场爆发了一连串的危机和风波,其中绝大多数都和衍生金融工具的交易有关:

1993 年 12 月,德国金属工业公司(MG)在从事与能源相关的衍生产品交易中导致惊人损失,迫使债权人以 22 亿美元补平亏损;

1994 年 1 月,全球最大铜生产商——智利铜矿公司从事衍生产品交易损失 1.75 亿美元;

1994 年 3 月,英国里昂联合公司从事衍生交易损失了 1.5 亿英镑;

1994 年 4 月,美国宝洁公司(P&G)因进行利率互换交易失败损失 1.57 亿美元;

1994 年 8 月,美国航空和化学制品公司所从事的衍生金融交易亏损了 1.22 亿美元;

1994 年 10 月,柯达公司宣布,因从事金融衍生产品交易而损失了 2.2 亿美元;

1994 年 12 月,美国加利福尼亚州奥兰治县政府财政基金因衍生金融工具交易而亏损 15 亿美元;

1995 年 2 月,美国俄亥俄州 Cuyadoge 县投资基金进行金融衍生产品交易损失 1.44 亿美元;

1995 年 2 月,日本昭和壳牌石油公司因从事金融衍生产品交易而损失 17 亿美元;

1995 年 2 月,英国巴林银行因从事股票指数期货投机交易亏损 13 亿美元而倒闭;

1995 年 9 月,日本大和银行纽约分行因非法进行美国国债期货交易导致 11 亿美元的损失;

上述这些都是因为从事金融衍生产品交易输得太惨而在万般无奈中诉诸法

庭,或者申请破产而广为人知的。据统计,仅在1994－1995年间,全球公开见诸报刊的衍生金融产品交易损失已在100亿美元以上。此外,还有许多“打掉牙往肚子里咽”和不愿“家丑”外扬的;希望撑过难关后,再通过金融衍生市场把损失找回来的也为数不少。

第二节 外汇期货交易

外汇期货交易,是在传统商品期货交易基础上发展起来的一种新型金融期货业务。金融期货(包括货币期货、利率期货、黄金期货、股票指数期货等)交易,是当代国际金融市场的一项成功变革。它们的问世,为浮动汇率制度下的国际贸易和国际投资,提供了多种形式的套期保值手段。

一、期货的概念

(一)商品期货交易

按达成交易的具体方式、交易地点及交割性质的不同,商品交易大致可分为现货交易和期货交易。现货(Cash,实物)交易指买卖双方在合同规定的时间和地点,履行各自的货、款实际收付义务,实现商品所有权的转移;未经双方同意,一方不能单方面取消或改变履约义务和方式。期货(Futures)交易则是期货合同的买卖行为,期货合同(Futures Contract,简称期货)是指具有法律约束力的标准化的商品远期购销合同,该合同具有统一规定的品级、规范的交易单位、指定的交割月份。期货合同交易采用竞价撮合、每日结算及独特交割方式。期货合同买卖双方在合同到期时不一定以商品实物形式履行未来交割:买卖双方可以在合同到期日履行实际付款交货;也可以在到期日前买入或卖出相反的合同来抵消“了结”原合同。事实上,在期货交易中绝大多数是合同的多次转手冲抵,实物交割为数极少。这个性质是商品期货市场最终从普通商品市场中分离出来的关键因素。

(二)金融期货交易

如果期货合同所指示(或所代表)的标的物(Underlying Asset,也称基础证券)不是一般商品而是某种金融资产(如外汇、债券、存款单、股票、股票价格指数等),那么就称该期货合同为金融期货合同。金融期货交易就是金融期货合同的买卖转让行为。

20世纪70年代初布雷顿森林汇率制度崩溃,主要发达国家分别实行了浮动汇率制度。为了避免浮动汇率制度下外汇汇率变动的风险,让银行及企业能有转移汇率变动风险的途径,因此产生了外汇期货合同交易。1972年5月,美国芝加哥商品交易所(CME)新设了一个独立的交易所——国际货币市场(International Monetary Market, IMM)。同年5月16日,该交易所开办外汇期货合同的交易(对美国而言，所有非美元的自由兑换货币都是外汇，这些货币的期货统称为外汇期货）。目前IMM的金融期货交易量占世界的一大半。另一个著名的金融期货交易所是伦敦国际金融期货交易所（London International Financial Futures Exchange，LIFFE）。金融期货交易的规模已经后来居上，远超过传统商品期货交易规模，期货交易在国际商品市场、金融市场中的影响和作用逐渐扩大。

（三）货币期货交易

货币期货（Currency Futures）交易又叫外汇期货（Exchange Futures）交易，是指买卖双方在期货交易所以公开喊价方式成交后，承诺在未来某一特定日期，以当前所约定的价格交付某种特定标准数量的货币。

1972年5月，芝加哥商品交易所正式成立国际货币市场分部，推出了七种外汇期货合约。从1976年以来，外汇期货市场迅速发展，交易量激增了数十倍。1978年纽约商品交易所也增加了外汇期货业务；1979年，纽约证券交易所亦宣布，设立一个新的交易所来专门从事外币和金融期货的交易。1981年2月，芝加哥商品交易所首次开设了欧洲美元期货交易。随后，澳大利亚、加拿大、荷兰和新加坡等国家和地区也开设了外汇期货交易市场，从此，外汇期货市场便蓬勃发展起来。目前，外汇期货交易的主要品种有：美元、英镑、欧元、日元、瑞士法郎、加拿大元、澳大利亚元、新西兰元等（参见表4－1）。从世界范围看，外汇期货的主要市场在美国，其中又基本上集中在芝加哥商品交易所的国际货币市场和费城期货交易所。

表4－1 几种主要货币的场内期货交易额 单位：亿美元

货币	未结清合约金额		日均交易金额	
	2014年12月	2015年12月	2014年	2015年
美元	2 230	2 260	1 110	1 060
欧元	690	650	360	380
日元	260	230	180	150
英镑	170	140	110	100
瑞士法郎	100	80	50	30
巴西雷亚尔	650	590	180	180
澳大利亚元	100	70	80	70
加拿大元	90	120	50	50
南非南特	30	10	0	0
墨西哥比索	120	90	20	20
新西兰元	20	20	10	10

资料来源：国际清算银行（www. bis. org）。

货币期货合约的买卖完全基于市场参与者对该种货币价格(即汇率)走势的预测。购买一张标准期货契约后,若货币价格上升,那么投资者就获利;若价格下跌,则损失。也就是说,若投资者的货币期货状况是买进头寸,则他是赌货币期货价格将上涨。同理,如果出售货币期货契约后,期货价格下跌,投资者获利;反之,则受损失。对后一种参与者,他是赌货币期货价格将下跌。

二、货币期货交易的有关规定

为维持货币期货市场的秩序,并使期货交易者的信用风险减至最低程度,一般从事货币期货交易的买卖双方均应遵守下述有关交易规定。

第一,每一笔期货交易均由期货交易所分别与买卖双方签订契约,即由期货交易所担任买卖双方的交易对手,并由它保证期货交易的顺利进行,买卖双方不直接见面,免去互相征信的任务。

第二,每笔买卖成交时,买卖双方即需确定交易价格,并按照期货交易所对各类契约的有关规定缴纳一定的保证金,缴存于具有期货交易所清算会员资格的货币期货经纪商,经纪商再依照规定的比例将客户的部分保证金转存于清算所或期货交易所。因此,交易所内的交易均由清算会员保证,而交易当事人,则可不必顾及对方的信用程度,但清算会员须收取若干的交易手续费,以作为保证的代价。保证金分成两类:一是初始保证金;二是维持保证金。

初始保证金(Initial Margin)是交易开始时缴纳的保证金,交易货币不同保证金亦不同。期货交易所一般规定清算会员自己的买卖契约保证金与其客户的买卖净值区别开来。应缴保证金的数量由清算所与交易所共同决定,根据期货价格的最大波动情况进行调整。

维持保证金(Maintenance Margin)是指给账户增加货币以前允许保证金下降的最低水平(通常为初始保证金的75%),如果账户余额低于维持保证金水平,必须增加货币使得账户余额重新达到初始保证金水平。

第三,凡未平仓的每笔期货交易均需按当日市场收盘价格逐日清算(Marked to Market),并以市价决定期货价格,按逐日追随市价的结算方式来反映盈亏,进而调整初始保证金金额。若市场价格变化对客户有利,即将每日盈余部分加计于客户的初始保证金账户内;当客户所缴存的初始保证金随市场价格的不利变动而逐渐往下调整,甚至低于期货交易所所规定的“维持保证金”水平时,应由具有期货交易所清算会员资格的期货经纪商通知客户补缴保证金(Margin Call),补足到初始保证金的水平,否则,期货交易所就将期货契约予以拍卖。因此,不论是期货交易所对其具有清算会员资格的货币经纪商,还是期货经纪商对客户,其所承担的市场价格风险都仅限于当日,从而可确保期货契约的履行。

第四,为避免货币期货参与者在每一交易日内承担过高的风险,并防止期货市场发生连手操纵的不法行为，通常期货交易所还对各类期货契约规定了每日价格最高波动幅度的限制。比如，IMM 对加元、日元、瑞士法郎和英镑的最高限价分别为 75 点、100 点、150 点和 500 点。

第五，每笔货币期货契约的交易量都为固定的标准数量，交割日由交易所统一规定。通常是以各种货币一定的金额作为交易的订约单位，交易是以这个单位或其整数倍数进行的，有尾数的金额不得交易。比如，在芝加哥商品交易所的国际货币市场，每份外汇期货合约的价值分别固定为：12 500 000 日元、125 000 欧元、125 000瑞士法郎、62 500 英镑以及 100 000 加元。交割日期也是固定的。在美国，多数期货合约的到期月份都定在每年的 3 月、6 月、9 月和 12 月，交割日为合约到期月份的第 3 个星期三。

三、期货价格与现货价格的关系

（一）价格变动的平行性

期货价格与现货价格之差称为基点差（basis），通常情况下基点差大小与期货对现货的附加成本以及市场预期有关。商品期货的基点差为正值时称正常市况；当基点差为负值时，则称逆转市况。商品期货的负值基点差并不意味着持有现货没有持仓费，而是由于对现货或近期期货需求迫切，购买者愿意承担持仓费而已（不过，对外汇期货而言，对应外汇远期贴水的负值基点差却是正常市况）。

价格平行性是指期货价格与现货价格的变动方向相同，变动的幅度也大致相同。若随时间变化基点差变动的幅度完全相同，则保值者利用期货市场可完全转移现货市场价格变动风险，但事实上，由于预期因素及持有现货成本的变化，基点差并不是随交割日临近有规律的趋向消失。因此，就利用期货市场进行套期保值的参加者而言，其所承担的风险已从一般商品价格波动风险减少至基点差波动风险（Basis Risk）。而事实证明，基点差波动的风险，要大大低于价格波动的风险。

（二）价格的收敛性

价格收敛性是指当期货合同接近到期日时，基点差随期货合同所订交割日期的临近而缩小，在交割日到期的期货合同中，期货合同所代表的商品价格与现货市场该商品价格重合一致，基点差消失。

四、货币期货的功能

（一）货币期货套期保值

期货交易的套期保值是指，当现货市场存在某一笔交易时，在期货市场上做一笔买卖方向相反、期限相同的交易，以期保值。它之所以能够起保值作用，其原理是：在正常的国际金融市场条件下，由于期货价格与远期外汇价格都是以利率差价为基础的，两者价格的趋势是一致的，波动幅度也是大致接近的，因此，如果现货市场交易发生亏损，期货市场交易就会有盈利；反之，现货交易有盈利，期货交易即亏损，两者可以抵冲，以固定成本或收益。鉴于这种抵冲作用，套期保值也可以叫作“对冲交易”，当然这种对冲不可能达到完全避险。

外币期货套期保值分为两种形式：多头套期保值和空头套期保值。多头套期保值就是在期货市场上，先买入某种外币期货，然后卖出期货轧平头寸。通过期货市场与现货市场相关交易的汇率变动损益相抵冲，以避免汇率波动的风险。空头套期保值就是在期货市场上卖出期货，然后在将来的时间买入期货轧平头寸，通过先卖后买来固定汇率，避免汇率波动的风险。下面我们来看一个多头套期保值的例子。

目前外汇市场美元兑瑞士法郎的即期汇率为 \$1 = SF1.560 0。在期货市场上，3 个月期的期货价为 \$1 = SF1.564 0。假设 3 个月后，美国进口商要付 1 250 000瑞士法郎进口货款。为规避汇兑风险，进口商可以买入瑞士法郎期货合约。假设 3 个月后美元兑瑞士法郎的即期汇率为 \$1 = SF1.552 0，期货价为 \$1 = SF1.554 0，进口商期货和现货市场的盈亏状况参见表 4－2。

表 4－2　现货和期货市场的盈亏情况

	即期市场	期货市场
目前	即期 \$1 = SF1.560 0；进口产品价值为 SF1 250 000，相当于 801 282 美元（=1 250 000 ÷ 1.560 0）	以 SF1.564 0 的价位买入 3 个月期的瑞士法郎期货合约 10 张（每张合约为 SF 125 000）：1 250 000 ÷ 1.564 0 = 799 233（美元）
3 个月后	以 1.552 0 的即期价位，买入瑞士法郎 1 250 000，支付 805 412 美元（=1 250 000 ÷ 1.552 0）	以 SF1.554 0 的价位将已经买入的瑞士法郎合约平仓（卖出）：1 250 000 ÷ 1.554 0 = 804 376（美元）
盈亏状况	亏损：805 412 − 801 282 = 4 130（美元）	盈利：804 376 − 799 233 = 5 143（美元）

由此可见，出口商现货市场的损失可以从期货市场的收益中得到弥补。

（二）货币期货投机

握有外汇现货头寸或将来握有外汇现货头寸的个人或厂商，固然可利用货币期货达到避险的目的，但是未握有外汇现货头寸，但相信本身有能力预测汇率走势的个人或厂商，亦可以利用货币期货达到投机的目的。

预期汇率将上涨时，买入外汇期货契约，预期汇率将下跌时卖出期货合约。如果汇率走势与其所预期的方向相同，则交易者可以获取投机利润；若走势与其所预期的方向相反，则遭受损失。因此，从事货币期货投资获利的关键在于，对汇率走势预期的正确与否。至于如何掌握汇率的走势，则是一件相当困难的事情。这是因为影响汇率的因素非常复杂，从事货币期货的投资者必须充分了解各国的国际收支状况、利率走势、货币政策、财政政策,甚至于黄金与石油价格的涨跌以及国际政治经济形势的变化。而这些因素彼此之间又会相互影响,从而使得预测工作显得更加困难。投资者作了上述基本因素的分析后,还需要利用各种图形作技术分析。然后,就所握有的资金,并根据自身对损失的容忍程度(即风险厌恶程度)来进行期货交易的投机。

五、货币期货交易与远期外汇交易的区别

货币期货交易与远期外汇交易均有保值和投机的功能,但是两种交易在具体操作方面有许多不同。

(一)市场参与者

从事远期外汇交易虽无资格限制,但实际上远期外汇市场参与者大多为专业化的证券交易商或与银行有良好往来关系的大厂商,没有从银行取得信用额度的个人投资者及中、小企业极难有参与机会;而货币期货市场上,任何投资人只要依规定缴存保证金,均可通过具有期货交易所清算会员资格的外汇经纪商来进行货币期货交易,因此使货币期货市场发展成为一个活跃而有效率的市场。另外,在远期外汇市场上最大的参与者是避险者(Hedgers),因而市场流动性较小,市场规模不易扩大;且常呈单向交易,易发生有行无市的现象;而在货币期货市场上则因有大量投机者与套利者参与,市场流动性很大,使其发展甚为迅速,在短期内已超越远期外汇市场。

(二)交易方式

在远期外汇市场上,无形交易占主体;任何可兑换货币均可参与交易,无交易币别的限制,而且交易的金额及契约到期日皆由买卖双方自由决定。

在货币期货市场上,期货交易须在固定的期货交易所,在特定的时间内,由有资格的掮客及经纪人以公开喊价的方式进行交易。银行并不直接介入市场,交易双方不直接接触,由清算所承担信贷风险。同时,对交易货币、交易单位、交割期限、每日期货契约价格波动幅度等,均有限制,交易的货币仅限于少数几种货币,交易的金额与契约到期日皆为标准化,因此货币期货交易容易转手与清算,其市场流动性较远期外汇强,市场效率亦较高。

(三)结算方式

外汇市场的远期外汇交易,不论是银行之间的交易,还是银行对客户的交易,都要在交割期间内进行现货的交割。而外汇期货交易,其95%均以抵消方式予以结算。

(四)交易保证金

货币期货交易者有缴纳一定比率保证金的义务,同时,对于未结算交易的余额,应按每日基准行情进行估价,以调整保证金额。因此,交易者无须考虑对方的

信用地位。但通常的远期外汇交易,交易当事者对于交易对象的结算能力、信用程度等,则有必要做调查判断。因此,外汇银行对对方银行以及客户企业等都设定有信贷额度,对于信用度较差的客户,可能要求其提供一定的担保。总的来讲,货币期货与远期外汇买卖有许多区别,我们可将其简要归纳成表4－3。

表4－3　货币期货与远期外汇交易的区别

	外汇期货合约	远期外汇合约
合同大小	标准	自由议定
交割日期	标准	自由议定
交易方式	在交易所公开竞价	通常使用电话、电传
保证金	需要保证金	对交易对方的信誉评估
交割方式	极少在到期日交割,一般随时做一笔相反方向交易了结	绝大部分在到期日交割
结算方式	通过清算所	直接与交易对方清算
价格波动	每日有最大的变动额限制	无限制
佣金	佣金由客户同经纪人商量决定	一般不收佣金

六、货币期货的优缺点

从期货交易者的角度来看,与外汇远期交易相比,货币期货交易具有以下优缺点。

(一)货币期货的优点

1. 货币期货市场的特征在于,交易者以小额的资金即可参与相当数量的货币买卖。因此,对于中小交易者而言,有很大的运用价值。对中小企业而言,进行远期外汇交易,可能在汇价上处于不利地位。在货币期货交易中,它们可以隐名交易,在期货价格上不会受到歧视。

2. 货币期货交易与交割时间无关,可按相反交易予以结算。同时,对于未结算余额,也按每日的变动,以调整其保证金;相反,远期外汇交易即使损益已告确定,但在到期之前,并不发生转移资金。因此,对行情较为自信时,以货币期货交易较为有利。

3. 货币期货市场在市场准入方面的限制较少,有更强的竞争性。任何企业或个人,只要缴纳规定数额的保证金,均可进行货币期货交易。这使大量的中小企业和个人得以进入货币期货市场。远期外汇交易对保证金没有严格规定,故银行对客户的信用有较高要求,它可能使中小企业和个人无法介入远期外汇交易。

（二）货币期货的缺点

1. 货币期货交易与企业规模和信用程度无关，但要求保证金。在外汇市场，对大企业和有信用的优良企业，银行并不要求外汇交易的担保以及保证金，交易所适用的外汇行情也甚优惠。所以，对大企业、大投资者而言，仍以运用普通的外汇市场较为有利。另外，货币期货市场交易，其交易手续甚为复杂，特别是未结算余额，每日均需计价，且保证金也有增减，对企业而言有业务上的麻烦。

2. 交易所对货币期货交易的金额及到期月份均有规定，因此，会给套期保值者带来不便。而远期外汇交易的金额及交割期限均可自由地选择，因此相对灵活。

七、中国期货市场的发展

中国的期货市场在旧中国就已经存在了。1920 年 7 月 1 日，上海证券物品交易所的正式运营，揭开了中国期货发展的历史。期货交易刚开始进入中国，就受到了民众极大的欢迎，其业务量节节攀升，短短几年内，天津、北京、广州、汉口和南京等多个城市就创办了数百家期货交易所。交易品种从最初的面粉，扩展到烟、酒、火柴和麻袋等多个品种。1921 年，仅上海一地就设立了 140 多家期货交易所。

新中国建立前后的一段时期，期货交易逐渐成为很多不法投机商囤积居奇、投机倒把的工具。他们利用期货交易制造市场恐慌，牟取暴利，在推动期货市场活跃发展的同时，却使得国内的经济形势持续恶化。因此，1949 和 1952 年，人民政府先后关闭了上海证券交易所和天津证券交易所，在我国活跃多年的期货交易开始进入长期的停滞期。

直到改革开放后，期货交易在价格发现和为企业提供避险手段等方面的职能重新被国人所认识，推进期货市场建设的任务再次被提上议事日程。1990 年 10 月 12 日，经国务院批准，郑州粮食批发市场开始在现货交易的基础上，引入期货交易。这成为新中国的第一个期货交易市场，从而揭开了新中国期货发展的新篇章。

1991 年，在中国重启期货交易的不到一年的时间内，上海金属商品交易所和深圳有色金属交易所先后成立。1993 年，大连商品交易所成立。2006 年 9 月 8 日，经国务院同意，由上海期货交易所、郑州商品交易所、大连商品交易所、上海证券交易所和深圳证券交易所共同发起设立的中国金融期货交易所在上海成立，成为中国首家金融衍生产品交易所。这样，在传统的商品期货之外，中国金融市场又出现了真正意义上的金融衍生产品，而市场呼唤多年的沪深 300 股指期货，成为在中国金融期货交易所上市交易的首个金融衍生产品合约。

事实上，中国的期货市场既有着高速的增长，巨大的成就，也有过沉痛的教训。在中国金融期货交易所设立之前，我国就曾经试点过金融期货产品，1992 年 12 月，上海证券交易所最早开始了国债期货试点，仅针对机构投资者开放，但交易并不活跃。1993 年 10 月之后，又开始向个人投资者开放。此后，北京商品交易所、广东联合期货交易所和武汉证券交易中心等期货交易所，都引入了国债期货产品。国债期货开始得到更多投资者的追捧。

1995 年，国内的国债期货市场日益火爆，市场中投机气氛日益浓厚，其正常的日交易量甚至可以达到其可供交易的国债现券的一半左右，市场的投机风险开始持续积累，最终诱发了轰动一时的“327 国债事件”①，对当时还处于成长期的中国期货市场产生了巨大的冲击。

“327 国债事件”后，为了进一步整顿国债期货市场，1995 年 2 月 25 日，中国证监会和财政部联合颁发了《国债期货交易管理暂行办法》；2 月 25 日，中国证监会又向各个国债期货交易场所发出了《关于加强国债期货交易风险控制的紧急通知》，要求逐步将交易保证金比率提高到 10%，降低国债期货涨跌停板幅度，减少国债期货最大持仓限额，严格执行每日结算制度和强制平仓制度，严惩违规操纵市场价格者；此后，又将交易场所从原来的十几个收缩为沪、深、汉、京四大市场。

“327”事件发生后不久，1995 年 5 月 11 日，上海期货交易市场中又出现与“327”事件完全类似的“319”事件，收市前，损失严重的空方再次选择以透支交易和超仓交易的方式大量抛空，最终再一次导致市场剧烈振荡。国债期货交易中违规现象的不断出现，使得证监会于 1995 年 5 月 17 日宣布暂停国债期货交易。中国的国债期货交易在历时 404 个交易日后，以失败而告终。

经过多年的酝酿，2010 年 1 月 8 日，证监会宣布，国务院已原则同意开展证券公司融资融券业务试点和推出股指期货品种。2012 年 2 月 13 日，中国金融期货交易所重启国债期货交易，暂停交易长达 17 年之久的国债期货，又一次回归中国市场。2013 年以来，中国的期货市场发展明显加快，焦煤期货、白银期货、玻璃期货以及鸡蛋期货等一系列新的期货品种的先后推出，标志着中国期货市场已经进入发展的快车道。

第三节 外汇期权交易

一、期权的概念

（一）期权的产生

期权（Option）所代表的是一种选择的权利，因此也称为选择权。据记载，期权

---

① “327”是“92（3）国债 06 月交收”国债期货合约的代号，对应 1992 年发行 1995 年 6 月到期兑付的 3 年期国库券；该券发行总量是 240 亿元人民币，兑付办法是票面利率 8% 加保值贴息。由于保值贴息的不确定性，决定了该产品在期货市场上有一定的投机价值，成为当年最为热门的炒作素材，从而于 1995 年 2 月 23 日引发了“327 国债事件”。

的概念最早可以追溯到古希腊时代，但真正意义上的期权交易则产生于17世纪初荷兰的郁金香球茎交易。而后在18和19世纪，欧美各种期权交易逐渐增多，但期权的载体仍以农产品为主，交易缺少规则和组织。直到20世纪80年代，因为金融期权交易的产生，期权交易才得到迅猛的发展。

由于外汇期权的复杂性，直到1983年，芝加哥商品交易所才第一次把外汇期权作为交易品种在其国际货币市场分部挂牌上市。在整个80年代，期权交易发展相当迅速，由于市场对灵活多样的外汇期权的需求，以银行间交易为主体的场外交易很快地发展起来。因此现在的外汇期权交易可以分为两大部分，一部分是在各种交易所内进行的场内交易（参见表4-4），另一部分就是以银行为主体的场外交易。由于场外交易的飞速发展，到90年代初，场外交易占全部外汇期权交易额的比重已超过80%。

表4-4 几种主要货币的场内期权交易额 单位：亿美元

货币	未结清合约金额		日均交易金额	
	2014年12月	2015年12月	2014年	2015年
美元	890	920	70	70
欧元	560	400	50	70
日元	200	200	10	10
英镑	100	80	10	10
瑞士法郎	30	20	0	0
澳大利亚元	60	40	10	0
南非南特	20	20	0	0

资料来源：国际清算银行（www.bis.org）。

（二）外汇期权的定义

外汇期权（Foreign Exchange Option）又叫货币期权（Currency Option），它是指期权的买方（Buyer，Holder）支付给期权的卖方（Seller，Writer）一笔期权费之后，从而获得一种可以在期权合同到期日或期满前按预先确定的汇率即执行价格购买或出售某种货币的权利。

外汇期权的载体是两种货币间的外汇买卖，因此外汇期权的交易对象并不是货币本身，而是一项将来可以买卖货币的权利。期权的买方取得这项权利后，可以根据市场情况判断届时是要求执行这项权利，还是放弃这项权利。但买方必须在到期日之前做出决定，因为期限一过，该项权利便不复存在。对于卖方而言，他所承担的是一项义务，根据买方的决定履行买卖货币的责任。

（三）期权的主要特点

从期权交易本身看，它具有以下两个显著的特点：

1. 期权交易双方的权利与义务不对等。对于期权买者而言,他享受的权利是,在合约有效期内,有权选择是否按协定价格买进或卖出一定数量的商品或金融资产。若是市场价格变化对其有利,他可以选择执行(或行使)期权(买进或卖出);若市场价格变化对其不利,他可以选择放弃期权(不买或不卖)。买方所尽义务是支付一定的期权费(期权费)给卖方,这部分期权费也称作期权价格。

对于期权卖者而言,其权利义务正好与期权买者相反。期权合约赋予他的权利是收入一定的期权费。规定的义务是当期权买者执行期权,按协定价格买进或卖出某种商品或金融资产时,他必须无条件按协定价格卖出或买进该种商品或金融资产。

从以上期权买卖双方的权利和义务中可以看出,买方的义务有限,仅仅是支付一定的期权费给卖方,而享有的权利却很大,他可以在合约有效期内任何时候行使期权,也可以不执行期权,任其作废。同买方相反,卖方享有的权利有限,其权利是收入一定的期权费,而承担的义务却很大,只要买方在合约期内行使期权,他必须随时配合,不管市场价格变化对其是否有利。

2. 期权交易双方的收益与风险不对等。期货交易的买卖双方面对着同样的潜在风险,当市场价格变动时,买卖双方都有可能遭受同样大小的收益与损失。期权交易却与此不同,因为期权买方可以从市场价格和协定价格中选择对他有利的价格,即一旦市场价格朝不利的方向变动时,买方便会放弃期权,其损失最多为期权费。但期权买方的收益却是无限的,如买入看涨期权后市场价格上升,或买入看跌期权后市场价格下跌,买方便有盈利的机会,并且市场价格变动幅度越大,其盈利的机会越大。而期权卖方的风险与收益正好与期权买方相反,其收益有限,而风险无限。如果市场价格朝着有利于自己的方向变动,即卖出看涨期权后市场价格下跌,卖出看跌期权后价格上升,盈利最多也不超过期权费,而损失的可能性却是无限的,一旦市场价格朝着不利于自己的方向变化时,卖方将亏损,并且市场价格变动幅度越大,其亏损越大。

(四)外汇期权交易的有关规定

1. 为了便于交易,所有的汇率均以美元来表示,比如,1 英镑等于多少美元,或 1 瑞士法郎等于多少美元等。

2. 到期日是期权买方决定是否要求履约的最后期限,买方做出要求履约的决定须在到期日的截止时间之前,如果超过这一时限,买方未通知卖方要求履约,即表明买方已放弃这一权利。

3. 交易数量通常为固定的标准数量。比如,在芝加哥期权交易所和伦敦国际金融期货交易所,每张合同的数量分别为 62 500 英镑、125 000 欧元、125 000 瑞士法郎、12 500 000 日元和 100 000 加拿大元等。

4. 协定价格(Strike Price, Exercise Price),又叫执行价格或履约价格,是期权交易双方所约定的期权到期日或到期日之前双方交割外汇时要采用的汇率。只有当期权买方要求执行期权或行使期权时,双方才会据此汇率进行实际的货币收付。

5. 期权费(Premium),又叫权利金、保险金或期权价格,是期权的买方在期权交易时支付给期权的卖方,作为获取选择权的一种代价。权利金的表示通常有两种:一种是按照协定价格的百分比;另一种是以协定价格换算的每单位某种货币的其他货币数量。例如,协定价格为每英镑2美元的看涨期权,其期权费可标为5%,也可标为每英镑0.1美元(2美元×5%)。

（五）外汇期权交易的种类

外汇期权可有以下四种分类方式:

1. 按交易地点,可以分为场外期权和场内期权。

(1)场外期权(Over the Counter Option):指不通过交易所而进行的交易。场外交易比较灵活,期权交易的币种、金额、期限等及履约价格均由买卖双方根据需要商定。这种交易大都通过电话、电传成交。场外交易主要是由银行承办的。许多银行在向客户出售场外期权后即从交易所内再次购入相似的期权,以对冲来防范风险。

(2)场内期权(Exchange Traded Option):是指在交易所内成交的期权。这种交易只有交易所会员才有权直接参加,买卖双方达成的是标准化的期权合约。

2. 根据履约期限分,可分为美式期权和欧式期权。

(1)美式期权(American Style Option):买方可以在成交日至期权到期日之间的任何时间要求卖方履约。

(2)欧式期权(European Style Option):买方在到期日之前不能要求卖方履约,仅在到期日当天才可要求执行期权。

在交易所内进行交易的期权多为美式期权,而在场外交易的期权多数是欧式期权。这两种期权并没有本质上的区别。在其他内容相同的情况下,美式期权的价格高于欧式期权。

3. 根据期权的内容分,可分为看涨期权和看跌期权(参见表4-5)。

表4-5　外汇期权交易双方的权利与义务

	看涨期权	看跌期权
期权买方	有权在到期日或之前按协定价购买外汇	有权在到期日或之前按协定价卖出外汇
期权卖方	有义务在到期日或之前应买方要求按协定价卖出外汇	有义务在到期日或之前应买方要求按协定价买入外汇

(1)看涨期权(Call Option):又称买权,指期权的买方与卖方约定在到期日或

期满前买方有权按约定的汇率从卖方手中买入特定数量的货币。

(2)看跌期权(Put Option):又称卖权,指期权的买方与卖方约定在到期日或期满前买方有权按约定的汇率向卖方出售特定数量的货币。

比如:一项期权的内容是USD PUT YEN CALL,称为美元卖权、日元买权,表明期权的买方有权向卖方卖出美元,同时买入日元。由于外汇买卖意味着买入一种货币的同时也卖出另一种货币,因此对一项外汇期权来说,它是一种货币的买权,同时也是另一种货币的卖权。为了避免混淆,在描述外汇期权的内容时,必须明确它是哪一种货币的买权和哪一种货币的卖权。

4. 根据执行价(协定价)与市场价的关系,外汇期权可分为三种情况:平价期权、有利价期权和不利价期权。

(1)平价期权(At - the - Money Option):期权的执行价格与市场价格一致。

(2)有利价期权(In - the - Money Option):又叫价内期权或实值期权。该种期权买权的执行价格低于市场价格,卖权的执行价格高于市场价格。此时期权买方如执行该期权,即可获得执行价格与市场价格之间的差额收益。由于执行价格对买方有利,所以称为有利价。当执行价格与市场价格之间差额很大,可称为非常有利价期权。

(3)不利价期权(Out - of - the - Money Option):又叫价外期权或虚值期权。该种期权与有利价期权正好相反,买权的执行价格高于市场价格,卖权的执行价格低于市场价格。此时期权买方如执行该期权,则会面临执行价格与市场价格之间的差额损失。由于执行价格对买方不利,所以称为不利价。当执行价格与市场价格之间差额很大,可称为非常不利价期权。

上述三种期权的价格关系可以归纳为表4-6。

表4-6　平价期权、有利价期权和不利价期权

期权类别	看涨期权	看跌期权
平价期权	市场价格 = 协定价格	市场价格 = 协定价格
有利价期权	市场价格 > 协定价格	市场价格 < 协定价格
不利价期权	市场价格 < 协定价格	市场价格 > 协定价格

二、标准外汇期权

本书只介绍最常用的标准外汇期权的交易策略。所谓标准外汇期权是相对于非标准外汇期权而言的。非标准外汇期权,又叫奇异期权(Exotic Option)是近年来银行为满足客户不同形式的特殊需求而设计的品种繁多、结构各异的期权产品。奇异期权是比常规期权(标准的欧式或美式期权)更复杂的衍生产品,比如,其执行价不是一个确定的数，而是一段时间内的平均资产价格的期权；或者是，在期权有效期内如果资产价格超过一定界限，期权就作废①。

根据不同的交易方向和不同的内容，标准外汇期权的交易可分为四种基本类型：买入看涨期权、买入看跌期权、卖出看涨期权和卖出看跌期权。这四种交易的风险和收益都不相同，现分别论述如下。

（一）购买外汇看涨期权

购买外汇看涨期权时的盈亏状况可以通过图 4－1 反映。看涨期权的买方有权利（但并没有义务）按事先确定的执行价或履约价（X）购买某外汇。与此同时，看涨期权的买方必须向卖方先期支付一笔看涨期权费（C）。这笔期权费要立即从看涨期权买方的现金账户中扣除。如果外汇执行价的上涨幅度超过期权费，买方就可以获得利润。如果外汇的价格不高于 X，那么，看涨期权的买方将不会去行使期权（即按 X 这一价格购买外汇）。此种情况下，期权合约到期后自动失效。期权的买方承受的损失为 C，但不会涉及其他的损失。

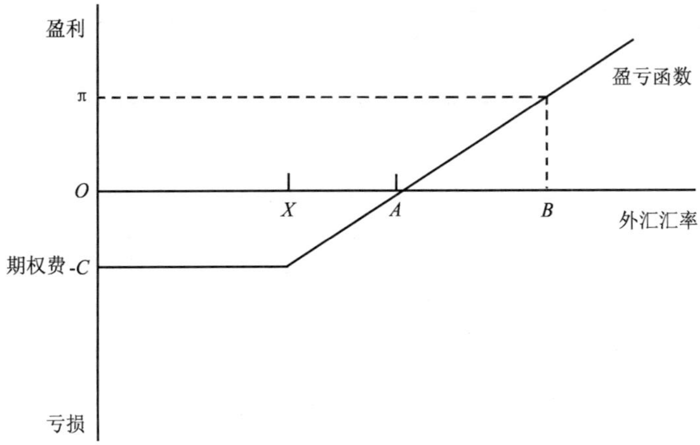

图 4－1　购买外汇看涨期权的盈亏函数

从图 4－1 中可以看到，如果外汇价格上升到 B，看涨期权的买方的盈利为 π——这是外汇价格（B）减去期权执行价（X）和看涨期权费（C）之后的差额。如果外汇价格上升到 A，看涨期权的买方能够做到盈亏平衡（Breakeven），这是因为行使

① 奇异期权主要有以下几种：(1) 障碍期权是指期权的回报依赖于标的资产的价格在一段特定时间内是否达到了某个特定的水平（临界值），这个临界值就叫作“障碍”水平。(2) 亚式期权是当今金融衍生品市场上交易最为活跃的奇异期权之一。它最重要的特点在于，其到期回报依赖于标的资产在一段特定时间（整个期权有效期或其中部分时段）内的平均价格。(3) 打包期权由常规的欧式期权、远期合约、现金和标的资产等构成的证券组合。(4) 回溯期权其收益依附于标的资产在某个确定的时段（称为回溯时段）中达到的最大或最小价格（又称为回溯价）。

看涨期权的利润($A-X$)与所支付的看涨期权费(C)正好相等。

图4-1中的外汇看涨期权具有两个重要的特点:①当外汇汇率上升时,看涨期权的买方有可能获得巨大的利润。外汇汇率上升的幅度越大,行使期权获取的利润越多。②当外汇汇率低于执行价 X 时,看涨期权的买方没有义务去行使期权。因此,买方的损失仅限于当初购买看涨期权时先期支付的一笔期权费(C)。

因此,预期外汇汇率上升时,就应该购买外汇看涨期权。请注意,与外汇期货不同(随着汇率水平的变化,外汇期货的损益变化是对称的),外汇看涨期权的损益并非随着汇率的变化而呈现出对称性变化。

(二)出售外汇看涨期权

出售外汇看涨期权时,卖方将获得一笔前期费用即期权费(C),但必须准备按执行价(X)将外汇出售给期权的买方。出售外汇看涨期权时的盈亏状况反映在图4-2中。

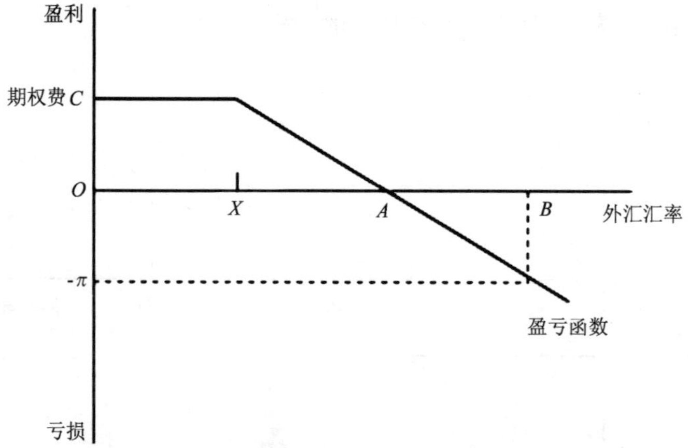

图4-2　出售外汇看涨期权的盈亏函数

这一盈亏函数具有两个重要特征:①当外汇汇率下降时,看涨期权卖方的收益或利润会增加,因为此时看涨期权的买方不会去行使期权。然而,其最大利润为交易前期向期权买方收取的看涨期权费(C)。②当外汇汇率上升时,卖方遭受损失的可能性会增加。此时,看涨期权的买方将行使期权,从而迫使期权的卖方按执行价出售外汇。从理论上讲,由于外汇价格的上升是无止境的,这部分损失可能会非常巨大。

因此,预期汇率下降时,就应该出售看涨期权。然而,对此应该谨慎,因为利润有限,而亏损则是无限的。从图4-2中可以看到,当外汇汇率上升到 B 时,期权卖方的损失为 π。

(三)购买外汇看跌期权

外汇看跌期权的买方有权利(但没有义务)按事先规定的执行价(X)将外汇卖

给期权的卖方。为了获取这种选择权,看跌期权的买方要支付给卖方一笔期权费(P)。图4-3反映了看跌期权的买方可能面临的盈亏状况。

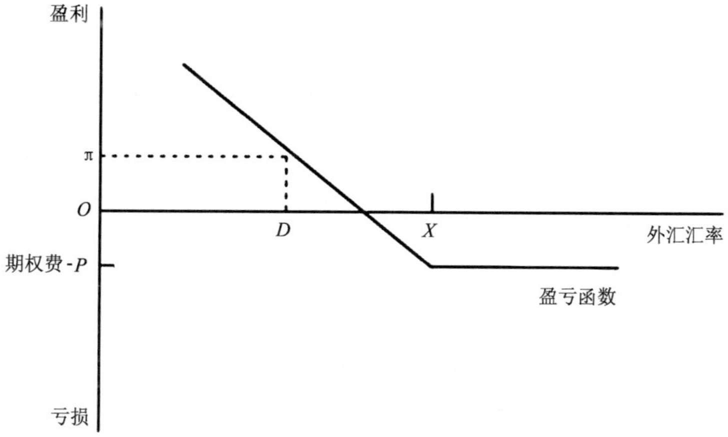

图4-3　购买外汇看跌期权的盈亏函数

请注意以下两点:①当外汇汇率下降时,看跌期权买方从行使期权中获利的可能性增加。比如,如果外汇的价格降到D,看跌期权的买方就可以按较高的执行价格(X)将外汇出售给看跌期权的卖方。这样,从图4-3中可以看到,扣除看跌期权费(P)之后,买方还可以获利π。②当外汇汇率上升时,看跌期权买方亏损的可能性会增加。如果汇率上升到高于执行价X,看跌期权的买方并不需要去行使期权,因而其最大损失仅局限于前期缴纳的看跌期权费(P)。因此,预期汇率下降时,就应该购买看跌期权。

(四)出售外汇看跌期权

在出售外汇看跌期权时,卖方可以获得一笔期权费(P),但是,如果看跌期权的买方选择行使期权(卖出外汇),卖方应随时按执行价(X)买入外汇。图4-4是出售外汇看跌期权的盈亏函数。

请注意以下两点:①当外汇汇率上升时,卖方获利的可能性会上升。看跌期权的买方不可能去行使期权,因此不会强迫期权的卖方按执行价购买外汇。然而,买方的最大收益仅限于看跌期权费(P)。②当外汇汇率下跌时,看跌期权的卖方有可能承受巨大的损失。比如,如果外汇的价格降到了如图4-4所示的D,那么,损失会达到$-\pi$。所以,预期外汇汇率上升时,应该卖出外汇看跌期权。然而,这种交易的利润是有限的,但损失可能是无限的。

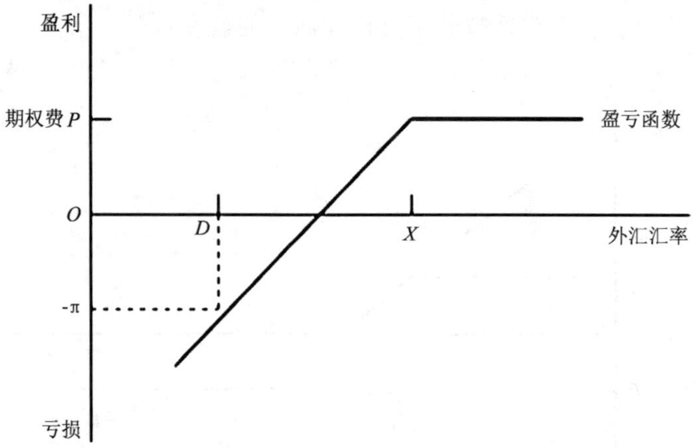

图 4-4　出售外汇看跌期权的盈亏函数

三、外汇期权的价值构成

商品价格由其价值决定,期权也不例外。从理论上分析,期权费由两部分组成:内在价值(Intrinsic Value,IV)和时间价值(Time Value,TV)。

(一)内在价值

内在价值是指一项期权如果立即执行就可以获得的收益,这种收益来自于期权的执行价格与市场价格之间的差额,是因期权处于有利价状态而产生的收益,也称隐含价值。

对于一项确定了执行价格的外汇期权而言,其内在价值的大小取于市场价格同执行价格之间的差额。内在价值将随着市场价格的波动而改变。当期权处于有利价值状态时,其内在价值大于零;当期权处于平价或不利价时,内在价值为零(参见图 4-5 和图 4-6)。

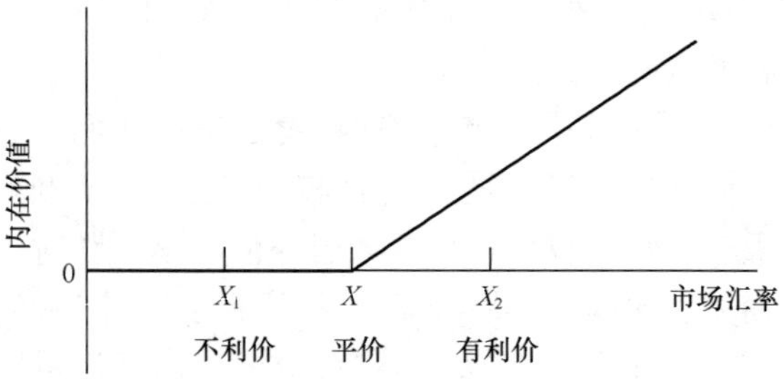

图 4-5　看涨期权(买权)的内在价值

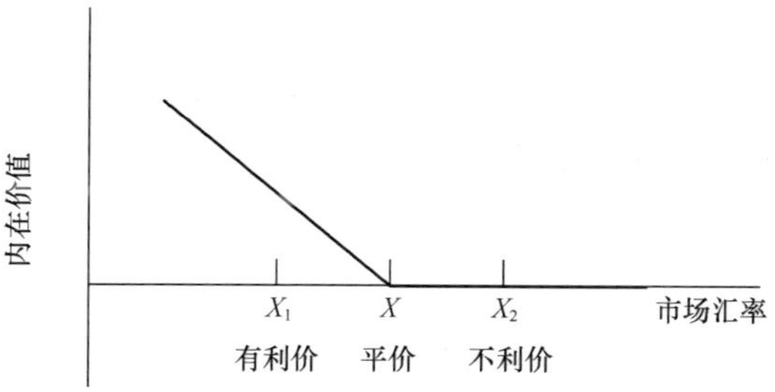

图 4－6 看跌期权(卖权)的内在价值

(二)时间价值

时间价值是指一项外汇期权因存在市场汇率朝有利价方向变化的可能性而具有的价值。称其为时间价值,这部分价值的大小取于期权有效期限的长短,有效期限越长,时间价值越大。随着时间的推移,时间价值会逐渐减少。期权距离到期日越近,时间价值越小,在到期日的截止时间,时间价值衰减为零。

一项期权的价值表现为内在价值和时间价值的总和。在假定期权价格完全反映期权价值的情况下,我们可以认为期权价格等于其内在价值加上时间价值。

时间价值有以下特点:当期权处于平价或不利价状态时,期权内在价值为零,期权价格就完全体现为时间价值。时间价值不仅与有效期限的长短有关,市场汇率的变化也会影响时间价值。具体来说,市场汇率同执行价格之间的差额会对时间价值产生影响。在其他条件相同时,平价期权的时间价值较大,而有利价和不利价期权的时间价值相对较小。市场汇率同执行价格之间的差额越大,时间价值越小。其原因在于,当期权为有利价(或不利价)时,在其有效期内,期权进一步朝着有利价(或不利价)变化的机会较小。

图 4－7 和图 4－8 分别显示了买权和卖权的时间价值。在图中,曲线代表期权的价值,折线代表期权的内在价值。曲线与折线之间垂直距离表示其时间价值。可以看出,当执行价格等于市场汇率时,期权的时间价值最大。

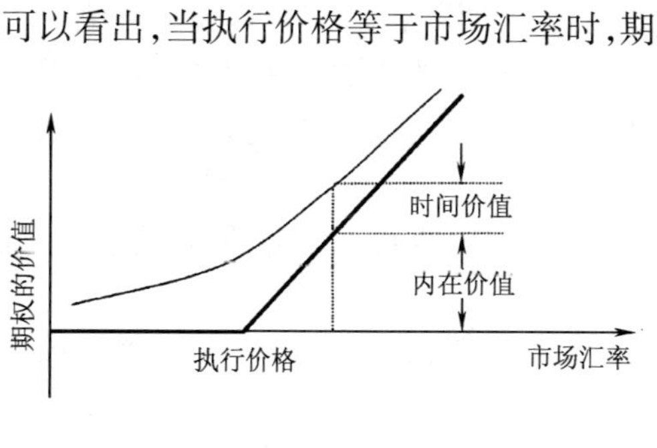

图 4－7 看涨期权(买权)的时间价值

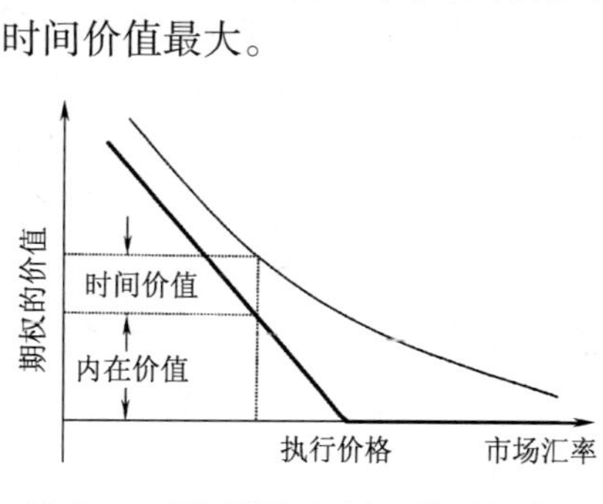

图 4－8 看跌期权(卖权)的时间价值

四、决定期权价格的主要因素

期权的价格取决于两方面的因素,一方面是期权本身的内容,另一方面是市场因素。期权本身的内容可由交易双方自由选择,包括执行价格、有效期限和期权类型等内容。市场因素则包括汇率和利率等多项内容。

(一)期权本身的内容

1. 执行价格。在确定期权的内容时,执行价格的高低决定了一项期权是有利价、不利价或是平价,执行价格不同,期权费也就不同。当期权处于有利价时,其内在价值为正数。因此,对看涨期权来说,其内在价值为市场价格高于协定价格的差额;对看跌期权来说,其内在价值为市场价格低于协定价格的差额。当期权处于平价和不利价时,其内在价值则为零。一般来说,没有内在价值的期权是不会被行使,也不能出售的。而当期权具有内在价值时,期权卖方售出期权至少要赚回其内在价值,所以期权的价格最低也要按其内在价值定价。

2. 有效期限。由于市场价格的波动性,期权买方盈利的机会或概率总是大于或等于零而不可能小于零,因此,期权的时间价值也总是大于或等于零。期权的有效期限越长(距到期日越远),买方的获利机会越多,对期权的需求也会相应地增加,从而会推动期权价格在内在价值的基础上升高;同时,卖方的风险也会增大,因而会要求提高期权费以抵消这方面的风险。这就是期限越长,期权的时间价值也就越大的原因(在这一点上,欧式期权则不一定)。当期权最后到期时,这种机会的概率为零,时间价值也就变为零了。

(二)市场因素

1. 市场汇率。期权价值中的内在价值取决于期权的执行价格同市场价格之间的差额。在交易中,期权的执行价格一旦确定,即不再变化。市场价格,也就是市场汇率的变化成为影响期权内在价值的重要变量。随着即期汇率的波动,期权内在价值也发生变化,从而改变期权的价格。

2. 汇率的波动性。汇率的波动程度对期权的时间价值有着重要的影响。一般来说,期权交易涉及的汇率的波动程度越大,在相同的期限内期权卖方所承担的风险也就越大,对于买方来说获利的机会也越大,因此卖方会向买方要求更多的补偿,即更高的期权费。汇率波动性的大小通常采用统计学中计算标准方差的办法来测定。预测未来汇率的波动性则可根据过去一段时期价格实际的波动性用外推法来计算。

3. 市场利率。在其他条件不变的情况下,期权的时间价值随利率的变化而变化:当国内利率上升,他国利率下降时,根据利率平价原理,外汇的远期汇率将上升,而行使看涨期权的可能性(即时间价值)增加,其价格将趋于上升;反之,当国内利率下降,他国利率上升时,行使看跌期权的可能性增加,因此,看跌期权的价格会上升。

五、外汇期权交易的用途

第一，对于将来确定的一笔外汇收入或支出，利用期权交易可以避免外汇风险。

【例1】假设3月10日，美国A公司向瑞士B公司出口一批货物，预计6月15日可收到货款100万瑞士法郎，当日6月份到期的瑞士法郎期权合同执行价为SF1 = \$0.630 0，A公司为避免瑞士法郎汇率下跌，决定购买瑞士法郎看跌期权合约，期权费为每瑞士法郎0.01美元。试分析当6月份合同到期且市场汇率分别为\$0.600 0、\$0.630 0和\$0.650 0时，A公司应如何做出选择，其结果如何？

(1)当市场汇率为\$0.600 0时，协定价高于市场价，A公司应行使期权，将100万瑞士法郎按SF1 = \$0.630 0卖给期权的卖方，可避免损失：

$$1\ 000\ 000 \times (0.630\ 0 - 0.600\ 0) = 30\ 000(\text{美元})$$

扣除期权费10 000美元(=1 000 000 ×0.01)后，还可免除损失20 000美元，这时A公司出口收入获得保值。

(2)当市场价为SF1 = \$0.630 0时，市场价与协定价相等，A公司执行和放弃期权结果都一样，仅损失期权费10 000美元，但因为瑞士法郎汇率没变，出口收入得到了保障。

(3)当市场价为SF1 = \$0.650 0时，协定价低于市场价，A公司放弃期权，将出口收入100万瑞士法郎拿到市场出售，可获得瑞士法郎升值的好处：

$$1\ 000\ 000 \times (0.650\ 0 - 0.630\ 0) = 20\ 000(\text{美元})$$

扣除期权费10 000美元后，还有净收益10 000美元。

上述分析表明，A公司进行期权交易后，一方面出口收入获得保值(当瑞士法郎贬值时)，另一方面还有可能获得额外收益(当瑞士法郎升值时)，即使在最差的情况下(汇率不变时)，其损失也只不过是当初所缴纳的期权费。

第二，对于将来一笔不确定的外汇收益或支出，也可以利用外汇期权交易来避免外汇风险。这是期权保值的一个独特之处，也是远期交易和期货交易无法做到的。

【例2】法国某公司投标出口一机械设备，设备价格为100万美元，3个月后开标。为防止中标后美元对欧元贬值，公司决定采用期权保值：购买美元看跌(欧元看涨)期权合同，总金额为100万美元，协定价为\$1 = €0.950 0，期权费总额为10 000欧元，假设3个月后，市场汇率分别为€0.920 0、€0.950 0和€0.990 0时，公司应如何做出选择，结果如何？

如果3个月后公司中标：

(1)当市场汇率为\$1 = €0.920 0，说明美元对欧元贬值，公司应该执行期权，

按协定价 \$1 = €0.950 0 出售 100 万美元,可避免损失:

$$1\ 000\ 000 \times (0.950\ 0 - 0.920\ 0) = 30\ 000 (欧元)$$

扣除期权费 10 000 欧元后,还可避免损失 20 000 欧元。

(2)当市场汇率为 \$1 = €0.950 0 时,协定价与市场价相等,公司行使期权和放弃期权结果都一样,仅损失期权费 10 000 欧元。

(3)当市场汇率为 \$1 = €0.990 0 时,说明美元对欧元升值,公司应放弃期权合同,按市价出售 100 万美元,可获得美元升值的好处:

$$1\ 000\ 000 \times (0.990\ 0 - 0.950\ 0) = 40\ 000 (欧元)$$

扣除期权费 10 000 欧元后,还可获得 30 000 欧元的好处。

如果 3 个月后公司未中标:

(1)当市场汇率为 \$1 = €0.920 0 时,公司仍然可执行期权,按 0.920 0 欧元的价格从市场购买 100 万美元,按协定价 \$1 = €0.9500 卖给期权合同出售者(行使期权),可获利:

$$1\ 000\ 000 \times (0.950\ 0 - 0.920\ 0) = 30\ 000 (欧元)$$

扣除期权费后,还可获利 20 000 欧元。

(2)当市场汇率为 \$1 = €0.950 0 时,公司放弃期权,损失期权费 10 000 欧元。

(3)当市场汇率为 \$1 = €0.990 0 时,公司放弃行使期权,损失期权费10 000 欧元。

如果在这种情况下,公司所进行的是远期或期货保值,那么公司将承担空头风险,其损失为:

$$1\ 000\ 000 \times (0.990\ 0 - 0.950\ 0) = 40\ 000 (欧元)$$

当美元对欧元升值越大时,公司亏损越严重。从理论上讲,以远期或期货保值未中标且美元升值时,公司所面临的风险是无限的。因此,对于未来收益不确定的外汇保值只能由期权交易来完成。

最后,我们利用表 4 - 7 对期权、期货、远期三种保值交易的方式进行一下比较。

表 4 - 7　外汇期权、外汇期货和远期外汇的比较

	外汇期权	外汇期货	远期外汇
履约日期	日期固定	日期固定	自由议定
履约义务	买方决定是否履约	双方都有履约义务,但可在合同到期前对冲了结	交易双方均有履约义务
合同金额	标准化	标准化	自由议定
保证金	买方付期权费,卖方付保证金	买卖双方均缴保证金	是否缴保证金由银行决定
价格波动	无限制	有限制	无限制
交易方式	公开竞价	公开竞价	电信交易

六、中国的外汇期权市场

长期以来，中国外汇远期市场的发展，使得国内众多的外汇银行积累了丰富的外汇衍生交易的经验，逐渐熟悉了外汇衍生交易的规则，也具备了充当外汇衍生市场中做市商的资金实力和专业水平。中国的外汇衍生市场面临着巨大的发展机遇。

尽管国际金融市场中的期权市场更多的是建立在成熟的期货市场的基础之上，然而，货币期权交易却先于货币期货交易而出现在我国。2011 年 4 月 1 日，中国的银行间外汇市场第一次推出了人民币对外汇的期权交易，成为国内外汇期权业务发展的一次重要尝试。

在推出之初，中国的外汇期权市场上，由众多外汇银行充当做市商，客户只能向外汇银行购入外汇期权，却不得卖出外汇期权。而且国家外汇管理局还把参加外汇期权交易的客户限定在具有真实的外汇交易或投资业务的交易者或投资者，从而避免了过多的利用外汇期权交易进行投机的交易行为。尽管面临着严格的限制，然而，外汇期权交易一经推出，就得到了市场的广泛关注。

然而，只能买、不能卖的单向外汇期权交易并不能完全满足市场的需要，2011 年 11 月，国家外汇管理局正式颁布《关于银行办理人民币对外汇期权组合业务有关问题的通知》，允许客户同时买入一个和卖出一个币种、期限、合约本金相同的人民币对外汇普通欧式期权所形成的组合。

此后，中国投资者可以在我国的外汇期权市场中，进行外汇看跌风险逆转期权组合或外汇看涨风险逆转期权组合的交易。交易者可以针对未来的实际结汇需求，买入一个执行价格较低的外汇看跌期权，同时卖出一个执行价格较高的外汇看涨期权；也可以卖出一个执行价格较低的外汇看跌期权，同时买入一个执行价格较高的外汇看涨期权。通过期权的对冲交易，极大地降低了客户在期权交易中的风险，提高了外汇交易的灵活性，帮助交易者有效规避了汇率风险，并降低了交易成本。

为了规范我国外汇期权市场的交易，抑制市场投机，促进期权市场的健康稳定发展，国家外汇管理局还要求，客户在进行外汇期权组合交易时，必须遵循整体性原则。也就是说，客户对期权组合的任何操作都必须针对整个期权组合，不能选择期权组合中的单一期权进行交易，且银行与客户期权组合业务的签约及任何的变更均应体现在同一产品确认书中，从而避免了过多的单向期权投机交易的盛行。

主要概念

衍生金融工具　外汇期货　外汇期权　美式期权　欧式期权
看涨期权　看跌期权

思考题

1. 衍生金融工具的主要功能是什么？

2. 比较外汇期货与远期外汇交易的相同点和不同点。

3. 与远期外汇交易相比外汇期货交易有哪些优缺点？

4. 期权交易的主要特点是什么？

5. 美国一出口商3个月后可以获得SF125 000的外汇收入。即期SF1 = $0.658 0。为了防止3个月后瑞士法郎对美元贬值，出口商进行了期货保值交易：按照SF1 = $0.657 0的期货价卖出一份瑞士法郎期货合约（合约面值为SF125 000）。假设3个月后的市场即期汇率为SF1 = $0.618 0，期货价为SF1 = $0.618 5。请计算出口商现货市场和期货市场的损益分别是多少？

6. 某人按照£1 = $1.748 0的协定价购买了2份英镑看涨期权合约（欧式期权，合约面值为£62 500），期权费为£1 = $0.01。假设合约到期日的市场汇率为£1 = $1.853 0，请问他应该如何做出选择？其盈亏情况如何？

第五章

外汇风险管理

浮动汇率条件下，各个经济主体都不同程度地面临着外汇风险问题。本章集中介绍外汇风险的管理问题。由于银行和公司所面临的外汇风险有较大的区别，因此，我们对两者风险管理的内容分开进行了介绍。第一节以一个具体的例子分析了银行面临的外汇风险。并且从表内保值和表外保值两个方面，介绍了银行外汇风险的管理方法。第二节对公司面临的三种外汇风险（交易风险、折算风险和经济风险）进行了分析，并在此基础上，介绍了公司外汇风险的管理战略以及各种风险管理方法。第三节借助一个经典案例，分析了各种不同的保值方法在实践中的应用。

第一节　银行外汇风险管理

一、银行外汇风险概述

银行外汇风险，是指外汇汇率变化有可能给银行带来的损失。银行外汇风险的大小可以通过其总体外汇裸露，即净裸露（Net Exposure）来计量：

净裸露 =（外汇资产 − 外汇负债）+（外汇买入 − 外汇卖出）

= 净外汇资产 + 净外汇买入

正的净裸露头寸意味着银行总体上处于外汇净多头（Net Long in a Foreign Currency），并且面临着外汇价值将来对本国货币价值下跌的风险。负的净裸露头寸意味着银行处于外汇净空头（Net Short in a Foreign Currency），并且面临着外汇对本币有可能升值的风险。因此，如果银行在某种外汇方面的头寸不平衡，就将面临汇率波动的风险。

在净裸露头寸一定的情况下，外汇汇率的波动性越大，银行外汇资产组合价值的波动性也越大。具体而言，外汇风险造成的损益可以表示为

损益 = 净裸露 × 汇率的波动性

也就是说，银行的外汇净裸露以及外汇汇率的波动越大，金融机构收益的潜在损益越大。下面我们通过一个例子来看银行面临的外汇风险。

假设美国某家银行的资产和负债情况如表 5－1 所示。

表 5－1　银行的资产负债状况

资　　产	负　　债
1 亿美元的美国贷款(期限 1 年) 1 亿美元的英国贷款(以英镑计价,期限为 1 年)	2 亿美元的美国定期存单(期限为 1 年)

美国的这家银行 2 亿美元的负债都是以美元计价的(1 年期的定期存单),但 50% 的资产(1 年期的贷款)是以美元计价的,另外 50% 的资产(1 年期的贷款)却是以英镑计价的。本例中银行的资产和负债的到期期限是匹配的,但是,其资产和负债组合中的货币构成却是不匹配的。假设美元定期存单的承诺收益为 8%,美国无信用风险贷款的收益为 9%,这样,该银行国内投资的收益为 1%。同时,我们假设英国 1 年期无信用风险贷款的收益为 15%。

为了在英国进行 1 亿美元(2 亿美元定期存单中的一部分)1 年期的贷款投资,美国的银行必须从事如下交易:

(1)年初,在即期市场出售 1 亿美元以换取英镑。如果汇率为每英镑兑1.60美元,那么兑换的结果为 6 250 万英镑(=1 亿/1.6)。

(2)以 15% 的利率将 6 250 万英镑贷给英国人。

(3)年底时,英镑贷款所带来的收益为 7 187.5 万(= 6 250 × 1.15)英镑(假设不存在违约风险)。

(4)年底将这些资金汇回美国,即美国的银行按当时的即期汇率(年底时的即期汇率)在外汇市场出售 7 187.5 万英镑。

假如 1 年后的即期汇率没有变化,仍然为 \$1.60/£1,那么,英国投资带来的美元收益为:

$$7\,187.5 \times 1.60 = 1.15(\text{亿美元})$$

即收益率为:

$$(1.15 - 1)/1 = 15\%$$

此时,银行资产组合投资的加权平均收益为:

$$0.5 \times 0.09 + 0.5 \times 0.15 = 0.12 \text{ 或 } 12\%$$

此收益要比银行发行定期存单的成本高出 4%(=12% －8%)。

可是,如果当银行需要将贷款本息转移回国内时,英镑对美元贬值:从年初的 \$1.60/£1 变为年底时的 \$1.45/£1,那么英镑贷款的收益按年底时的汇率 \$1.45/£1折算成的美元为:

$$7\,187.5 \times 1.45 = 1.042\,2(\text{亿美元})$$

即在英国的投资收益为:

$$(1.042\,2 - 1)/1 = 0.042\,2 = 4.22\%$$

银行资产组合的加权平均收益为：

$$0.5 \times 0.09 + 0.5 \times 0.0422 = 0.0661 \text{或} 6.61\%$$

在这种情况下，银行资产负债表上的投资实际上遭受了损失，即利差为负数（6.61% −8% = −1.39%）。出现损失的原因在于，英镑的贬值（从 $1.60 贬值为 $1.45）抵消了英镑所具有的较高的贷款收益。

如果英镑对美元没有贬值，而是出现了升值（比如，升值为 $1.70/£ 1），那么美国金融机构向英国提供贷款的美元收益为：

$$7\,187.5 \times 1.70 = 1.221\,88 \text{（亿美元）}$$

即收益率为 22.188%。此时，美国的金融机构将从英国的投资中获取双重收益：英镑贷款所带来的更高的利息收益，以及投资期内英镑升值所带来的收益。

二、银行外汇风险管理

现在，我们接着上一节中的例子来介绍银行外汇风险的管理。由于银行的管理者无法事先知道年底时英镑对美元的汇率会怎样，因此，资产组合的失衡以及净多头价值为 1 亿美元的英镑（即 6 250 万英镑）的投资策略都是有风险的。正如上面所计算过的，如果英镑从 $1.60 升值为 $1.70，那么，英镑贷款的收益将达到 22.188%；如果英镑对美元贬值为 $1.45，那么贷款收益将只有 4.22%。

从原则上讲，金融机构的经理可以通过表内套期保值和表外套期保值来较好地控制外汇风险。表内套期保值是指通过调整资产负债表中的资产和负债来防止外汇风险所带来的利润损失。表外套期保值不涉及资产负债表的调整，它是指通过远期交易或期货、期权等其他衍生证券的交易来对外汇风险进行保值。

（一）表内套期保值

通过下面的例子，我们可以看到，银行如何通过调整资产负债表来控制外汇风险。假设银行不是通过发行美元定期存单来筹集向英国贷款（利率为 15%）所需的 1 亿美元的资金，而是通过发行一年期的英镑定期存单（利率为 11%）来筹集贷款所需的英镑（价值相当于 1 亿美元）。这样，银行的资产负债表如表 5 −2。

表 5 −2　银行调整后的资产负债状况

资　　产	负　　债
1 亿美元的美国贷款（9%） 1 亿美元的英国贷款（15%）（按英镑计价）	1 亿美元的美国定期存单（8%） 1 亿美元的英国定期存单（11%）（按英镑计价）

在这种情况下，银行资产和负债的期限以及货币种类均已相匹配。现在我们来看如下两种情况下，银行的资产收益与筹资成本之间的差别：①1 年内英镑对美元的汇率从 $1.60/£ 1 贬值为 $1.45/£ 1；②1 年内英镑对美元的汇率从 $1.60/£ 1 升值为 $1.70/£ 1。

1. 英镑对美元贬值。当英镑的价值下降为 \$1.45/£1 时,向英国贷款的收益为4.22%。现在我们来看1亿美元英镑负债的成本(以美元计价):

(1)年初,银行通过发行利率为11%的定期存单(期限为1年)筹集1亿美元的英镑。在汇率为 \$1.60/£1 的情况下,这笔借款相当于6 250万英镑(=1亿/1.6)。

(2)年底时,银行必须向英镑定期存单的持有者还本付息:6 250万×1.11=6 937.5万英镑。

(3)一年后,如果英镑贬值为 \$1.45/£1,以美元计价的还款金额为1.005 9亿(=6 937.5万×1.45),即筹资的成本为0.59%。因此,年底时的情况为:

资产的平均收益:

$$0.5 \times 0.09 + 0.5 \times 0.0422 = 0.0661 = 6.61\%$$

平均筹资成本:

$$0.5 \times 0.08 + 0.5 \times 0.0059 = 0.4295 = 4.295\%$$

净收益为:资产平均收益-平均筹资成本

$$6.61\% - 4.295\% = 2.315\%$$

2. 英镑对美元升值。当一年内英镑的汇率从 \$1.60/£1 升值为 \$1.70/£1 时,英镑贷款的收益为22.188%。现在我们来看,年底时美国的银行向英镑定期存单(期限为1年)持有者偿还本息时的成本(以美元计价):

$$£6\,937.5\text{万} \times \$1.70/£1 = 1.179\,375\text{亿美元}$$

即按美元计价的筹资成本为17.937 5%。因此,年底时:

资产的平均收益为:

$$0.5 \times 0.09 + 0.5 \times 0.22188 = 0.15594\text{或}15.594\%$$

平均筹资成本:

$$0.5 \times 0.08 + 0.5 \times 0.179375 = 0.12969\text{或}12.969\%$$

净收益为:

$$15.594\% - 12.969\% = 2.625\%$$

因此,通过将外汇资产和负债直接匹配之后,无论投资期内的汇率怎样变化,银行都一定能够获得投资收益或利差。比如,即使美国的银行国内业务的收益较低(即资产收益与筹资成本之间的差别较小),但是,从总体上看,金融机构的利润仍然非常可观。具体而言,银行能够稳固地获取外汇存、贷款之间的利差。在我们的例子中,英镑一年期的存、贷款利差为4%,而美元的利差却只有1%。

值得注意的是,只有当进入外国金融服务领域面临着较大的障碍时,国内外利差之间的这种不平衡才能持续较长的一段时间。具体而言,如果实际资本和金融资本能够自由流动,金融机构将会大量从美国市场提款,然后将其业务转移到英国。美国市场竞争的下降使其存贷款利差扩大,同时,英国市场竞争的增加将使其利差缩小,直至海外业务所带来的利润机会消失。

（二）利用远期交易进行套期保值

银行也可以不对自己 1 亿美元的外汇资产和负债进行匹配，而是选择允许资产负债表的失衡。这时，它可以有另一种成本较低的选择：通过外汇远期市场或衍生工具市场的交易来进行套期保值（比如，在 1 年的远期市场卖出英镑买入美元）。远期外汇合约的作用在于，消除在今后 1 年的投资结束时，英镑即期汇率的不确定性。银行不必等待年底时按未知的即期汇率将英镑兑换成美元，而是按目前已知的远期汇率签订远期合约来把预期的贷款本息收益出售（年底时向远期合约的买方支付英镑）。通过把英镑贷款预期的收益按目前已知的汇率（远期汇率）出售，银行实际上消除了今后即期汇率的不确定性，因此也消除了英镑贷款投资收益的不确定性。

下面来看银行通过远期外汇市场立即出售 1 年后的英镑预期贷款收益所进行的外汇风险保值交易：

(1)美国的银行按目前的即期汇率出售 1 亿美元，同时获得 6 250 万英镑（ =1 亿/1.6）。

(2)该银行立即将这 6 250 万英镑按 15% 的利率贷给一位英国客户（期限为 1 年）。

(3)该银行同时按目前 1 年的远期汇率将英镑贷款预期的本息收益出售以换取美元。假设英镑兑美元的远期汇率目前为 \$1.55/£1，即英镑远期贴水 5 美分；其贴水的百分比为：

$$(1.55-1.60)/1.6=3.125\%$$

这就意味着 1 年后银行向远期合约的买方交付 7 187.5 万英镑(6 250 万 ×1.15)时，远期英镑的买方将保证向银行（远期合约的卖方）支付：

$$7\ 187.5\text{ 万}\times 1.55=1.114\ 06(\text{亿美元})$$

(4)1 年后，英国借款者向美国的银行偿还英镑贷款的本息(£ 7 187.5 万)。

(5)美国的银行将 7 187.5 万英镑交给远期(1 年)合约的买方，同时收到当初所承诺的 1.114 06 亿美元。

如果不考虑英镑借款者以及远期英镑购买者的违约风险，那么，金融机构在投资期刚开始时就能够确切地知道自己向英国贷款的收益：

$$(1.114\ 06-1)/1=0.114\ 06=11.406\%$$

具体来讲，无论 1 年贷款期内英镑对美元的汇率如何变化，这笔收益都不会受到任何影响。按此时英镑贷款的收益来算，银行资产组合总体的预期收益为：

$$0.5\times 0.09+0.5\times 0.114\ 06=0.102\ 03\text{，即 }10.203\%$$

由于我们假设银行 2 亿美元定期存单的筹资成本为 8%，因此，无论初期海外（贷款）投资的即期汇率与 1 年后收回外国贷款收益时的即期汇率之间存在着何种差异，银行都一定能在 1 年内获得 2.203% 的利差。

第二节　公司外汇风险管理

一、公司外汇风险概述

公司外汇风险指国际金融市场的汇率变化，对公司以外币计值资产和负债带来损失的可能性。公司外汇风险与银行外汇风险是不同的。首先，公司外汇风险比银行外汇风险复杂。在银行外汇风险中，受险部分纯粹是货币的资产和负债，在公司外汇风险中，受险部分不仅包括货币的资产和负债，而且还包括其他形式的资产，如固定资产等。其次，公司外汇风险和银行外汇风险的表现形式不同。例如，银行和公司同样遭受到汇率风险的直接影响，银行汇率风险主要表现在外汇买卖中，而公司的汇率风险主要表现在进出口国际贸易和国际借贷中，由于交易货币与公司当地货币不一致，在交易结算时发生的汇率风险。

公司外汇风险可分为三种：交易风险、折算风险和经济风险。

（一）交易风险

交易风险（Transaction Risk）是指一个经济实体在以外币计价的国际收付经营活动中，外汇汇率的波动使其应收外汇资产与应付外汇债务的本币价值发生变化所造成的影响。其特点是：一个经济实体的这些外汇债权债务在汇率变动前就已产生，并在汇率变动后实际收付。这种风险主要表现为：在进口和出口业务中，从签订贸易合同，到实际支付和收取外汇货款为止这一段时间内，由于汇率变化而产生多付少收本币的交易结算风险；在国际信贷业务中，在外汇债权债务未清偿前，由于汇率变化而产生少收多付本币的风险。

1. 出口时的汇率风险。公司在出口时，如果签订的商务合同的货币与公司出口货物的成本货币是一致的，那么，公司在出口过程中没有汇率风险。如果签订的商务合同的货币与出口货物的成本货币是不一致的，公司将承担汇率风险，一直到最终结算为止。商务合同的结算时间越长，公司将承担的风险越大。当汇率变化时，出口商务合同货币相对货物的成本货币贬值，将对公司不利，产生亏损；出口商务合同的货币相对货物的成本货币升值，将对公司有利，产生利润。

2. 进口时的汇率风险。公司在进口时，如果签订的商务合同的货币与公司的资金来源货币是一致的，公司在进口中没有汇率风险。如果签订的商务合同的货币与公司的资金来源货币不一致时，公司将承担签约到支付结算时的汇率风险。支付时间持续越长，公司承担的汇率风险就越大。进口时的汇率风险的原理与出口时一样，只不过方向相反。进口时，进口商务合同的货币相对公司支付货币升值，将对公司不利，产生亏损。反之，将对公司有利，产生利润。

3. 借款中的汇率风险。公司在外币借款中，如果用款货币、借款货币与公司偿还货币是一致的，公司在借款中没有汇率风险。如果用款货币与借款货币不一致，或者借款货币与公司偿还货币不一致，公司将承担汇率风险。一般来讲，借款中的汇率风险大于进出口时的汇率风险。这是因为借款中的汇率风险，既涉及用款货币与借款货币的不一致造成的风险，又涉及偿还货币和借款货币的不一致所引起的风险。其次，借款不仅涉及本金金额，而且还涉及利息金额。受险部分的金额往往大于进出口时的金额。再次，借款的时间长于进出口贸易中的结算时间。因此，借款中的汇率风险将大于进出口中的汇率风险。

当借款货币与用款货币不一致时，公司承担的汇率风险与进口时的汇率风险的情况相同。只有在借款金额全部提用完毕后，汇率风险才会消除。当借款货币与还款货币不一致时，公司承担的汇率风险不仅有本金部分，而且还包括利息部分。公司承担风险的金额大于借款本金。只有当借款金额全部偿还后汇率风险才会消除。

（二）折算风险

折算风险（Translation Risk）又称会计风险或转换风险，是指跨国企业进行资产负债表汇总时由于汇率变化所面临的账面亏损的可能。为什么会产生折算风险呢？这是因为跨国企业需要根据某些会计准则，将以外币表示的资产和负债换算成以母国货币表示的资产和负债，以编制企业合并财务报表。其换算方法因适用的汇率不同，外汇资产、负债的评价各异，损益状况也不一样。这虽不是实际交割时的真实损益，但却会影响到企业向股东和社会公开营业报告书的结果。折算风险有两种形式：资产负债折算风险和损益折算风险。

1. 资产负债折算风险。如果企业拥有以外国货币计价的资产或者负债，汇率的变化就会使这部分资产或者负债的账面余额发生变化。例如，一家日本公司在美国分公司拥有价值 1 000 万美元的机器设备作为固定资产，但日本公司没有相应的美元负债与这部分资产相匹配。一旦美元兑日元汇率发生变化，在日本母公司以日元编制的资产负债表上，美元固定资产的价值就会相应增加或减少。美元兑日元汇率上升，固定资产的账面价值增加；美元兑日元汇率下跌，固定资产的账面价值减少。

从现金流量的角度分析，折算风险对企业的经营活动并没有产生直接的影响，只有将美元计价的固定资产出售并转换为日元时，汇率变化才会通过现金流量的变化反映出来。但从财务管理的角度分析，折算风险改变了资产负债表的状况，使资产、负债以及股本之间的结构和相互关系发生相应的变化，对企业资信状况的影响将是深刻而广泛的。

2. 损益折算风险。损益折算风险指的是汇率的变化对外汇收益或亏损的账面余额产生影响。比如，一家美国公司在英国开设分公司，分公司的利润为 100 万英镑，在年终结算时，如果当时的汇率水平不同，反映在美国总公司损益表上的利润也不同。如表5-3所示。

表5-3　损益折算风险　　　　单位:万美元

年终结算汇率	£1=$1.5	£1=$1.6	£1=$1.7
总公司利润	500	500	500
分公司利润	150	160	170
公司全部利润	650	660	670

与资产负债的折算风险相同,汇率的变化不会改变企业经营过程中实际的现金流量情况,而是使企业的账面业绩状况发生变化。这种变化同样会影响投资者对企业资信状况的评估,从而对企业的经营活动间接地产生影响。

(三)经济风险

经济风险(Economic Risk)是指由于非预期的外汇汇率波动对跨国公司以本币衡量的未来净现金流量所产生的影响。经济风险是一种长期影响,它是由于汇率变化影响到企业未来产品的生产成本、价格和销售额,进而影响到企业的利润。经济风险与交易风险的区别在于,交易风险只涉及汇率变化对单个交易的影响——这种交易中的大多数都将在短期(几周或几个月)内完成。

潜在的经济风险直接关系到跨国公司在海外的经营效果和在国外的投资效益。例如,美国汽车公司在本国市场销售汽车,它的主要竞争对手是日本汽车公司。因此美国汽车公司需要承担美元兑日元汇率变化的经济风险。这是因为如果美元兑日元汇率上升,日本汽车公司就能以低于原来的价格在美国市场上销售汽车,相对美国汽车公司获得价格方面的竞争优势。美国汽车公司如果不降低售价就会有失去市场份额的危险,如果降低售价就会减少收入。这就是美国汽车公司承担经济风险的原因。

对经济风险进行分析表现为跨国公司从整体上进行预测、规划和进行经济分析的一个具体过程,其结果在很大程度上取决于该公司预测能力,特别是预测汇率变动的能力。预测的准确程度将直接影响该海外企业在融资、销售与生产方面的战略决策。

二、公司外汇风险管理

面对各种类型的汇率风险,企业的财务部门首先需要进行量化分析,确定风险所涉及的货币、金额、期限以及是属于潜在的可能发生的风险还是实际存在的风险;其次,评估该风险对企业的经营活动可能造成的影响;最后,决定应采取的具体措施。

(一)公司外汇风险管理战略

一般来说,财务部门有三种战略方案可以选择:不采取行动、锁定全部风险和有选择地控制风险。

1. 不采取行动。不采取行动实际就是接受风险，准备承担汇率变化所造成的任何后果。只有在汇率风险对企业的经营活动影响很小，可以忽略的情况下，企业的财务部门才会采取这种策略。其出发点是认为在一段较长的时期内，汇率变化带来的收益和损失可以差不多互相抵消，因此没有必要增加管理成本。即使企业的财务部门决定采取这种放任不管的策略，也必须定期地对汇率风险的状况进行调查分析，以便在风险增大的情况下，可以及时做出调整。尤其需要注意的是，企业一次性产生金额较大的资金收付可能使汇率风险骤然增大，比如，进行固定资产项目投资，从国外购买大量机器设备等。这些情况都需要财务部门给予特别的重视。

2. 锁定全部风险。财务部门一旦确认汇率风险存在，就立刻锁定全部风险。虽然这种方案比较被动，但可以大大降低经营过程中成本和收入的不确定性，便于企业制定各种财务计划，对资金调度进行安排。如果企业只有进口贸易或只有出口贸易，汇率风险呈单向变化，那么选择这种方案是较为合理的。

3. 有选择地控制风险。有选择地控制风险也称为动态风险管理，即企业确定汇率风险后，根据情况锁定其中一部分风险，而对另一部分风险不采取措施。这种方案似乎是前二者的折中办法，但实际并非如此。对某一部分风险是否采取措施的决定需要建立在一系列严密合理的分析和预测的基础上。以交易风险为例，日本出口商向美国出口商品，以美元结算。如果出口商预测美元兑日元汇率将会下跌，到时收回的美元货款就会遭受损失，因此需要通过一笔远期外汇买卖锁定汇率水平；反之，如果预测美元兑日元汇率将上升，出口商可以不必锁定汇率水平，或者使用外汇期权来避免汇率下跌的风险并希望获得汇率上升的好处。企业的财务部门需要经常性地对汇率走势进行分析和预测，不断调整其避险策略。对于财务部门而言，选择这种方案需要较高的管理成本。

（二）公司外汇交易风险管理方法

1. 组织集中化。对于跨国公司的外汇风险管理来说，将涉及一系列的问题，但最重要的是外汇风险管理的集中化。集中化体现在两个方面，一是公司内部要有统一的政策；二是要有一个集中的资金管理部门。

公司外汇管理集中化，可以给公司带来很多好处。集中化可以把公司原来分散的头寸集中起来，不需要每笔头寸直接由分公司向银行进行外汇买卖。而公司统一对外，这样可以保证获得最好的价格。例如，一个分公司要出售美元购买 100 万英镑，正好另一个分公司要出售 100 万英镑，购买美元。如果不是集中化，两个分公司都直接向银行进行外汇买卖，整个公司必将遭受不必要的损失。又如，一个分公司买入 10 万美元，另一个分公司要买入 90 万美元，如果由两个分公司直接向银行购买，由于 10 万美元头寸太小，购买可能很困难，即使能够买到，价格可能也不太好。集中化以后,可以由公司统一对外购买 100 万美元。公司有直线电话通到银行的交易室,可以很快从银行获得反应,这使得公司可以同时获得两个或三个银行的报价,以便进行公平比较,获得最好的价格。

集中化还可以更好地利用公司的整个信息来源和集中外汇方面的专业人员,发挥公司的整体优势。比如,在各个业务部门签订商务合同以后,可以将合同中的外汇风险转给资金管理部门,由他们采取措施统一管理。

2. 再结算(Netting),也叫间接结算法。具体做法是,在跨国公司中设立一个再结算公司,公司中的每一分公司都将它以外币计价的交易集中到再结算公司,由再结算公司进行冲销,并对冲销后仍存在的受险部分采取措施,以避免或减少外汇风险可能造成的损失。

3. 选择生产地点。公司在选择生产地点的时候,也必须考虑生产地点带来的外汇风险。例如,有一家德国公司,生产的产品全部销售到美国,而出口的产品用美元结算。这样,这家德国公司就面临着很大的外汇风险。当美元相对欧元贬值时,这家德国公司将遭受严重的损失。为了避免这种生产地点不妥带来的经济损失,这家德国公司可以将部分生产移到美国。

4. 选择合同货币,包括两个方面:首先,可以选择以本国货币作为合同计价货币。以本币计价,免去了本币与外币之间的兑换,因此就消除了外汇风险。其次,在以外币计价时,应尽力做到出口使用硬币(升值的货币)结算,进口使用软币(贬值的货币)结算。对合同货币的选择结果主要取决于交易双方的实力,同时也受国际惯例的影响(比如,石油交易都以美元计价)。此外,承受外汇风险的一方会把价格进行调整,以消除不利影响。

5. 配对管理(Matching)。配对指的是当企业不断地有外汇收入,同时又不断地有外汇支出时,调整收汇和付汇的币种、期限,使收汇和付汇不断地相互抵消达到避免外汇风险的目的。比如,某公司既从美国进口商品,又向美国出口商品,如果该公司将其进口付汇时间安排在出口收汇的时候,就可以用出口收到的美元货款支付进口所需的美元。这种方法的好处是避险成本小,但时间、币种、金额的安排较难。

6. 提前或延期结汇(Leads & Lags)。提前或延期外汇结算指在预测汇率将朝某一方向变化时,提前或推迟外汇结算,以便尽可能减少外汇风险,得到汇价上的好处。例如,A 公司预期一笔应付款的英镑将贬值,A 公司应该尽量争取滞后支付,这样 A 公司可以从英镑贬值中得到好处。相反,A 公司预期一笔应付款的日元将升值,A 公司应该提前支付,避免在将来支付时,因日元升值而遭受损失。又如,A 公司有一笔应收款,货币是日元,A 公司预期日元将升值,因此,尽量争取滞后收进日元,以便在日元升值中获得好处。相反,A 公司预期日元将贬值,因此,尽量争取提前收进日元,避免日元贬值遭受损失。可以把上述情况用表 5－4 表示。

表 5-4 提前和延期结汇

	预期外汇升值	预期外汇贬值
收进外币	延期	提前
支付外币	提前	延期

这里要特别说明的是，提前或延期外汇结算是弥补风险的一种做法，但不能使风险完全消失。提前结汇确实使受险部分的外汇风险克服了，但是，延期结汇并没有使受险部分的外汇风险解除，而只是采取了一种不抵补的投机态度。如果预期的汇率变动方向与实际汇率变动的方向是一致的，那么，投机成功，获得收益；如果预期的汇率变动方向与实际汇率变动的方向不一致，那么，投机失败，遭受损失。另外，提前或延期结汇在实践中很难执行，因为涉及合约支付条款的改变。企业要在交易中拥有支配地位，才有可能实施这一策略。否则，只要对方不认可，就难以采用这种办法了。

7. 借款法（Borrowing）。出口商在签订出口合同后，可以从银行借入一笔与未来外汇收入相同币种、相同金额、相同期限的款项，并将这笔借款在现汇市场卖出，换成本国货币。当这笔借款到期时，以当日所收进的出口外汇偿还借款。同理，进口商在签订进口合同后，可以从银行借入本国货币，在现汇市场买入将要支付的进口外汇，然后将这笔外汇暂时投资于货币市场（其期限与未来进口外汇支付期限相同），到期后用于支付进口。这两种做法均可以起到防范汇率风险的作用。

8. 套期保值（Hedging），指公司对受险部分运用金融市场操作的办法进行弥补来消除外汇风险。主要方法包括：远期交易、掉期交易、货币期货交易、货币期权交易、货币互换与利率互换等。

9. 利用外汇保值条款，指在国际经济合同中明文规定，从签约成交到货币实际收付结算这段时间内，结算货币汇率波动超过双方商定的幅度时，由双方按一定比例共同承担外汇风险的损失。外汇保值条款中大多以特别提款权等复合货币作为计价单位来进行保值。

10. 汇率保险，指企业向有关保险公司投保汇率变动险，一旦因汇率变动而蒙受损失时，便由保险公司给予合理的赔偿。

（三）折算风险的管理

在管理折算风险之前，首先要区分强币、软币的概念。我们把预期要升值的货币称为强币，要贬值的货币称为软币。根据汇率预测采取行动时，折算风险管理的基本原则是：增加强势货币资产，减少强势货币负债；或减少疲软货币资产，增加疲软货币负债。

一般来说，折算风险管理与交易风险管理的方法大同小异：①使用资产负债表管理法，即使总资产负债表中风险资产等于风险负债；②也可在远期市场、货币市场、期权市场和期货市场使用合同来避险;③可以使用提前或延期、营运货币调整、选择结算与借贷货币、冲抵“暴露”头寸、货币和信用互换、转移价格调整等方法。

(四)经济风险的管理

实际汇率的变动,一方面会影响两国商品市场的相对吸引力,以至于影响海外企业在销售上的竞争地位,另一方面影响相对竞争者的投入成本,以至于影响海外企业在成本上的竞争地位。汇率便是透过这些因素,使得海外企业的营运净现金流量发生改变,产生经济风险,因此,影响经济风险的因素可归纳为两大类:该企业销售市场的结构(销售数量、销售价格);该企业购买生产要素的要素市场结构(劳动力成本、原材料成本等)。而这些市场结构的变化决定于对应商品的价格弹性及收入弹性。实际上,汇率变动对金融市场利率(筹资成本)也产生影响,在分析经济风险的影响因素时必须予以考虑。

经济风险管理的目标,是预测和防止非预期汇率变动对海外企业未来净现金流的影响。这一目标要求跨国公司应及时发现市场出现的不均衡状况,并随时采取措施。由于对汇率变动的长期性预测很难准确进行,而且有时也没有必要在不具备条件的情况下强行推测长远未来,因此跨国公司可采用如下分散化策略来分散风险:①市场营销方面,应该随汇率变动及时调整销售数量、销售价格。②生产经营方面,应该随汇率变动及时调整原材料、零部件来源以及公司的生产地点。③融资方面,要运用不同资本市场筹资工具融资;以多种货币、多样渠道融资,使融资的货币组合与生产经营使用的货币组合相匹配。

1985 年之后,日本的汽车制造商纷纷在北美和西欧设立工厂,其部分原因就在于降低经济风险(同时也是为了减少贸易摩擦)。1985 年之前,大多数的日本汽车厂商都将生产设在国内。可是,日元在外汇市场的升值使得日本从一个低成本产地,变成了一个高成本产地。为了应对这种变化,日本汽车企业将大量的生产能力转移到海外,以防止日元升值对汽车销售价格带来的影响。

第三节　外汇风险管理案例

从前面的内容中可以看到,公司面临的外汇风险是极其复杂的。同时,可供利用的风险防范手段也是多种多样的。在面临外汇风险的情况下,公司必须做出具体的判断,以便选择恰当的风险防范工具。在此,我们通过一个真实的案例,来对公司外汇风险中最常见的风险,即交易风险的防范,做一个综合分析①。

1986 年 2 月 14 日,德国汉莎航空公司(Lufthansa)总裁海因茨·鲁诺(Heinz Ruhnau)被公司的董事会召见。董事会将决定是否中止鲁诺的任职。在此之前,

① 案例选自:Michael H Moffett. Cases in International Finance[M]. Pearson Education,2001.

德国的运输部长已经召见过鲁诺,希望他能够对购买波音飞机时的投机性外汇风险做出解释。

1985 年 1 月,鲁诺所管理的汉莎航空公司从美国购买了 20 架波音 737 飞机。合约价为 5 亿美元,飞机在 1 年后的 1986 年 1 月交货。从 1980 年开始,美元一直在快速升值,并于 1985 年 1 月大约上升到了 1 美元兑 3.2 马克。如果美元继续升值,汉莎公司支付购机货款时的成本将大幅度上升。

鲁诺对汇率变化有着自己的看法和预期。与当时许多人的看法一样,他认为美元的升值已达到尽头,可能会在 1986 年出现下降。然而,这种打赌毕竟用的不是自己的钱。因此,他采取了一个折中的办法:按 1 美元兑 3.2 马克的汇率对一半的风险(即 2.5 亿美元)进行了远期保值,但还有一半没有保值。

一、对各种套期保值方式的分析

与其他公司一样,汉莎公司能够利用如下几种基本的套期保值方法:①不保值;②完全用远期合约保值;③对部分风险价值进行套期保值;④以外汇期权进行保值;⑤立即购入美元,等到购货合同到期时再支付。

尽管事先无法知道上述各种方法的最后成本,但是,我们可以根据一系列假设的汇率来推测出每种做法面临的结果。图 5-1 描述了各种汇率下前 4 种方法的最终成本。

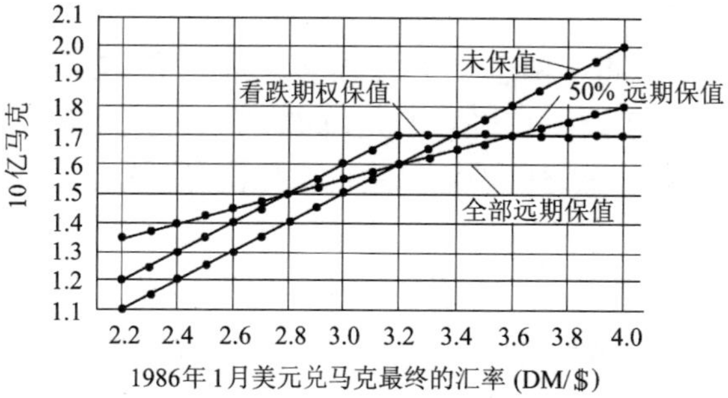

图 5-1 各种套期保值方法下的总成本

当然,公司防范外汇风险最常见的一种方法是将现金流进行配对——这样就不需要从事远期和期权合约的交易。的确,汉莎公司可以经常获取美元收益,即美国人购买机票所支付的美元。尽管鲁诺曾考虑以这些美元收益来与购买波音飞机的美元支出配对,但是,这两种现金流的规模明显的不相称。别说一年内,有时甚至是在几年内,汉莎公司的美元收入都根本不可能达到 5 亿美元这一规模。

(一)不保值

不保值是一种最冒险的方法。因此,它面临的结果是:有可能获得最大的好处(若美元对马克贬值)。如果汇率在1986 年 1月降为DM2.2/$,那么,购买飞机的款项将只有11亿马克。当然,如果美元继续升值到 1986 年 1 月的 DM4.0/ $,那么,总成本将达到 20 亿马克。不保值时的风险可以从图 5 - 1 中较陡峭的价值线反映出来(其纵向距离最长)。显然,这对于任何公司而言都是一种很大的风险。许多公司都认为,长时间持有巨额的未保值头寸是一种外汇投机行为。

(二)全部进行远期保值

如果汉莎公司非常厌恶风险,并希望完全消除风险,那么,它可以利用远期合约来购入所需的全部美元。这样,汇率将被锁定在 DM3.2/ $,而且最终成本也将固定在 16 亿马克。图 5 - 1 中的水平价值线代表了这种方法:无论最后的汇率如何变化,购买飞机的总成本都是固定的。大多数公司都认为它们可以接受或容忍产品交易中的风险,而不应该接受支付活动中的风险。因此,公司经常会使用全部远期保值交易来作为参照标准。

(三)部分远期保值

此时只对总风险中的一部分进行保值,而将剩余的风险头寸留在手中。因为鲁诺预计美元将贬值,因此,他希望留下更多的风险头寸来获取好处(就像第一种做法那样)。然而,这一策略的随意性较大,因为并不存在一个决定风险头寸比率的客观标准(二八开,四六开,或五五开等等)。图 5 - 1 描述了一半远期保值条件下的最终总成本:按 DM3.2/ $ 的远期汇率购买 2.5 亿美元,按最后的即期汇率购买另外的 2.5 亿美元。从图中可以看到,此时价值线的斜率正好是完全未保值时的一半。

从这一方法中可以得出两个重要的结论。首先,鲁诺面临的总风险仍然是无限的。美元仍然有可能大幅度升值,因此,购买 2.5 亿美元所需要的马克仍然有可能是十分惊人的。其次,最终的外汇风险比未保值时下降了,这可以从垂直距离中看出来。

(四)外汇期权保值

外汇期权套期保值比较独特,这可以从其价值线的形状中看到。如果鲁诺按 DM3.2/ $ 的执行价购买马克看跌期权,那么,正如人们熟知的,无论汇率如何变化,他都可以得到好处。如果美元继续升值到 3.2 马克以上,那么,购买 5 亿美元的总成本将固定在如下水平:16 亿马克加上期权费——图中汇率在 3.2 马克以上的一段水平线。然而,如果美元像鲁诺所预期的那样出现下跌,那么,他将放弃行使期权,同时按较低的汇率在即期市场购买美元。这种状况可以从图中汇率在 3.2 马克以下的一段不断下降的价值线中看出来。从图 5 - 1 中可以看到,看跌期权价值线下降的速率与未保值时的情况是一样的(两条线的斜率相同),但是它位于未保值线的上方(由于存在期权费)。

1985 年 1 月,当鲁诺正在对上述各种方法进行权衡时,马克看跌期权的期权费大约为 6% ,即相当于 9 600 万马克(16 亿马克 ×6%)或 3 000 万美元(5 亿美元 ×

6%）。行使期权时的总成本为 16. 96 亿马克（行使期权的成本 16 亿马克加上 9 600万马克的期权费）。

需要指出的是，如果鲁诺购买看跌期权，那么，他所期望的是美元贬值（图 5 – 1 中汇率 3. 2 左边的一段）。因此，他希望期权合约自动失效。然而，对许多公司的财务主管而言，花 9 600 万马克购买一种不准备使用的套期保值工具的确是一笔十分昂贵的交易。

（五）立即购入美元

第 5 种方法是利用货币市场对应付账款进行保值：立即购入 5 亿美元，然后将这笔美元资金投资于生息资产，直到货款支付日为止。虽然这种做法能够消除外汇风险，但是它需要汉莎公司手中现在就拥有全部资金。购买波音飞机的资金来自于汉莎公司的融资计划，然而，根据这些计划，只有在 1986 年 1 月才能获得所需的资金。另一个问题是，根据一些条件较为严格的特约条款的规定，目前汉莎公司资产负债表中债务的种类、金额和面值货币都要受到限制。因此，实际上就排除了使用这种方法的可能。

二、鲁诺的决定

尽管鲁诺确信美元将在下一年贬值，但他同时也认为，完全不进行保值的做法对于汉莎公司来讲风险太大。他的这种担心是可以理解的，尤其是当人们从图 5 – 2 中看到美元汇率上升的强劲势头时。在过去的 3 年内，美元对马克持续升值，而且升值速度越来越快。

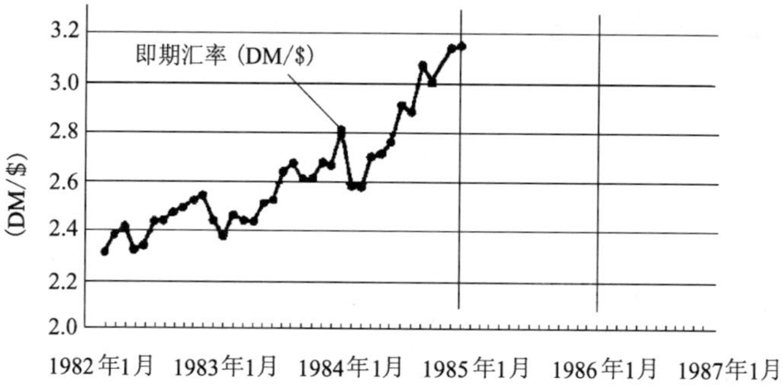

图 5 – 2　美元汇率的上升

由于鲁诺本人强烈预感到美元将会贬值，因此，他决定进行部分套期保值：按 DM3. 2/ $ 的远期汇率对一半的风险头寸（2. 5亿美元）进行远期保值，剩余的一半则处于未保值状态。由于当时利用外汇期权进行风险管理对许多公司来说还是一件比较新鲜的事情，而且，这种保值方法涉及一大笔期权费，因此，鲁诺并没有选择外汇期权。至于其选择是否明智，只能由时间来做出判断。

三、最终结果

鲁诺的决策既有成功的地方,也有遗憾的地方。他的预期是完全正确的。美元的升值持续了不到一个月,随后就开始下跌。事实上,美元并非仅仅是疲软,而是出现了急速下跌。到了1986年1月要向波音公司付款时,即期汇率从1年前的DM3.2/$下降到了DM2.3/$(见图5-3)。这种即期汇率的变化给汉莎公司带来了好处。

图5-3 美元汇率的下降

令人遗憾的是,远期保值的总成本为13.75亿马克,比未保值时多出了整整2.25亿马克!而且,这比外汇期权套期保值的总成本还要多1.29亿马克。按最后的即期汇率DM2.3/$计算,各种方法下购买所需的5亿美元涉及的总成本见表5-5。

表5-5 不同保值方法下的总成本

保值方法	相关汇率	总成本(亿马克)
(1)不保值	DM2.3/$	11.5
(2)全部远期保值	DM3.2/$	16
(3)部分(50%)远期保值	1/2(DM2.3)+1/2(DM3.2)	13.75
(4)购买马克看跌期权	DM3.2/$	12.46

鲁诺的一些政敌(包括汉莎公司内部和外部的)并没有感到高兴。他被指责肆意利用汉莎公司的资金进行投机。人们认为他的错误表现在四个方面:

(1)购买波音飞机的时间选择不当。1985年1月购买飞机时,美元正处于其巅峰。

(2)当鲁诺认为美元即将贬值时,却选择了部分套期保值。如果他当时按自己的直觉或预感行事，就可以放弃套期保值（这样就可以获得美元贬值的全部好处）。

（3）选择远期合约而没有选择期权合约。购买看跌期权既可以防止美元升值的风险，同时又可以获得美元贬值时的好处。

（4）根本不应该购买波音飞机。德国及其主要的欧共体国家共同拥有空中客车公司。在生产大型民用飞机方面，波音是空中客车的主要对手。

这个案例告诉我们，公司有可能会面临巨额的外汇风险。虽然从理论上讲，可以利用的防范手段有很多，但是，在现实中，由于受到条件的限制，有些手段是无法加以利用的。在可以利用的手段中，公司还必须慎重地加以选择，才能够收到较为满意的保值效果。

主要概念

银行外汇风险　公司外汇风险　交易风险　折算风险　经济风险　配对管理　借款法

思考题

1. 银行外汇风险产生的原因是什么？
2. 银行外汇风险如何防范？
3. 公司外汇风险包括哪些内容？
4. 公司外汇风险管理可以采取哪几种战略？
5. 公司如何进行交易风险的管理？

第六章

国际收支

本章提要

作为反映一国对外经济关系的综合指标,国际收支有着十分重要的作用。在这一章我们全面介绍与国际收支相关的内容。首先,我们介绍了国际收支的定义、国际收支平衡表的构成以及统计方法。第二节介绍了人们在进行国际收支分析时所采用的一些主要差额,以及中国国际收支平衡表的主要内容和特点。第三节对各种不同的国际收支理论进行了探讨,主要包括乘数论、弹性论、吸收论和货币论等内容。国际收支不平衡的调节包括市场自动调节机制的发挥和政府调节政策两方面的内容,这些内容放在第四节中介绍。本章的最后一节,对国际储备这一与国际收支相关的内容进行了分析,其中包括国际储备的构成、国际储备的水平和结构管理以及中国的国际储备问题。

国际收支是反映一国宏观经济状况的重要指标。国际收支不平衡产生的原因及其调节的宏观理论,是国际金融理论的一个重要组成部分。维持国际收支平衡是一国宏观经济的四大目标之一①。由于国际收支状况的变化会影响到外汇市场汇率的波动及国家政策的改变,因此国际收支也是公众和媒体关注的焦点。

第一节　国际收支平衡表

一、国际收支的定义

国际收支(Balance of Payments)是一国居民在一定时期内与他国居民之间全部经济交易的系统记录。国际收支是一种非常重要的统计报表,它全面反映了一国的进出口贸易状况以及该国资本输入和输出的国际地位,同时也反映了该国官方外汇储备的变动情况。

定义中的一定时期一般是指一年。某些项目比如商品进出口的统计周期相对

① 这里所称的四大目标包括:充分就业,物价稳定,经济增长和国际收支平衡。

较短，比如，一季度或一个月就会有一次统计汇总。因为国际收支所统计的只是居民与非居民之间的交易，所以对居民身份的认定是一个必须注意的问题。国际收支定义中的居民是一个广义的概念，它包括个人、企业及政府机构等所有的自然人和法人。个人居民身份的认定办法是：首先，身在国外且代表本国政府的个人，比如，军人、驻外使馆工作人员等都应看成是其自己国家的居民。其次，身在国外的其他居民则以其利益中心（即主要收入来源地）作为标准来判断，利益中心不清楚的以工作地为标准，工作地不清楚的则以长期居住地为标准。企业等法人居民身份的认定以其注册登记地为准。派驻国外的政府机构无论在国外居住时间长短都属于它所代表的国家的居民。国际组织比如联合国、国际货币基金组织和世界银行等对任何国家来讲都是非居民。

二、国际收支平衡表的主要内容

一国居民在一定时期内的各种国际交往类别繁多，不可能在国际收支平衡表中一一反映。作为一个概括性的统计表，国际收支平衡表必须对各种国际经济交易进行分类设立各种项目，并在此基础上记录各类交易的总额。

国际货币基金组织先后于 1948 年、1950 年、1961 年、1977 年、1993 年和 2009 年出版了第一版至第六版的《国际收支手册》，要求会员国根据手册的项目分类和标准格式编制国际收支平衡表，以便进行国际间的比较。第五版的《国际收支手册》表包括三大账户（或项目）：①经常账户（Current Account）；②资本和金融账户（Capital Account and Financial Account）；③错误和遗漏账户（Errors and Omissions Account）。每一账户下又细分为若干分支账户。

第六版的《国际收支手册》在第五版的基础上进行了下列调整：①考虑到资本账户和金融账户的交易性质不同，将其分成了两个账户。②将第五版中经常账户的“收益”改成了“初次收入”，经常转移改成了“二次收入”。③在第五版中的金融账户中新增了“金融衍生工具和雇员认股权”一个子账户。从 2015 年开始，中国按照第六版格式公布国际收支统计数据。

（一）经常账户

经常账户，是国际收支平衡表中最基本和最重要的往来项目，它记录了实际资源在国际间的流动情况。经常账户包括货物和服务、初次收入和二次收入等三项内容。

1. 货物和服务（Goods and Services）

（1）货物（Goods）一项所记录的是本国与国外之间进行的各种商品的进出口交易，又称有形贸易（Visibles）。按照国际货币基金组织的规定，各国在编制国际收支平衡表时，进出口商品的数量以各国海关统计为准，进出口商品的价格都要按照离岸价（FOB）计算。货物的进出口差额（出口减进口），被称为贸易差额(Trade Balance)。差额为正数,称贸易顺差(盈余);反之,称贸易逆差(赤字)。

(2)服务(Services),又叫劳务或无形贸易(Invisibles),它所记录的内容比较复杂,主要内容包括:运输、旅游、通信服务、建筑服务、保险服务、金融服务、计算机和信息服务、专有权使用费和特许费、其他商业服务、个人文化和娱乐服务、政府服务等内容。本国为外国提供服务,将形成外汇收入(债权);本国利用国外的服务,将形成外汇支出(债务)。

2. 初次收入(Primary Income)。初次收入主要包括雇员报酬和投资收益两项内容。雇员报酬是指非居民因工作而获得的工资、薪金和福利(包括现金和实物)。投资收益是指因资本的国际流动(持有他国金融资产以及在他国进行直接投资)所获取的利润、利息和股息等。

3. 二次收入(Secondary Income)。记录居民与非居民之间的经常转移(Current Transfer)。经常转移也被称为无偿转移(Unrequited Transfer)或单方面转移(Unilateral Transfer)。当一国居民向另一国居民无偿提供了实际资源或金融产品而未得到补偿与回报时,该交易就要记入经常转移。经常转移包括各级政府的转移(如战争赔款,政府间的经济援助、军事援助和捐赠等)和私人经常转移(如侨汇、捐赠、继承、赡养费、资助性汇款、退休金等)两个方面。二次收入和初次收入共同影响国民可支配总收入,因此统一记录在经常账户。

(二)资本账户

资本账户(Capital Account)包括资本转移以及非生产、非金融资产的收购或放弃。资本转移(Capital Transfer)包括:①固定资产所有权的转移;②与固定资产的收购和放弃有关或以其为条件的资产转移;③债权人不要求任何补偿而豁免的债务。资本转移使交易一方或双方的资产存量发生相应的变化,而不影响可支配收入,因此记入资本账户。

非生产、非金融资产包括:①自然资源,如土地、矿产权、林业权、水资源、渔业权等;②契约、租约和许可权;③营销资产和商誉,如品牌、商标、标志和域名等。

(三)金融账户

金融账户(Financial Account)记录了一国居民与非居民之间的金融资产与负债交易,反映资本的流出和流入。金融账户根据其功能分为直接投资、证券投资、金融衍生工具和雇员认股权、其他投资和储备资产等五个子账户。

1. 直接投资(Direct Investment)指投资者对所投资的企业拥有永久利益,它意味着投资者和企业之间存在长期的关系,并且投资者可以对企业的经营管理施加一定的影响。直接投资可以采取在他国设立企业的形式,也可以采取收购国外企业一定比例的股票的形式。后一种形式下,《国际收支手册》规定的最低比率为10%,我国规定的是25%。

2. 证券投资（Portfolio Investment）指没有被列入直接投资或储备资产的有关债务或股本证券的跨境交易。证券投资者主要关心的不是所投资企业的长期前景，而是证券的可流通性；投资者经常会随着证券前景的变化而转移他们的投资。

3. 金融衍生工具和雇员认股权（Financial Derivatives and Employee Stock Options），包括：①期权、期货、远期、掉期等金融衍生合约。在第五版的国际收支平衡表中，这些内容记录在证券投资中。②雇员认股权。雇员认股权作为一种报酬形式，是向公司雇员提供的一种购买公司股票的期权。

4. 其他投资（Other Investment）为剩余类别，包括没有列入直接投资、证券投资、金融衍生工具和雇员认股权以及储备资产中的金融交易。在第五版中，其他投资主要包括贸易信贷、贷款、货币和存款以及应收和应付款等。在第六版中，其他投资增加了其他股权、保险和养老金以及特别提款权的分配等内容。

5. 储备资产（Reserve Assets）指一国货币当局持有的、在国际交易中可以被普遍接受的资产，包括货币性黄金、特别提款权、在基金组织的储备头寸、外汇资产（包括外币现金、存款和有价证券）和其他债权。由于一国储备资产的变化可能会影响到该国的货币政策和汇率政策，因此很多国家将储备资产单列出来，叫作储备账户（Reserve Account）或平衡账户（Balancing Account）。

（四）错误和遗漏

国际收支平衡表采用复式记账法，其借贷双方总额应该是相等的，但事实上并非如此。由于资料来源和统计口径不同，资料收集遗漏，资料数据须保密不宜公开以及逃避外汇管制等原因，即使在考虑储备账户的情况下，借方总额与贷方总额仍无法平衡，因此需要人为设置错误和遗漏这一账户来轧平差额。如果以上两大账户总计贷方数额大于借方数额，出现贷方余额，则在错误与遗漏账户的借方记入和此余额相等的数额；如果以上两大账户总计出现借方余额，则在错误与遗漏账户的贷方记入与此余额相等的数额。

三、国际收支平衡表的记账方法

一国的国际交易状况反映在国际收支平衡表当中。国际收支平衡表是一种综合反映一国对外经济关系的统计报表，它采用的是复式记账方法（Double-entry Accounting），对每一笔交易同时进行贷方（Credit）记录和借方（Debit）记录。

一切收入项目或本国对外负债增加、本国对外资产减少的项目都记在贷方。一切支出项目或本国对外负债减少、本国对外资产增加的项目都记在借方。具体而言，贷方记录的项目包括：货物和劳务的出口、资本流入（对外负债增加和对外金融资产减少）。借方记录的项目包括货物和劳务的进口、资本流出（对外负债减少和对外金融资产增加）。

转移项目记录一切无对等的交易。比如,商品的赠与一方面记录在赠与国的货物出口中(贷方),另一方面则记录在赠与国经常转移账户中的借方。

官方储备资产的增加额记录在借方,减少额记录在贷方。因此,储备资产的借方净额代表了官方储备的净增加额,贷方净额代表了官方储备的净减少额。

第二节　国际收支差额分析

由于采用复式记账法,国际收支平衡表的借方总额与贷方总额始终是相等的。但这只是账面上的一种平衡,并不能代表对外经济交易的平衡。通常情况下,我们要以国际收支平衡表中的某些差额,来观察和分析一国的对外经济状况,并从中获取所需的信息。

一、贸易差额

贸易差额指一定时期内一国商品出口总值和进口总值之差。贸易差额虽然不能反映国际收支全貌,但它被各种媒体报道的最多。因为商品进出口数据通过海关可以迅速收集,汇总上报;其他数据,特别是劳务方面的数据,分散而又复杂,往往不能及时获得。此外,一般来讲,一国的贸易差额状况往往决定了该国经常项目差额的状况,从而会对一国的汇率水平、经济增长和就业状况等方面产生影响,所以,该差额已成为外汇市场上交易者密切关注的经济指标。

二、经常账户差额

经常账户差额指一定时期内一国在商品、劳务、收益、单方面转移项目上的借方总值和贷方总值之差。如果我们不考虑统计误差,那么,整个国际收支平衡表就被分成了两大部分:经常账户以及资本和金融账户。由于国际收支采用复式记账,贷方总额与借方总额相等,因此经常账户和资本与金融账户之间存在着一种固定的联系:经常账户差额与资本和金融账户差额的绝对值相等,符号相反。换句话讲,如果经常账户逆差(借方大于贷方),那么资本和金融账户就一定是顺差(贷方大于借方),即该国存在着净的资本流入。反过来,如果经常账户顺差,那么,资本和金融账户一定是逆差,即该国存在着净的资本流出。

经常账户逆差并不一定是坏事。从上面的分析中可以看出,经常账户逆差的国家是一个净的资本输入国。因此,对于需要利用外国资本来发展本国经济的发展中国家而言,一定限度内的经常账户逆差不仅是正常的,而且是必要的。人们之所以特别关注经常账户逆差,是因为,如果一个国家面临着长时间的巨额经常账户赤字,该国的对外负债会越来越多,这样,将来本国的收入中会有很大一部分被外国人拿走,使得用于本国消费和投资的收入减少。此外,一个国家对外资的依赖程度还会影响到其借款的条件。当一国利用外资规模过大时,它就必须提供较高的收益率,从而会导致更多的收入转移到外国人手中。另一方面,经常账户顺差也并非完全是好事。经常账户顺差的国家是一个净的资本输出国,然而,资本输出过多会加大政治风险,并且会影响本国的收入增长和就业。

三、资本和金融账户差额

资本和金融账户差额具有两层含义。

第一,它反映了一国为经常账户提供融资的能力。根据复式记账原理,国际收支中的一笔贸易流量通常对应一笔金融流量。当经常账户赤字时,必然有与之相对应的资本和金融账户盈余。这就意味着该国利用金融资产的净流入,为经常账户提供了融资。因此,一国经常账户逆差越大,说明该国为经常账户提供融资的能力越强。

第二,它反映了一国金融市场的开放和发达程度。随着经济和金融全球化的不断发展,资本和金融账户已经不仅仅局限于为经常账户提供融资。国际资本流动已经摆脱了对国际贸易的依赖,而表现出相对独立的运动。因此,资本市场较为开放和发达的国家,其资本和金融账户的流量总额也较大。

四、综合差额或总差额

综合差额或总差额(Overall Balance),指将经常账户差额、资本和金融账户差额进行合并,并且剔除官方储备账户之后的余额。或者说,是将国际收支账户总额中的官方储备剔除后的余额。综合差额可以用来衡量一国国际收支状况对该国国际储备所带来的压力,因为综合差额将导致官方储备的反方向变动:综合差额盈余(+),国际储备增加(-);综合差额赤字(-),国际储备减少(+)。

综合差额不平衡意味着国际交易的总体不平衡,这种不平衡会在外汇市场反映出来。如果要维持固定汇率,政府就必须调整官方储备(盈余时增加储备,赤字时动用储备)。因此,在固定汇率制度下,综合差额是一个非常重要的指标。

五、中国的国际收支差额

在改革开放之前很长一段时间内,中国的对外经济交往并不频繁,国际收支规模也相对不大,因此国际收支情况并没有得到足够的重视,我国缺乏公开的国际收支信息。直到1985年,国家外汇管理局才第一次公布中国的国际收支平衡表。即使结合国际货币基金组织、世界银行、经济合作与发展组织的相关数据,我们的国际收支数据也仅可回溯到1982年。

目前,中国的国际收支平衡表大体上采用了国际通用的基本格式,包括经常账户、资本和金融账户以及净误差和遗漏三大类;其中每一类又各有特定细目(参见表6-1)。

表 6-1 中国的国际收支平衡表(2015~2017 年简表) 单位:亿美元

项目	2015 年	2016 年	2017 年
1. 经常账户	3 306	1 964	1 649
1.A 货物和服务	3 846	2 499	2 107
1.A.a 货物	5 670	4 941	4 761
1.A.b 服务	-1 824	-2 442	-2 654
1.B 初次收入	-454	-440	-344
1.C 二次收入	-87	-95	-114
2. 资本和金融账户	-1 424	263	570
2.1 资本账户	3	-3	-1
2.2 金融账户	-1 427	267	571
2.2.1 非储备性质的金融账户	-4 856	-4 170	1 486
2.2.2 储备资产	3 429	4 437	-915
3. 净误差和遗漏	-1 882	2 227	-2 219

资料来源:国家外汇管理局网站(http://www.safe.gov.cn)。

改革开放以来,中国的国际收支交易实现了从小到大、由弱变强的飞跃,其主要特征表现为:

(1)我国在全球贸易中的地位明显提升。国际收支平衡表数据显示,1982 年我国货物和服务进出口总额为 404 亿美元,在全球范围内位居第 20 位。之后到 2001 年加入世界贸易组织的近 20 年间,货物和服务贸易总额年均增长 14%;2001 年至 2008 年,对外贸易进入高速发展期,年均增速达 26%;2009 年至 2017 年,对外贸易在波动中逐步趋稳,年均增长 9%。2016 年,我国货物和服务进出口总额为 4.14 万亿美元,在全球范围内仅次于美国位居第 2 位。

(2)对外金融资产和负债规模稳步增长。改革开放以来,跨境直接投资先行先试,债券投资和贷款逐渐被政府允许,证券投资随着合格机构投资者制度的引入实现了从无到有的突破,近年来"沪港通""深港通""债券通"等渠道不断丰富,各类跨境投融资活动日益频繁。以直接投资为例,20 世纪 80 年代,国际收支统计的外国来华直接投资年均净流入二三十亿美元,90 年代升至每年几百亿美元,2005 年开始进入千亿美元,中国逐步成为全球资本青睐的重要市场。在 2005 年之前,对外直接投资每年均不足百亿美元,2014 年突破千亿美元,体现了国内企业实力的增强和全球化布局的需要。国际投资头寸表显示,2017 年来末我国对外金融资产和负债规模合计12.04万亿美元,自2004年有数据统计以来年均增长17%。从2016年末的各国数据比较看,我国对外金融资产和负债规模在全球排第8位,并且是全球第二大净债权国。

(3)经常账户顺差总体呈现先升后降的发展态势。1982年至1993年,我国经常账户差额有所波动,个别年份出现逆差。但1994年以来,经常账户开始了持续至今的顺差局面。其中,1994年至2007年,经常账户顺差与GDP之比由1%左右提升至9.9%,外向型经济特征凸显,在此期间也带动了国内经济的快速增长。但2008年国际金融危机进一步表明,我国经济应降低对外需的依赖,更多转向内需拉动。从2008年起,我国经常账户顺差与GDP之比逐步回落至合理区间,2017年降至1.3%,说明内需尤其是消费需求在经济增长中的作用更加突出。

(4)跨境资本由持续净流入转向双向流动。在1994年经常账户开启长期顺差局面后,我国非储备性质金融账户也出现了长达二十年左右的顺差,"双顺差"一度成为我国国际收支的标志性特征。在此情况下,外汇储备余额持续攀升,最高接近4万亿美元。2014年以来,在内外部环境影响下,非储备性质金融账户持续了近三年的逆差,外汇储备由升转降,直至2017年外汇储备再度回升。上述调整也引起了我国对外资产负债结构的变化,2017年年末对外资产中储备资产占比为47%,较2013年年末下降18个百分点;直接投资、证券投资和其他投资占比分别上升10个、3个和5个百分点,体现了对外资产的分散化持有与运用。同时,2017年年末对外负债中的证券投资占比较2013年年末上升11个百分点,其他投资占比下降9个百分点,国内资本市场开放的成果有所显现。

(5)国际收支状况保持总体稳健。历史上,国际金融市场震荡对我国国际收支形成的冲击主要有三次。一是1998年亚洲金融危机期间,我国的非储备性质金融账户出现63亿美元小幅逆差,但由于经常账户顺差较高,外汇储备稳中略升。二是2008年国际金融危机以及随后的欧美债务危机期间,我国的国际收支虽然受到了一定的影响,但是"双顺差"格局没有发生根本改变,外汇储备进一步增加。三是2014~2016年美国货币政策的转变,导致了新兴经济体普遍面临资本外流、货币贬值问题;这一时期,我国外汇储备下降较多,但国际收支支付和外债偿还能力依然较强。

日益稳固的经济基本面和不断提升的风险防范能力是应对外部冲击的关键。首先,改革开放以来,我国经济实力不断增强,逐步成为全球第二大经济体,而且产业结构比较完整,为应对外部冲击奠定了坚实的经济基础。其次,我国国际收支结构合理,抗风险能力较强,经常账户持续顺差,在1982~2013年的储备上升时期,贡献了63%的外汇储备增幅,2014年以来也起到了对冲资本外流的作用;外汇储备持续充裕,1998年亚洲金融危机前已是全球第二位,2006年起超过日本位居首位。

第三节　国际收支理论

一、开放经济下的国民收入恒等式

我们知道，在封闭经济下，一国的国民收入恒等式为：

$$Y=C+I+G$$

其中：Y,C,I,G 分别代表国民收入、居民个人消费支出、企业投资支出和各级政府支出（不包括转移支付）。

在开放经济下，由于进出口交易的存在，国民收入恒等式发生了变化。出口是外国居民在本国产品方面的支出，因此它使本国的国民收入增加；进口是本国居民在外国产品方面的支出，它使得本国国民收入减少，外国国民收入增加。所以，开放条件下的国民收入恒等式为：

$$Y=C+I+G+X-M$$

上式中 X 代表出口；M 代表进口。

设政府税收收入为 T，可支配收入为 Y_d，从上式两边各减去 T，得

$$Y_d=C+I+G+X-M-T \tag{6-1}$$

又因为储蓄 S 等于可支配收入减去消费，即

$$S=Y_d-C \tag{6-2}$$

将（6－2）式代入（6－1）式并整理后得

$$(X-M)=(S-I)+(T-G) \tag{6-3}$$

（6－3）式是一个很重要的宏观经济恒等式，它告诉我们，一国的经常项目差额（净出口）等于储蓄与投资的差额加上政府收入与支出的差额。

下面我们以上述关系式来分析美国的情况。1946～1982 年，美国的经常项目一般都是顺差。经济衰退时期，美国的财政赤字由于国内投资的疲软和私人储蓄较高而得到弥补。20 世纪 80 年代初期，为了对付通货膨胀，美国政府采取了货币紧缩的政策，从而使得美元利率上升以及国外投资流入增加。当经济强劲增长时，巨额财政赤字并没有消失，而且私人投资水平很高。这些因素使得 20 世纪 80 年代前半期美国的经常项目赤字迅速增长。80 年代中期，政府政策的调整使得财政赤字有所下降，但由于私人储蓄下降幅度较大，因此，经常项目仍然为逆差（参见表 6－2）。90 年代初期，美国经常项目的逆差主要是由于国内投资的急剧增加导致的。

表 6-2　美国的财政赤字和经常项目赤字占 GDP 的百分比

时间	$(T-G)$	$(S-I)$	$(X-M)$
1980 年	-1.3	1.3	0.0
1981 年	-1.0	1.2	0.2
1982 年	-3.5	3.2	-0.2
1983 年	-3.8	2.6	-1.2
1984 年	-2.8	0.2	-2.6
时间	$(T-G)$	$(S-I)$	$(X-M)$
1985 年	-3.3	0.3	-3.0
1986 年	-3.4	0.0	-3.4
1987 年	-2.4	-1.0	-3.6
1988 年	-2.0	-0.6	-2.6
1989 年	-1.7	-0.4	-2.1

资料来源：OECD，经济观察。

许多人认为，美国经历“双赤字”（财政赤字和经常项目赤字）的主要原因在于其财政赤字过大。财政赤字与经常项目赤字之间存在着如下的逻辑联系：美国政府为弥补财政赤字而大量发行国债的行为使得美国货币市场上美元的需求增加；对美元的强劲需求导致美元利率的上升；美元利率的上升吸引外国居民大量购买美国债券；外国居民购买美国债券之前首先必须在外汇市场购买美元，因此，国际市场对美元的需求增加；随着国际市场对美元的需求增加，美元开始对其他货币升值；美元的升值使得美国的出口减少、进口增加，经常项目出现赤字。

二、乘数论

乘数论又叫收入论或收入分析法，它分析的是在汇率和价格不变的条件下收入变动在国际收支调节中的作用，它不考虑国际资本流动，将国际收支看成是贸易收支。

乘数论的主要假设条件包括：①不考虑国际资本流动，贸易差额就是国际收支差额。②不存在充分就业，贸易品供给弹性无穷大，进出口的变化和收入的变化不会改变价格水平。③所分析的国家为小型开放经济，不考虑国外反应效应（Foreign Repercussion），其出口是完全外生的。④采用局部分析，假定汇率、利率、价格、工资的等变量均保持不变，只考察国民收入变化对贸易收支或国际收支调整的影响。

我们知道，开放条件下的国民收入恒等式为：

$$Y=C+I+G+X-M \tag{6-4}$$

上式中 Y,C,I,G,X 和 M 分别代表国民收入、消费、投资、政府支出、出口和进口。由于政府支出取决于政治需要，出口取决于国外的消费支出，投资取决于利润率水平，因此，G，X 和 I 均为与本国国民收入 Y 无关的外生变量，消费和进口则是与本国国民收入有关的内生变量。

消费支出 C 可分解为自主消费（与国民收入无关的消费）和与国民收入有关的消费两部分，即

$$C = C_0 + cY \tag{6-5}$$

其中，C_0 为自主消费；c 为边际消费倾向。

进口支出 M 由自主进口（与国民收入无关的进口）M_0 与国民收入 Y 共同决定，设 m 为边际进口倾向，则

$$M = M_0 + mY \tag{6-6}$$

将(6-5)和(6-6)式均代入(6-4)式得

$$(1 - c + m)Y = C_0 + I + G + X - M_0$$

由于 $1 - c$ 为边际储蓄倾向 s，则

$$Y = \frac{1}{s+m}(C_0 + I + G + X - M_0)$$

等式两边对 G 求增量（微分）得：

$$\frac{\mathrm{d}Y}{\mathrm{d}G} = \frac{1}{s+m}$$

由于 $s + m < 1$，因此，上式表明，政府支出的增加将会导致国民收入的扩张，且政府支出每增加 1 个单位，国民收入的增量会大于 1。但开放条件下的政府支出乘数 $1/(s+m)$ 要小于封闭条件下的政府支出乘数 $1/s$，原因在于，开放条件下部分支出变成了进口支出，构成了国民收入中的漏出因素。

假设边际储蓄倾向为 0.25，边际进口倾向为 0.15，政府支出增加 100 亿美元，对国民收入的影响为：

$$\begin{aligned}\mathrm{d}Y &= \frac{1}{s+m}\mathrm{d}G = \frac{1}{0.25+0.15} \times 100 \\ &= 250（亿美元）\end{aligned}$$

同样的道理，我们可以得知，投资和出口的增加也会使国民收入按倍数增加。

设 CA 代表一国的经常项目收支，则

$$CA = X - M = X - M_0 - mY$$

$$CA = X - M_0 - \frac{m}{s+m}(C_0 - M_0 + I + G + X)$$

等式两边对 G 求增量（微分）得：

$$\frac{\mathrm{d}CA}{\mathrm{d}G} = -\frac{m}{s+m}$$

上式反映了政府支出对经常项目收支的影响，它告诉我们，政府支出的扩大会导致经常项目收支的恶化。不难看出，投资的扩大也是如此。

假设边际储蓄倾向为 0.25，边际进口倾向为 0.15，政府支出扩大 100 亿美元，则经常账户的变化为：

$$dCA = -\frac{m}{s+m}dG = -\frac{0.15}{0.25+0.15}\times 100$$
$$= -37.5(\text{亿美元})$$

即政府支出扩大100亿美元，经常账户会恶化37.5亿美元。原因在于，政府支出扩大100亿美元会导致国民收入增加250亿美元（如前所述），又因为边际进口倾向为0.15，因此，收入增加250亿美元，导致进口会增加37.5亿美元（250×0.15）。

下面来看出口变化对经常项目的影响：

$$\frac{dCA}{dX} = 1 - \frac{m}{s+m} = \frac{s}{s+m} > 0$$

又因为 $s/(s+m) < 1$，所以出口每增加1个单位，经常项目虽然能得到改善，但效果小于1。原因在于，出口增加导致国民收入增加，而收入增加又导致进口增加。

假设边际储蓄倾向为0.25，边际进口倾向为0.15，出口增加100亿美元，经常项目的改善为：

$$dCA = \frac{s}{s+m}dX = \frac{0.25}{0.25+0.15}\times 100$$
$$= 62.5(\text{亿美元})$$

原因在于，当出口增加100亿美元时，国民收入因此而增加250亿美元。在边际进口倾向为0.15时，进口增加为37.5亿美元，所以经常项目的改善为100－37.5＝62.5亿美元。

因为

$$\frac{dY}{dG} = \frac{1}{s+m}$$
$$\frac{dCA}{dG} = -\frac{m}{s+m}$$

所以

$$\frac{dCA}{dY} = -m$$

即国民收入的增加会使经常项目收支恶化，其恶化的程度取决于边际进口倾向 m 的大小，国民收入与经常项目收支的这种关系可由图6－1来反映。图中，纵轴表示经常账户，原点之上为顺差，原点以下为逆差。横轴 Y 表示国民收入，直线 AB 反映了收入与经常账户的关系，其斜率取决于边际进口倾向的大小，C 点为国际收支平衡时的国民收入。

上述分析表明，投资、政府支出的扩大都会使国民收入成倍增加，国民收入的增加又会造成进口支出上升和国际收支的恶化。因此，一国政府可以通过需求管理来调整国际收支不平衡。当一国出现国际收支逆差时，可实施紧缩财政和紧缩货币的政策，降低国民收入，以减少进口支出，改善国际收支。当一国出现国际收支顺差时，政府则可实行扩张性财政和货币政策，提高国民收入，以增加进口支出，减少国际收支顺差。通过收入变动来调整国际收支，其效果取决于本国边际进口

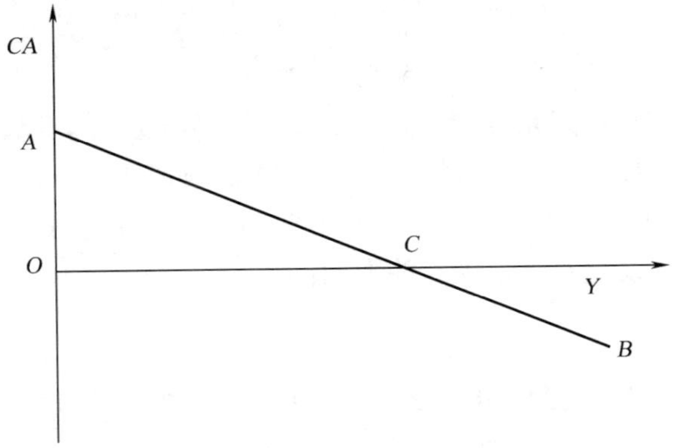

图 6－1　经常项目与国民收入的关系

倾向的大小。

三、弹性论

弹性论(Elasticities Approach)，又叫弹性分析法，研究的是在收入不变的条件下，汇率变动对一国国际收支的作用。其基本精神是，汇率变动通过影响本国产品与国外产品相对价格的变动，来影响一国的进出口供给和需求，从而对国际收支造成影响。

弹性论的主要假设条件包括：①经济未达到充分就业，贸易品的供给价格弹性为无穷大；②没有资本流动，国际收支等于贸易收支；③其他条件(收入、偏好等)不变，只考虑汇率变化对贸易收支的影响。

(一)马歇尔—勒纳条件

设 CA，P，X_V，S，P^* 和 M_V 分别代表经常项目、国内物价水平、出口品数量、外汇汇率、国外物价水平和进口品数量，则有：

$$CA = PX_V - SP^*M_V \tag{6-7}$$

上式中 PX_V 为以本国货币来衡量的出口总价值，设为 X，而 P^*M_V 为按外国货币来衡量的进口总价值，设为 M，则

$$CA = X - SM$$

$$\mathrm{d}CA = \mathrm{d}X - S\mathrm{d}M - M\mathrm{d}S$$

$$\frac{\mathrm{d}CA}{\mathrm{d}S} = \frac{\mathrm{d}X}{\mathrm{d}S} - S \times \frac{\mathrm{d}M}{\mathrm{d}S} - M \times \frac{\mathrm{d}S}{\mathrm{d}S} \tag{6-8}$$

本国出口商品需求的汇率弹性(价格弹性)为

$$\eta_x = \frac{\mathrm{d}X/X}{\mathrm{d}S/S}$$

$$\mathrm{d}X = \eta_x \times \frac{X\mathrm{d}S}{S} \tag{6-9}$$

本国进口商品需求的汇率弹性(价格弹性)为

$$\eta_m = -\frac{\mathrm{d}M/M}{\mathrm{d}S/S}$$

$$\mathrm{d}M = -\eta_m \times \frac{M\mathrm{d}S}{S} \tag{6-10}$$

将(6－9)式和(6－10)式代入(6－8)式得

$$\frac{\mathrm{d}CA}{\mathrm{d}S} = \frac{\eta_x X}{S} + \eta_m M - M$$

$$\frac{\mathrm{d}CA}{\mathrm{d}S} \times \frac{1}{M} = \frac{\eta_x X}{SM} + \eta_m - 1$$

假定初始状态国际收支是平衡的，即 $X/SM=1$，那么：

$$\frac{\mathrm{d}CA}{\mathrm{d}S} = M(\eta_x + \eta_m - 1) \tag{6-11}$$

(6－11)式告诉我们，只有当进口弹性的绝对值与出口弹性的绝对值之和大于1时，货币贬值才能使国际收支改善；等于1时国际收支不会发生变化；小于1时，国际收支不仅不会好转反而会恶化(如表6－3所示)。人们把 $\eta_x+\eta_m>1$ 称为马歇尔—勒纳条件(Marshall－Lerner condition)。

表6－3 不同弹性下英镑贬值对英国国际收支的影响

贬值前汇率为£ 1 = $2.0，国际收支处于平衡状态。				
	数量	价格	英镑总价值	美元总价值
出口	100	£ 1	£ 100	$200
进口	50	$4	£ 100	$200
经常账户差额			0	0
英镑贬值为£ 1 = $1.5 后				
情况一：国际收支恶化				
出口	105	£ 1	£ 105	$157.5
进口	45	$4	£ 120	$180
经常账户差额			－£ 15	－ $22.5
弹性状况：$\eta_x=0.05/0.33=0.15$		$\eta_m=0.1/0.33=0.3$		
情况状况二：国际收支不变*				
出口	120	£ 1	£ 120	$180
进口	45	$4	£ 120	$180
经常账户差额			0	0
弹性状况：$\eta_x=0.20/0.33=0.6$		$\eta_m=0.1/0.33=0.3$		
情况三：国际收支好转				
出口	140	£ 1	£ 140	$210
进口	45	$4	£ 120	$180
经常账户差额			＋£ 20	＋ $30
弹性状况：$\eta_x=0.40/0.33=1.2$		$\eta_m=0.1/0.33=0.3$		

* 由于这里用的是弧弹性，而不是点弹性，因此弹性之和不是正好等于1。

由于本币贬值会带来两种相反的效应:价格效应使经常项目恶化,数量效应使经常项目改善。因此贬值的净效应取决于两种效应中谁占优势。当马歇尔—勒纳条件成立时,数量效应大于价格效应,因此本币贬值会使国际收支改善,而且,进出口弹性的绝对值之和越大,效果就越明显。

总体上讲,马歇尔—勒纳条件给人们的启示是,货币对外贬值对有些国家来讲能起到改善国际收支的作用,而对另外一些国家可能效果不明显,因为不同国家的进出口需求弹性是很不相同的。

(二)J 曲线效应

由于弹性与时间有关,时间越长弹性越大,而在短期内马歇尔—勒纳条件很难达到,这就导致了所谓的 J 曲线效应(J - Curve Effect):在贬值初期国际收支往往会继续恶化,经过一段时间后才逐渐改善。这是由于,贬值初期以本国货币所表示的进口支出上升了,但进口数量却没有立即减少——因为贸易合同早已经签订。随着时间的推移,数量调整的效果才开始显现:即出口数量增加的同时,进口数量开始下降。

1967 年的英镑贬值可以作为 J 曲线效应的一个实例。从图 6 - 2 中可以看到,1967 年英国的贸易逆差为 13 亿美元。为了改善贸易差额,英国于 1967 年 11 月将英镑贬值了 14.3%。贬值初期贸易收支进一步恶化:1968 年,英国的贸易赤字达

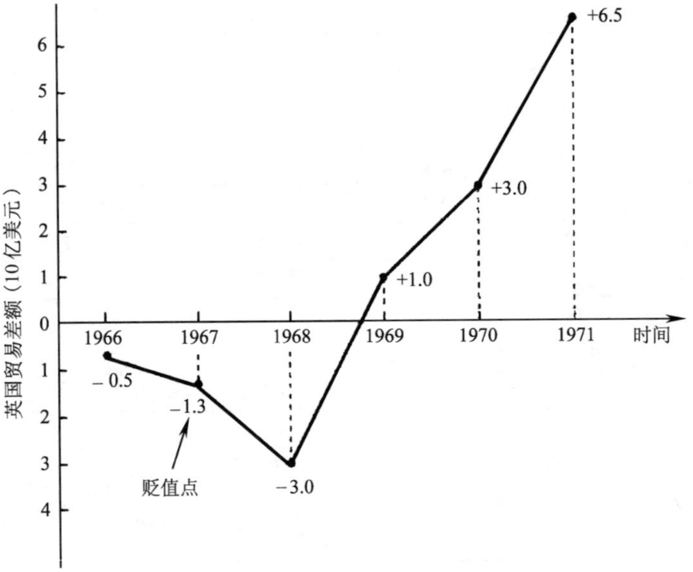

图 6 - 2　J 曲线效应(英镑贬值后的贸易差额变化轨迹)

资料来源:U. S. Department of Commerce, International Economic Indicators(February 1975).

30 亿美元。可是,过了一段时间之后,随着进口的减少和出口的增加,英国的贸易差额开始改善。到了 1969 年,英国的贸易呈现出 10 亿美元的顺差;1971 年,顺差上升到 65 亿美元。

与 J 曲线效应有关的另一个例子是,20 世纪 80—90 年代美国贸易差额的变化。1980—1987 年间,美国的贸易赤字增长很快。1988—1990 年,贸易赤字开始迅速下降。贸易赤字迅速增加的主要原因在于,80 年代初期美元的升值所导致的出口下降和进口增加;而 1985 年的美元贬值又使得 1988—1991 年美国的出口增加,贸易赤字下降。

实证分析表明,贬值后,贸易差额的改善要在几年后才显现出来。尽管大多数情况下这一时间差为 2 年左右,但是,有时可能会长达 4 年或 4 年以上。一项研究表明,货币贬值后,工业制成品贸易的调整情况为:大约 50% 的贸易品会在 3 年内做出反应;大约 90% 的贸易品会在 5 年内做出反应①。

（三）货币贬值后的价格转移问题

我们知道,汇率变化之所以会对进出口产生影响,是因为,从理论上讲,汇率的变化会给进出口产品的价格带来同等幅度的变化——比如,本币汇率下降 10%,进口品的价格会上涨 10%;出口品会下降 10%。然而,在实践中,这种完全的价格转移(Currency Pass – Through)并不存在。汇率变化对价格的影响会被诸多因素削弱,从而使得汇率变化对贸易的影响下降。

汇率变化对进出口的影响取决于价格转移的效果。这种效果十分重要,因为,当汇率变化后,只有以本币所表示的进口产品价格下降时,产品购买者才会改变自己的购买对象。但是,以进口国货币所表示的价格下降幅度则取决于出口方的行为。

假设日本的丰田汽车公司将汽车按固定的日元价格出口到美国。同时,假设美元对日元贬值 10%。如果丰田公司不采取任何行动,美国的丰田汽车进口价将上升 10%。其原因在于,在购买进口汽车所需的日元时,要多花 10% 的美元。此时,存在着完全的价格转移:进口价的上涨幅度与美元的贬值幅度相等。

关于完全价格转移的计算,我们来看一个例子:美国某企业将拖拉机按每台 50 000 美元的价格出口到日本。如果汇率为 \$1 = J￥150,那么,日本进口商支付的进口价为 750 万日元。假设拖拉机的美元价格固定,那么,美元升值 10% 将使得拖拉机的日元价格上升 10%,即达到 825 万日元(165 × 50 000)。反过来,如果美元贬值 10%,拖拉机的日元价将下降 10%,即成为 675 万日元(135 × 50 000)。只要企业不改变拖拉机的美元价,美元汇率的变化将在出口产品的外汇价格中完全得到反映,即存在完全的价格转移。

① 参见 Helen Junz and Rudolf R. Rhomberg. Price Competitiveness in Export Trade among Industrial Countries[J]. *American Economic Review*(May 1973):412 ~ 419.

然而,实践经验表明,在现实生活中,一般只存在部分的价格转移,而且要在相当长的时间内才能完成。以美国为例,美元汇率每变化10%,进出口的价格大约会变化6%。此外,在汇率变化后的两年左右的时间内,其影响会被利润的变化冲销。这种冲销时间持续的长短取决于进出口合同的期限,以及企业对汇率变化的看法(是永久性的,还是暂时的)。

20世纪80年代中期的美元贬值可以较好地说明部分价格转移的存在。持续升值5年之后,美元从1985年开始贬值。到了1986年,美元对主要贸易伙伴国的有效汇率下降幅度超过了25%,而对日元的贬值幅度则超过了47%。如果其他条件不变,美元的贬值将使得美国的出口增加,进口减少。然而,现实情况并非如此:外国企业(尤其是日本企业)都不愿意轻易让出自己的市场份额。

为了防止自己的产品在美国的价格上升,日本企业通过削减利润(甚至通过承受亏本)来缓解美元贬值的压力,并且引发了美国对日本的倾销指控。但是,日本企业通过削减利润来缓解美元贬值压力的行为是不可持久的,因此,许多企业为降低生产成本而将生产转移到了成本相对较低的国家(比如韩国),还有的企业对工厂和产品进行了改进。其结果是,美元贬值对美国零售物价上涨的影响并没有完全得到实现。

美元贬值之前,日本汽车制造商向美国出口的利润率大约为12%,这几乎是美国同行利润率的两倍。为了减轻美元贬值的压力,1986年,日本汽车制造商将每辆汽车的利润削减了大约518美元。但是,外国企业不可能在极低的利润状态下长期生存下去,因为这将使得它们缺乏产品开发和促销所需的资金。最终,这些外国企业不得不放弃部分市场份额,从而使美国的贸易赤字得到改善。然而,据估计,如果外国企业能够承担较低的利润,那么,它们可以在2年或更长的时间内维持住自己的市场份额。

美国企业的价格策略也使得美国的进口依然强劲,美元贬值后,随着进口产品价格的上涨,许多美国企业也开始逐步提高自己产品的价格。1986年4月,通用汽车突然宣布提价,到了7月,福特汽车公司也采取了同样的行动。当时人们认为,美国企业的此类涨价行为将使美国增加出口和降低贸易赤字的目标受挫。

价格转移的效果还会影响到美国的出口企业。导致美国出口增长缓慢的一个原因在于,外国市场上美国产品的价格并没有按美元贬值的幅度下降,这说明,只存在部分价格转移。为了使以前降低的利润得到恢复(20世纪80年代初期,美元的大幅度升值曾使得美国企业的利润下降),1986年,美国的许多出口企业并没有降低出口品的价格,有的甚至还提高了价格。

有些出口企业在美元贬值后降低了出口价格,但是,外国的销售中介却截留了降价的好处,而并没有将其转给消费者。据日本通产省的调查,1986年,美元贬值所带来的降价好处中,只有10%~15%转移给了日本消费者。另外,1986年,一些美国企业降低出口价的同时,外国竞争者为维持市场份额也大幅降低了自己产品的价格。

四、吸收论

吸收论(Absorption Approach),又叫吸收分析法,所阐述的是收入和支出在国际收支调整中的作用。它同样不考虑资本流动对国际收支的影响。开放条件下的国民收入恒等式为:

$$Y = C + I + G + X - M$$

一国的经常项目收支为:

$$CA = X - M = Y - (C + I + G)$$

将国内支出($C + I + G$)部分称为吸收(Absorption),并以 A 来代替,则

$$CA = X - M = Y - A$$

上式表明,一国经常项目的差额可以看成是国民收入(产出)与国内支出(吸收)之差。顺差意味着收入大于吸收,逆差意味着收入小于吸收。一国要改善国际收支主要有两个办法,即增加收入和减少吸收。

根据弹性论,货币贬值有助于增加出口和减少进口。然而,吸收论告诉我们,尽管一国进出口弹性充足,货币贬值后国际收支是否改善,要取决于该国经济对贬值的反应。吸收论认为,只有当货币贬值后一国的产出相对于吸收增加(要么产出增加,要么吸收减少,要么两者同时出现)时,国际收支才会得到改善。

假设一国面临着失业和贸易逆差,该国经济还有进一步增长的潜力,那么本币贬值将使得闲置资源进入出口品生产行业,同时使得消费支出从进口品转向国内替代品。这样,本币贬值既可以增加国内的产出,又可以改善贸易收支。因此,当一国出现失业与逆差并存时,决策者会把本币贬值作为一种有效的工具。

可是,如果本国经济已经处于充分就业的状态,没有可以利用的闲置资源的时候,本国产出将处于一个固定的水平。此时,本币贬值改善贸易逆差的唯一途径就是降低国内吸收,将资源释放出来,用于增加出口品和进口替代品。比如,由于本币贬值后物价会出现上涨,因此,政府可以通过财政和货币的紧缩来减少吸收。然而,紧缩政策会给部分行业带来损害。因此,当经济运行已经达到最大潜力时,本币贬值不是一种恰当的政策。

吸收论突破了弹性论的视角,将货币贬值与一国的资源利用和产出水平联系在一起,而弹性论只考虑到了贬值对贸易收支的影响,没有考虑到贬值对整体经济的影响。因此,这两种理论具有互补性。

五、货币论

弹性论、乘数论和吸收论都强调商品市场均衡在国际收支调节中的作用,货币论(Monetary Approach)则强调货币市场均衡对国际收支的作用。物价—现金流动机制是最早的国际收支货币理论,它揭示了金本位制下货币供给的变化对国际收

支的自动调节。20 世纪 60 年代后，蒙代尔等人将封闭经济条件下的货币主义原理引申到开放经济中来，从而发展了国际收支货币论。

货币论的主要假设条件包括：①一国经济处于充分就业均衡状态，实际货币需求是收入、利率等变量的稳定函数。②从长期看，货币需求是稳定的，货币供给变动不影响实际产出，即货币呈中性。③购买力平价理论长期成立，国际的套购活动使得一价定律得以成立，一国的价格水平等于世界市场价格水平，一国的利率水平等于国际资本市场利率水平。④货币当局不对国际资本流动采取“冲销”政策，即货币供给和国际储备同步变动。

货币论的基本观点是，国际收支的失衡来自于货币供求的失衡，即公众愿意持有的货币数量与中央银行供给的实际货币数量不一致。如果公众对货币的需求超过中央银行货币的供给，则超额的货币需求将由国外流入的货币来满足。反之，如果中央银行货币的供给超过公众对货币的需求，则超额的货币供给将通过流向国外来消除。下面简要介绍货币论的分析过程。

货币论认为，人们对实际货币余额的需求（M_d/P）取决于实际国民收入（y）和利率（i），即

$$\frac{M_d}{P}=f(y,i)$$

上式中 P 为物价指数；M_d 为对名义货币的需求。

$$M_d=Pf(y,i)$$

一国的货币供给（M_s）为：

$$M_s=K(D+R)$$

式中：M_s 为一国总的货币供给量；D 为一国基础货币的国内组成部分；R 为一国基础货币的国外组成部分；K 为货币乘数。

实际上，D 就是一国货币当局所创造的国内信贷，R 为一国的国际储备。$D+R$ 则为一国基础货币或高能货币。在部分准备金体制下，商业银行每增加一单位的 D 或 R，将使该国货币增加 D 或 R 的 K 倍，所以 K 为货币乘数。

尽管货币的需求 M_d 是收入、价格和利率的函数，但在固定汇率制下，由于一价定律的作用，国内价格水平和利率是与国际价格水平和利率固定在一起的（对小国来讲尤其如此），因此不可能自由变动。另外，货币论又认为货币的供给不影响一国的实际收入，所以货币需求就成了独立于货币供给之外，不受货币供给影响的一个稳定的函数。在这种情况下，一国货币市场的失衡，不论是货币供给大于需求（$M_d>M_s$），还是货币供给小于需求（$M_d<M_s$），都只有依靠货币供给的变化来消除。

假若最初货币市场处于均衡，即 $M_d=M_s$。当由于某种原因国内信贷扩张时就会造成货币的供给大于需求。这时由于人们手持现金余额高于所期望的水平，就会将多余货币用来购买外汇用于进口和对外投资，造成国际收支赤字。反过来，当由于某种原因国内信贷紧缩（即 D 下降），使货币供给小于需求时，人们为了使手

持现金余额恢复到所希望的水平，就会收回国外投资，减少国外进口，造成国际收支顺差。由于货币的供给大于需求会引起国际收支逆差，货币供给小于需求会引起国际收支顺差，所以在货币论者看来，国际收支不平衡是货币市场供求失衡的反映，国际收支失衡从本质上讲是一种货币现象。

货币论认为，如果当局不采取任何抵消性的货币政策，国际收支的失衡将会自行消除而不可能长期存在。当 $M_s > M_d$ 时，国际收支逆差，在固定汇率下政府应动用外汇储备来稳定汇率，因而货币供给减少，直到 $M_d = M_s$，且国际收支平衡为止。反过来，当 $M_s < M_d$ 时，国际收支顺差，政府应买入过剩的外汇（增加 R）来稳定汇率，因而货币供应增加，直到 $M_d = M_s$，且国际收支平衡为止。如果政府采取冲销性的货币政策，比如，在 $M_s > M_d$ 时抛出外汇收回本币后，为避免货币供给的下降又向市场投放本币，则 M_s 将仍然大于 M_d，国际收支逆差将持续下去①。

货币论对固定汇率下国际收支失衡的原因和调节过程的分析，具有以下政策含义：

第一，从长远来看，一国货币当局，尤其是作为国际市场利率接受者的小国，无法控制本国货币的供给；它只能改变货币供给中国内信贷 D 与外汇储备 R 的构成比例。当货币当局面对不变的 M_d 增大货币供给 M_s 时，只会引起超额货币供给外流，储备 R 下降，而不会改变基础货币总量（$D+R$）。同样，试图通过减少 D 来减少本国货币总供给的紧缩性货币政策，在 M_d 不变时，只会使 R 同等增加，基础货币总量和货币总供给完全不变。

第二，只有能影响一国货币供求的经济政策才能影响该国的国际收支。任何使一国货币需求大于供给的经济政策，比如，收入增长和价格上升都将导致货币的流入、国际储备增加、国际收支顺差。任何使一国货币供给大于需求的经济政策比如提高利率等，都会使国际储备减少、国际收支逆差。这样，货币论关于收入、价格和利率对国际收支影响的结论与传统理论正好相反。以收入为例，如果一国的实际收入上升，那么货币的需求也将会上升。如果政府不通过增加国内货币供给来满足货币需求的上升，这种超额的货币需求就会导致国际收支顺差。人们时常利用这一点来解释 20 世纪 60 年代后期和 70 年代初期联邦德国所经历的国际收支顺差。当时，联邦德国收入的增长和货

---

① 假设中央银行决定出售 100 亿美元的外汇储备，那么，一方面，它持有的国际储备减少了 100 亿美元；另一方面，流通中的本国货币也将减少 100 亿美元。由于流通中的货币是基础货币的一部分，因此，中央银行出售外汇储备并买入本国货币的行为将导致国际储备和基础货币的等额下降。反过来，中央银行以本国货币购买外汇的行为将导致国际储备和基础货币的等额增加。这种影响就是所谓的非冲销性干预（Unsterilized Foreign Exchange Intervention）。如果中央银行不希望外汇干预影响基础货币，那么它可以借用公开市场业务来抵消这种影响。比如，当中央银行出售 100 亿美元的外汇储备导致基础货币减少 100 亿美元的同时，它可以通过公开市场业务购买 100 亿美元的国债，而使基础货币又增加 100 亿美元。外汇干预的同时使用公开市场业务来防止基础货币发生改变的行为叫冲销性干预（Sterilized Foreign Exchange Intervention）。

币需求超出了其货币供给的增长。

在浮动汇率下,国际收支失衡可立即通过汇率的自发变动来纠正。当一国国际收支由于货币的过度供给出现逆差时,该国货币自动对外贬值。货币贬值后物价上涨,人们手持现金余额的实际价值下降,于是减少支出增加手持货币余额。这样,货币需求上升,直到将过度的货币供给消除,国际收支恢复平衡为止。国际收支顺差的调节正好相反。

第四节　国际收支的调节

一、国际收支失衡的原因

一个国家的国际收支平衡大多是暂时的,而失衡才是一种常态。造成一国国际收支失衡的主要原因有以下几个方面。

(一)偶发性和季节性因素

一次性的国内外突发事件常常使一国的出口收入下降及进口支出增加。比如,由气候、政治动乱等因素所引起的国内产量下降,会造成出口供给减少,进口需求增加。同样,国外贸易伙伴国的这类突发事件也可能影响到本国的进出口。另外,生产和消费的季节性变化也会造成一国国际收支的失衡。

(二)周期性因素

国民收入和就业水平的周期性变化也会造成国际收支的失衡。一般说来,每个国家经济的发展都存在一定的循环周期,繁荣与衰退会相互交替。经济繁荣、国民收入增加时,进口的商品和劳务也增加,国际收支可能出现逆差。经济衰退、国民收入下降时,进口的商品和劳务也下降,国际收支可能出现顺差。

(三)货币性因素

价格、成本、汇率和利率等货币性因素的变化也会造成国际收支失衡。当一国货币的对外价值被高估时,本国出口品的外币价格提高,抑制出口;同时国外进口品折成本币的价格下降,刺激进口。低估情况正好相反。在不考虑资本项目的情况下,国际收支很可能出现不平衡。在一国物价普遍上升,汇率不变的情况下,该国产品的国际竞争力下降,出口下降,进口增加,很可能造成国际收支逆差。反过来则可能造成国际收支顺差。一国提高利率会造成资本流入增加,国际收支顺差;反之,降低利率会造成国际收支赤字。

(四)结构性因素

一国生产结构如不能适应世界市场上供求结构的变化,就会造成结构性的国际收支失衡。结构性失衡有两层含义:一是因经济和产业结构变动的滞后和困难所引起的国际收支失衡，这种失衡在发达国家和发展中国家都有可能发生。世界市场的供求结构往往会随着消费者心理、收入的变化，竞争性产品的出现及各国劳动生产率的相对变化等因素不断变化。如果消费者的需求已经从本国产品转移到别国产品上去时，本国的生产结构依旧没有调整，该国的国际收支就有可能出现结构性失衡。二是指下列情况造成的失衡：一国的产业结构单一；产品出口需求的收入弹性低；进口需求的价格弹性低。结构性失衡具有长期性，纠正起来非常困难。

（五）外汇投机和不稳定的国际资本流动

国际金融市场上存在巨额的游资，一旦风吹草动，这些资金就会在各国之间频繁地移动，以追求投机利润。这种变化莫测的短期资本流动常常会造成一国国际收支的失衡。

二、国际收支失衡的影响

国际收支的失衡，特别是长时期的、严重的国际收支失衡，不论是顺差还是逆差都会给一国经济造成一定的不利影响。

（一）逆差的影响

1. 逆差意味着该国的外汇支出超出外汇收入，这会通过外汇市场的供求关系形成使该国货币汇率下跌的压力，造成本国货币对外贬值。

2. 如果一国政府不愿接受本币对外贬值的后果，就必须在国际收支出现逆差时动用外汇储备干预外汇市场，因此造成该国外汇储备的减少，国际信誉下降。

3. 如果国际收支逆差是由于贸易逆差所致，由于外贸乘数的作用，本国会出现国民收入下降，失业增加的现象。

4. 如果国际收支逆差是由于资本项目逆差所致，那么资本的大量外流会造成国内资金紧张，利率水平上升，使投资减少，国民收入下降，失业上升。

（二）顺差的影响

人们一般认为顺差比逆差好，主要是因为顺差的消极作用不像逆差那样明显，而且顺差为一国积累外汇储备提供了条件。但是，长期和严重的国际收支顺差也会给一国带来消极影响。

1. 顺差意味着外汇市场上会出现外汇供给大于需求的现象，从而使本国货币面临对外升值的压力。本币对外升值会刺激进口，抑制出口，因此不利于该国生产的扩大和经济的增长。

2. 如果政府不希望本币升值，就应该在国际收支顺差时增加外汇储备以消除外汇市场上外汇供应的过剩。但一国外汇储备增加的同时，本国货币的供应量也相应增长，这会加剧一国的通货膨胀。

3. 由于本国国际收支顺差意味着其主要贸易伙伴国的国际收支逆差。而逆差国往往会给顺差国施加压力，要求顺差国开放市场，这会导致国际经济关系的矛盾，不利于一国发展长期稳定的对外经济联系。

4. 对于主要面临资源约束的国家来讲，过分追求贸易顺差会加剧国内资源的紧张，从而影响一国经济的长远发展。

三、国际收支的自动调节机制

国际收支失衡后，有时并不需要政府当局立即采取措施来加以消除。经济体系中存在着某些机制，往往能够使国际收支失衡至少在某种程度上得到缓和，乃至自动恢复均衡。这种功效在不同的国际货币制度下是不同的。下面介绍国际收支的自动调节机制在不同货币制度下的特点。

（一）国际金本位制度下的国际收支自动调节机制

在金本位制度下的国际收支自动调整机制就是大卫·休谟所提出的价格—现金流动机制。在金本位制度下，一国国际收支出现赤字，就意味着本国黄金的净输出，由于黄金外流，国内黄金存量下降，货币供给就会减少，从而引起国内物价水平下跌。物价水平下跌后，本国商品在国外市场上的竞争能力就会提高，外国商品在本国市场的竞争能力就会下降，于是出口增加，进口减少，使国际收支赤字减少或消除。同样，国际收支盈余也是不能持久的，因为造成的黄金内流趋于扩大国内的货币供给，造成物价水平上涨。物价上涨不利于出口有利于进口，从而使盈余趋于消失。价格—现金流动机制的这种调节过程可用图6－3表示。

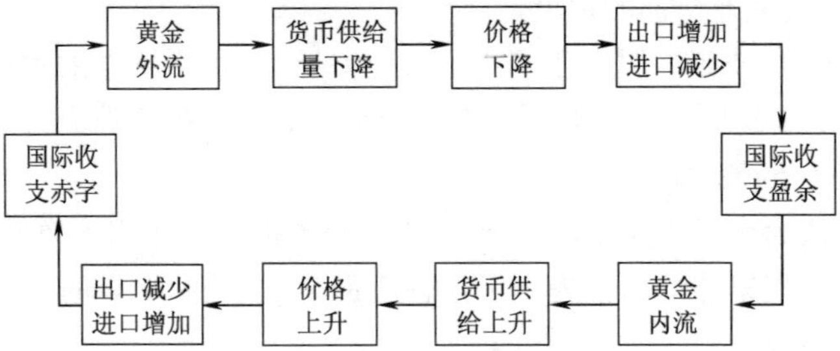

图6－3　金本位制下的国际收支自动调节机制

（二）纸币本位、固定汇率制度下的国际收支自动调节机制

这里所指的固定汇率制度是指纸币本位制度下一国当局通过外汇储备变动干预外汇市场来维持汇率不变。在这种制度下，一国国际收支出现不平衡时，仍有自动调整机制发生作用，但自动调节的过程较为复杂一些。国际收支失衡后，外汇储

备、货币供应量发生变化,进而影响国民收入、物价和利率等变化,使国际收支趋于平衡。

1. 一国国际收支出现赤字时,为了维持固定汇率,货币当局就必须减少外汇储备,造成本国货币供应量的减少。这首先会带来市场银根的紧张、利息率上升,利息率上升会导致本国资本外流的减少、外国资本流入的增加,结果使资本账户收支改善;反之,国际收支盈余则会通过利息率下降导致本国资本流出的增加、外国资本流入的减少,使盈余减少或消除。这就是利率效应。

2. 国际收支出现赤字时,货币供给减少,公众为了恢复现金余额的水平,就会直接减少国内支出(即吸收);同时,利息率的上升也会进一步减少国内支出。而国内支出的一部分是用于进口花费的,这样,随着国内支出的下降,进口需求也会减少。同样,盈余也可以通过国内支出增加造成的进口需求增加而得到自动消减。这就是现金余额效应或者收入效应。

3. 物价的变动在国际收支自动恢复调整中也发挥作用。国际收支赤字时,货币供给的下降通过现金余额效应或收入效应(支出下降)会引起价格水平的下降,本国产品相对价格下降,会增加出口需求,减少进口需求。同样,盈余通过物价的上升也得以自动减少。这便是(相对)价格效应。

国际收支失衡的情况下,上述三种效应的发挥,将使得国际收支趋于平衡。这种调节过程可用图 6 -4 来表示。

(三)浮动汇率制度下的国际收支自动调节机制

在浮动汇率制度下,一国货币当局不对外汇市场进行干预,即不通过储备增减来影响外汇供给或需求,而任凭市场的外汇供求来决定汇率的上升和下降。在这种制度下,如果一国国际收支赤字,外汇需求就会大于外汇供给,外汇的价格即汇率就会上升(即本币对外贬值);反之,如果一国国际收支出现盈余,外汇需求就会小于外汇供给,外币的价格就会下跌(即本币对外升值)。通过汇率随外汇供求变动而变动,国际收支失衡会在一定程度上得以消除。外汇汇率的上升即本币贬值使得本国商品的相对价格下降,外国商品的相对价格上升,从而会带来出口数量的增加,进口数量的减少;外汇汇率的下降即本币升值使得本国商品的相对价格上升,外国商品相对价格下降,从而会带来出口数量的减少,进口数量的增加。这一调节过程可以通过图 6 -5 反映出来。

值得注意的是,在固定汇率制度下,国际收支自动恢复均衡是通过国内宏观经济变量的变化来实现的,这就意味着对外均衡目标的实现是以牺牲国内经济均衡(充分就业、物价稳定)为代价的。而在浮动汇率制度下,汇率变动使国际收支自动得到调整,在一定程度上起着隔绝国外经济通过国际收支途径干扰本国经济的作用。因为汇率自由变动的结果,是贸易差额自动趋于平衡。

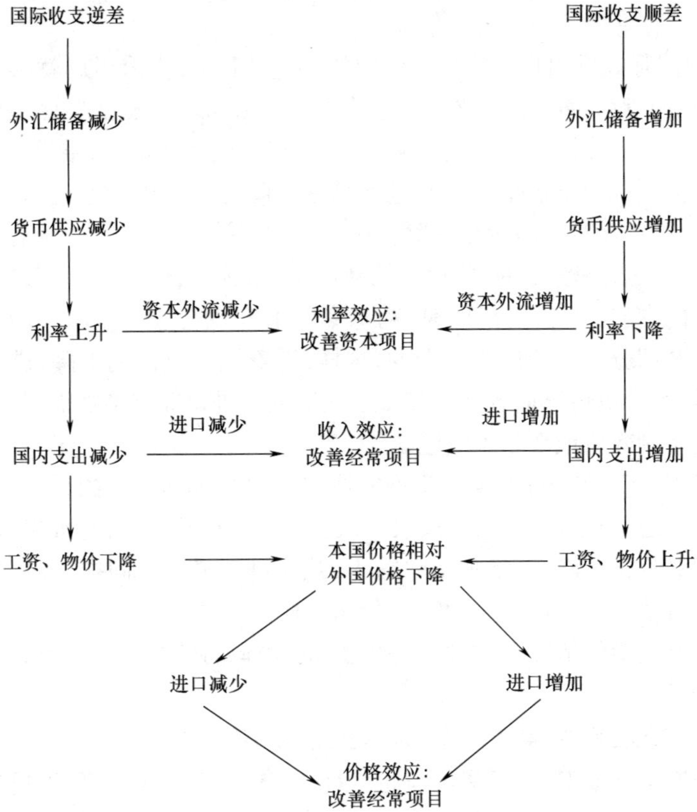

图 6－4　纸币本位、固定汇率下的国际收支自动调节过程

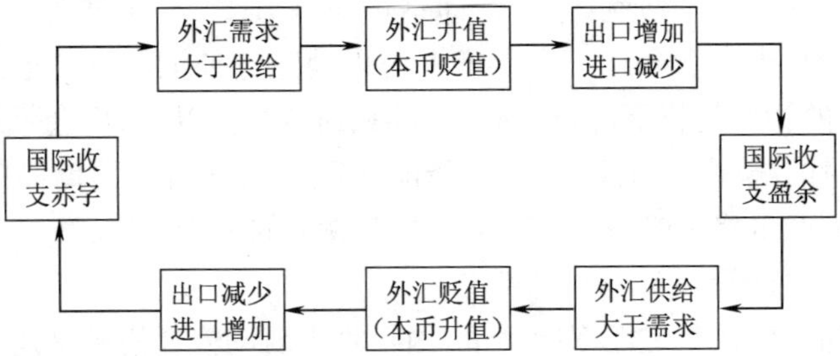

图 6－5　浮动汇率下的国际收支自动调节过程

四、国际收支的调节政策

国际收支的自动调节机制虽然有其优点，但它们只能在某些条件或经济环境

下才会发生作用，而且作用的程度和效果无法保证，所需要的过程也比较长。因此，当国际收支出现失衡时，一国当局往往不能完全靠经济体系的自动调节机制来使国际收支恢复均衡，而需要主动采取适当的政策措施。为方便起见，我们下面主要以国际收支赤字为例来说明一国政府的政策选择。对于国际收支盈余，则可以反过来叙述。

（一）外汇缓冲政策

外汇缓冲政策指一国通过变动官方储备或对外负债来消除超额的外汇需求。通过这一政策来融通一次性或季节性的国际收支赤字，是一种既简便又有益的做法。它能够使本币汇率免受暂时性失衡所造成的无谓波动，有利于本国对外贸易和投资的顺利进行。

然而，一国官方储备规模毕竟是有限的，因此不能完全依靠这种资金融通的办法来弥补那些巨额的、长期的国际收支赤字。否则将招致外汇储备的枯竭或外债的大量累积，对于赤字问题的解决还是无济于事。当长期性国际收支赤字出现时，经济调整政策的实施是不可避免的。但在调整期间，适当地运用这一政策来作为辅助手段，放慢调整速度，就可以为调整创造宽松的环境，使国内经济避免因调整过猛所带来的难以承受的震动。

（二）财政和货币政策

当一国出现国际收支赤字而需要进行调整时，当局可以实行紧缩性的财政和货币政策。在财政政策方面，可供采用的措施主要是减少财政支出和提高税率。在货币政策方面，当局可以调高再贴现率，提高法定存款准备金比率，或在公开市场卖出政府债券等等。紧缩性财政货币政策可以通过三个渠道来影响国际收支：

第一，它通过乘数效应减少国民收入，由此造成本国居民商品和劳务支出的下降。只要它能够降低本国的进口支出，就可以达到改善国际收支的目的。这一收入效应的作用大小显然取决于一国边际进口倾向的大小。

第二，它通过诱发国内生产的出口品和进口替代品的价格下降，提高本国贸易品部门在国际和国内市场上的竞争能力，刺激国外居民将需求转向本国出口品，也刺激国内居民的需求从进口品转向进口替代品，从而获得增加出口，减少进口的效果。这一相对价格效应的大小取决于进出口供求弹性。

第三，紧缩性货币政策还会通过本国利息率的上升，促进国外资金流入的增加，本国资金流出的减少，改善资本账户收支。这一利率效应的大小取决于货币需求的利率弹性与国内外资产的替代性高低。

然而，这类政策的局限性在于，国际收支的改善是以牺牲国内经济为代价的，往往与国内经济目标发生冲突。紧缩性政策在减少进口支出的同时也抑制了本国居民对国内产品的需求，由此会导致失业和生产能力过剩。如果所造成的负担主要落在投资上，还会影响长期的经济增长。因此，特别在本国经济不振，失业严重的情况下，国际收支赤字的出现，常常使当局的宏观经济政策陷入左右为难的泥潭。只有在国际收支赤字是因总需求大于充分就业条件下的总供给的情况下，采取紧缩性经济政策才不至于牺牲国内经济目标。因此，这类政策适宜于用来纠正国际收支的周期性赤字。

（三）汇率政策

汇率政策指运用汇率的变动消除国际收支的失衡。比如，在固定汇率下，政府通过法定贬值，来纠正国际收支逆差；或者是，在浮动汇率下，政府通过市场干预来影响汇率变动，从而对国际收支产生影响。运用汇率政策调节国际收支，首先需要一国的进出口商品的弹性满足马歇尔—勒纳条件。其次，通过本币对外贬值来改善国际收支，可能会招致贸易伙伴国的不满，进而在国与国之间引发竞争性贬值。

（四）直接管制

实行贬值政策和紧缩性财政货币政策来纠正国际收支的长期性失衡，必须通过市场机制才能发挥作用，而且还需要经过一段较长的时间。对于结构性变动所引起的国际收支失衡，以上政策的实施都难以收到良好的效果。因此，尤其在出现国际收支结构赤字的情况下，许多发展中国家都对国际经济交易采取直接干预办法，即实行直接管制。

直接管制包括外汇管制和贸易政策。从实施的性质来看，直接管制的措施包括数量管制和价格管制。前者主要针对进口来实施，包括进口配额、进口许可证制、外汇管制等各种非关税进口壁垒。后者既可用于减少进口支出，也可用来增加出口收入，如出口补贴、出口退税、外汇留成、出口信贷优惠等。

从实施的效果来看，数量管制措施能够在短期内迅速削减进口支出，立竿见影，而价格管制措施的作用渠道则基本上同于汇率政策。但是，采用这种调整政策来维持国际收支平衡，仅仅是变显性赤字为隐性赤字。一旦管制取消，除非经济结构相应得到改善，否则国际收支赤字仍然会重新出现，因此许多国家采用直接管制措施，主要是用以配合产业政策的实施。再者，直接管制还十分容易引起贸易伙伴国的报复。一旦对方国家也实行相应的报复性措施，往往会导致国与国之间的“贸易战”，使原先实行直接管制措施的国家前功尽弃。另外，实行直接管制，也容易造成本国产品生产的效率低下，对外竞争能力不振，引起官僚作风和贿赂风气的兴起。因此，西方国家对采用这项措施一般比较谨慎。

五、调节国际收支的一般原则

一国的国际收支调节政策往往会对本国和他国经济造成一定的影响，因此，政府在选择国际收支调节政策时应遵循以下原则。

（一）根据国际收支不平衡的性质选择国际收支调节方式

如果政府在调节国际收支时不能对症下药，则可能收效甚微或得不偿失。例如，偶发性和季节性不平衡具有暂时性，政府可以动用黄金外汇储备来填补国际收支缺口，避免使用冲击国内经济的其他干预手段。若一国出现货币性不平衡，那么该国在国内物价上升的情况下使本国货币对外贬值可以维持实际汇率不变，从而减轻或消除货币供应量对贸易收支的不利影响。若一国出现周期性不平衡，政府可以通过宏观经济政策调整国民收入，从而改变国际收支差额。若一国出现结构性不平衡，政府往往要被迫限制该国对外开放的自由化程度，通过贸易壁垒或外汇管制等手段来调节该国的国际收支。

（二）尽量避免国际收支调节措施给国内经济带来的消极影响

一般说来，国际收支平衡目标与充分就业、物价稳定、经济稳定增长、财政收支平衡等目标之间存在一定矛盾，因此，政府既要积极利用国际收支调节手段，又必须考虑到这些手段可能给国内经济带来的影响。例如，一国可能通过高利率政策吸引资本流入来缓和国际收支逆差。但是，高利率会压抑国内投资需求和对利率敏感的耐用消费品需求，不利于该国实现充分就业目标。又如，一国可以通过货币对外贬值来缓和国际收支逆差。但是，贬值会提高进口商品的本币价格，不利于该国实现物价稳定的目标。因此，政府在调节国际收支时需要抓住主要矛盾，统筹兼顾，尽量选择对国内经济消极作用较小的调节措施。

（三）注意减少国际收支调节措施对其他国家的刺激

一国的国际收支调节措施必然会影响到其他国家的国际收支。在某些特定情况下，政府调节国际收支的方式会引起其他国家的不满和报复，带来两败俱伤的后果。例如，一国通过提高关税来限制进口，可能促使其他国家也提高关税。这种关税战会导致国际贸易萎缩，各国都付出很大代价。在第二次世界大战之后，各国政府更多地通过非关税壁垒来限制进口，这方面的相互攀比也显著影响了国际贸易。一般说来，国际收支逆差国采取的调节措施容易得到对方谅解，顺差国的奖出限入措施容易招致对方报复。一国采取阻力较小的国际收支调节措施和注意调节的时机，可以收到更好的国际收支调节效果。

第五节　国际储备

一、国际储备概述

（一）国际储备的构成

国际储备指一国货币当局所持有的能够用于弥补国际收支逆差和稳定该国货币汇率的各种形式的资产的总称。国际储备有四种形式。

1. 黄金储备。黄金储备又叫货币黄金，它指一国货币当局持有的黄金总额。

在国际金本位时期，黄金是最重要的储备资产。在国际金汇兑本位制时期，黄金在储备资产中的地位相对下降。1978 年国际货币基金组织推行黄金非货币化，削弱了黄金在国际货币制度中的地位。尽管如此，由于历史的原因，绝大多数国家都持有一定数量的黄金储备。然而，从近几年的趋势来看，黄金储备所占的比重已经大幅度下降了。

2. 外汇储备。外汇储备是当今国际储备的主体，并非所有可兑换货币都可成为储备货币。作为外汇储备的货币（储备货币）具有三个相互联系的特点：能够自由兑换、价值稳定以及为人们广泛接受和使用。1880—1914 年，英镑是主要的储备货币。70 年代以前的布雷顿森林体系时期，外汇储备的供应主要依赖于美元。1973 年以后，德国马克、日元和法国法郎作为储备货币在外汇储备总额中所占的比重不断上升。但是，从目前看，在各种储备货币中，美元仍占大的优势（参见表 6－4）。

表 6－4　2015 年 12 月全球各种主要外汇储备的数量（10 亿美元）及比重（%）

美元	欧元	英镑	日元	澳元	加元	瑞士法郎	其他货币	未分类储备	合计
4 359.67	1 354.78	332.40	277.58	129.32	127.75	21.03	203.19	4 118.28	10 923.96
64.06	19.91	4.88	4.08	1.90	1.88	0.31	2.99	—	—

资料来源：国际货币基金组织（http://data.imf.org/? sk = E6A5F467 － C14B － 4AA8 － 9F6D － 5A09EC4E62A4）。

3. 在基金组织的储备头寸（Reserve Position in the Fund），又叫普通提款权，它是会员国在国际货币基金组织持有的储备资产的简称，它包括会员国以黄金或外汇向基金组织认缴的份额、基金组织动用的那一部分会员国以本国货币认缴的份额以及基金组织向该会员国的借款。

4. 特别提款权。特别提款权是国际货币基金组织创造的，用于会员国之间或会员国与国际货币基金组织之间国际支付的一种国际储备资产。特别提款权不是现实的货币，不能直接用于国际支付，会员国可以凭它向基金组织兑换等值的外汇，也可直接用它偿还基金组织的贷款。会员国只有在发生国际收支逆差时才可动用特别提款权。

（二）国际储备的作用

任何国家都必须维持一定数量的国际储备，这是由于国际储备具有下述作用：

1. 保持国际支付能力，以缓解国际收支逆差对国内经济的冲击。当一国出现临时性国际收支逆差时，政府可以动用国际储备来弥补，避免采取压缩进口、提高利率等影响国内经济目标的措施。即使一国发生长期国际收支逆差，动用国际储备加以弥补也可减轻国际收支调节措施的力度，避免紧急行动导致的高昂代价；或者使政府可以将国际收支调节措施推迟到适当的时机进行。因此,国际储备在一国国际收支发生困难时能起"缓冲器"的作用。这种缓冲作用既可在发生国际收支逆差时暂时避免采取调节政策措施,也可在国际收支长期恶化而不可避免地采取调节政策措施时缓和调节过程,从而减少因采取紧急措施而付出的巨大代价。

2. 干预外汇市场,维持汇率稳定。从一定意义上讲,一国中央银行持有的国际储备资产,特别是外汇储备,可以表明一国干预外汇市场和维持汇率水平的能力。当本币供过于求,在国际金融市场上汇率下跌,或在国内金融市场上纸币贬值时,中央银行可以抛售外汇、黄金,以收紧银根,减少货币供应,使货币币值趋于稳定,维持合理的汇率水平。另外,在国际游资冲击本币的情况下,政府也可以调节储备资产的构成以抑制这种冲击。西方国家一般都设有"外汇平准基金"或"外汇稳定基金"(Exehange Stabilization Fund),用来干预外汇市场,支持本国汇率。国际储备的干预作用要以充分发达的外汇市场和本币的自由兑换为前提。然而,发展中国家则不具备或不完全具备这些条件。因此,在发展中国家,运用国际储备维持本币汇率水平的作用在一定程度上要受到限制。

3. 作为对外举债与偿债能力的基本保证。国际储备作为一种普遍接受的国际支付手段,代表对实际资源的要求权。一国持有的国际储备的多少,是国际银行评估一国风险的重要指标,无论是国际金融机构还是政府,对外贷款时,首先考虑的是借款国的偿债能力,而国际储备正是债务国偿债的物质基础与可靠保证。因此,一国能否借到外债、举借多少,在很大程度上取决于一国国际储备的多少。特别是在一国经常项目收支恶化的情况下,充裕的国际储备更是对外举债的必要条件。

二、国际储备的水平管理

国际储备的管理涉及水平管理和结构管理两个方面。储备的水平管理就是确定一国应持有的国际储备的数量。

由于一国的国际储备主要由外汇构成,因此储备的水平管理就是要确定好应该持有的外汇储备的数量。一国持有的外汇储备并非越多越好。

第一,外汇储备是中央银行干预外汇市场的结果,它在很大程度上反映了政府的政策意图。因此,一国的外汇储备与该国财富的增加和国力的增强并无直接联系。外汇储备也不是政府可以自由支配和使用的财富,其原因在于,当中央银行持有的外汇储备(一笔资产)增加的同时,流通中的本国货币(一笔负债)也会按等值增加,因此,中央银行的净值(权益)并不会因为外汇储备的增加而增加。

第二,外汇储备数量过多会造成资源的浪费和经济上的损失。外汇储备虽然能够带来一定的(间接投资)收益,但是持有外汇储备要承担一定的机会成本,即放弃了将储备用于生产活动可能获得的利润。这样,投资利润率与储备资产的收益率之差,就成为一国因持有储备而承担的损失。

第三,一国采取特定政策片面追求储备的过程中可能会出现一些消极影响。比如,外汇储备增加所造成的本国货币供给增加会引发通货膨胀问题;再比如,一些国家为增加储备而大规模出口实际资源的行为,将影响到经济的可持续发展等等。

第四,由于储备货币的汇率都是浮动的,因此,储备过多会加大主权国家的汇率风险。

一国应该持有的外汇储备数量并无统一的标准,各国可以通过对下列经济环境的分析来确定应该持有的国际储备数额。

(1)对外开放程度和边际进口倾向。一国的对外开放程度越高,说明该国经济对进出口贸易的依赖越大,因此,该国需要持有较多的国际储备。从动态角度来看,边际进口倾向即进口增量与收入增量的比值对适度国际储备量也有重要影响。一国边际进口倾向越大,收入增长所引致的进口需求越旺盛,该国对国际储备的需要也就越多。

(2)对外贸易发展状况。一国进口规模越大,该国需要的国际储备越多。如果一国出口商品具有较强的国际竞争力,能够长期保持贸易顺差,则该国可以适当减少国际储备量。如果一国出口收入波动较大,那么该国需要持有较多的国际储备量。人们通常用国际储备量与进口额的比值来衡量适度国际储备量。一般认为,一国的储备额应占全年进口总额的25%,即一国的储备应该能满足本国三个月支付进口的需要。

(3)利用外资的状况。一国外债负担越大,特别是当年还本付息额越多,该国需要持有的国际储备越多。人们通常用国际储备额与外债总额的比值来衡量国际储备是否适度。该比值一般不应低于100%。

(4)对国际收支进行直接管制的程度。一国实行外汇管制或贸易管制的程度越高,越有可能避免动用国际储备来平衡国际收支,从而可能相应地减少国际储备量。

(5)该国货币在国际上的地位。储备货币国家①可以直接用本国货币偿付国际债务,所以其适度国际储备量的标准较低。目前,只有部分发达国家的货币成为主要国际储备货币,这使它们可以维持较低的国际储备比例。发展中国家只能用国际储备资产偿付国际债务,它们不得不维持较高比例的储备资产。

(6)借用国外资金的能力。借用国外资金的能力,包括获取外国政府和国际金融组织贷款的能力、获取外国商业银行贷款的能力和在国际债券市场上的融资能力。一国借用国外资金的能力越强,越有可能通过借款进行对外支付,从而可以持有较少的国际储备资产。发达国家广泛通过货币互换协定等手段来增强其国际

① 指该国货币能够充当主要的国际储备的国家,比如,美国、英国、日本和欧盟等。

清偿能力,他们的企业可以在国际债券市场上发行国际债券或者以较优惠的条件利用国际商业银行贷款,这使他们可以保持较少的国际储备量。

(7)汇率制度和汇率政策。如果一国选择弹性较大的汇率制度,那么它可以利用汇率自发调节国际收支的职能来适当减少国际储备的数量。如果一国实行严格稳定本币汇率的政策,那么其中央银行需要拥有较多的国际储备资产作为干预外汇市场的物质基础。

三、国际储备的结构管理

(一)国际储备结构管理的必要性

自20世纪70年代以来,西方国家采用了浮动汇率制,主要储备货币经常发生硬通货与软通货的易位,这使国际储备面临汇率风险。如果一国选择软通货作为储备货币,那么在其汇率下降期间该国会蒙受资产价值损失。为避免外汇风险,各国需要及时调整储备资产结构。其次,当代国际金融市场具有动荡不定的特点,如利率有时大起大落。如果一国选择利率低的货币作为储备资产,那么其国际储备收益率就会较低。为提高储备的盈利性,各国需要及时调整其储备资产结构。其三,当代世界黄金市场价格频繁波动,有时波动幅度较大。在通货膨胀恶性发展时期,一国持有较多的黄金储备可以确保储备的价值,或通过金价上涨而获利。但是,由于黄金不像其他储备那样可以用于投资并获取利息,所以当金价稳定或金价下跌时,持有黄金储备会蒙受价值上的损失。此外,各国贸易和资本流动方向的改变也需要政府不断调整储备结构。

(二)国际储备结构管理的基本原则

一国政府调整国际储备结构的基本原则是统筹兼顾各种储备资产的安全性、流动性和盈利性。安全性指储备资产能在多大程度上避免价值下降的损失。流动性指储备资产转化为直接支付手段而不蒙受损失的性质。例如,外币有价证券一般不能直接用于国际支付,一国在实际支付时需要转换为国际支付凭证。盈利性指储备资产提供利息收入的能力。

储备资产的安全性、流动性与盈利性之间存在替代关系,或者说它们具有负相关。储备的安全性和流动性越高,其盈利性往往越低。一国持有国际储备并非单纯出自盈利考虑,同时它也希望在保证足够的安全性和流动性的前提下使储备资产获得更多的利息收入。因此我们需要根据国内外环境的变化调整储备结构,处理好三者之间的关系。

(三)国际储备结构管理的三个层次

国际储备的结构管理,大体上涉及三个层次的比例安排(参见图6-5)。

1. 黄金与外汇之间的比例结构问题。在纸币流通制度下,通货膨胀使金价有长期上升趋势,因此,黄金储备不仅有较高的安全性,而且有一定的盈利性。但是,

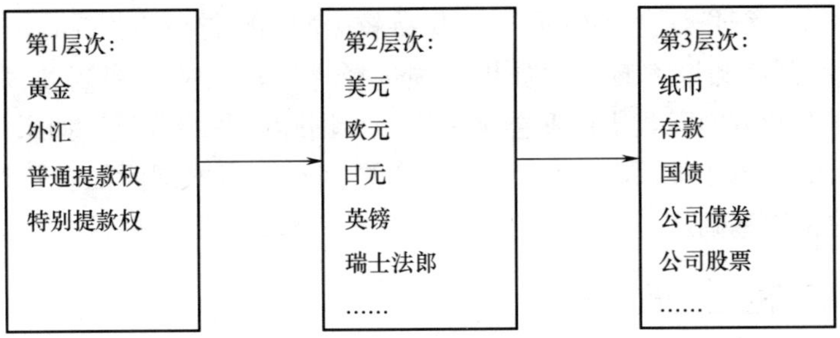

图 6－5　国际储备管理的三个层次

当代黄金不能直接用于国际支付,其流动性要打折扣,而且持有黄金不能获取利息收入,反而要支付昂贵的黄金贮藏费用。外汇储备的盈利性一般高于黄金储备。因此,许多国家在二者之间的结构调整中采取减少黄金储备并增加外汇储备的政策。

2. 储备货币的币种选择。各国在选择储备货币时,一般都争取储备货币结构与该国在特定时期的对外支付币种结构保持一致。这可以使该国在一定程度上避免外汇风险,也可节约交易成本并使国际结算较为便利。例如,若一国持有美元储备资产且承担日元债务,那么,日元汇率上升而美元汇率下降,就会使该国债务负担无形中加重。又如,若一国出口获得日元收入,其进口支付使用美元,外汇储备为日元,那么它必须进行先卖出日元后买入美元的外汇交易,至少要负担外汇买卖差价形成的交易成本,并使国际结算多了一道手续。政府在选择储备货币时,要尽量做好对各种储备货币汇率变动趋势的预测工作。在可能的情况下,应争取选择硬通货作为储备货币,以避免储备货币汇率下降所带来的损失。在外汇市场动荡不定、汇率难以预测的情况下,政府可通过储备货币分散化来减少外汇风险。

一般说来,汇率的短期变动趋势容易受到随机因素和投机行为的影响而较难预测,而决定汇率变动的长期因素是相对稳定的,政府有能力预测中长期汇率的变动趋势。在外汇市场动荡不定的时期,汇率预测失误可能给该国带来很大损失。这时,采取储备货币分散化措施后,甲币汇率下降的损失可由乙币汇率上升的收益来弥补,这在一定程度上减少了外汇风险。

政府在选择储备货币时,还要比较各种货币的盈利性。在其他条件不变时,盈利性可由利率或债券收益率等指标来反映。在通货膨胀情况下,政府要考虑储备货币的实际利率或实际收益率。在国际收支不平衡的情况下,政府还要考虑汇率变动可能对储备货币收益产生的影响。

各国在选择储备货币结构时,还要考虑在外汇市场上为支持本国货币汇率所需要的不同储备货币的数量。例如,若某发展中国家将本币汇率钉住美元,那么为稳定本币汇率,它需要持有较多的美元储备。

3. 储备资产形式的选择。外汇有多种形式,如纸币、存款、汇票、国债、公司债券和股票等。活期存款、短期国债和商业票据是流动性很强的储备资产,适于用作一级储备应付短期对外支付的需要。活期存款可随时开出支票对外支付,流动性最强。储备货币发行国一般拥有发达的二级市场,短期国债和商业票据很容易变现。但是,这些流动性很强的资产盈利性较差,政府需要根据某季度或特定时期短期对外支付的需要控制它们在储备资产中的比例。中长期国债是流动性略差而盈利性较高的资产,适用于二级储备,以应付一级储备不足时的对外支付需要。政府很难准确预测短期对外支付额,所以它必须持有一定比例的二级储备。中央银行在确定一级和二级储备规模之后,也可通过对公司债券、股票和衍生证券进行长期投资来持有部分三级储备,以提高储备资产的盈利性。国际收支顺差国家很少动用储备资产对外支付,因此可以更多地考虑资产盈利性问题,国际收支逆差国家则不得不在储备资产中保留较大比例的一级储备资产。随着外汇储备的增加,许多国家开始重视储备的盈利性,并增加了风险资产的投资。

四、中国的国际储备问题

与其他国家一样,中国的国际储备主要也是由黄金、外汇、普通提款权和特别提款权这四部分构成的(参见表 6 - 5),其中黄金储备的数量(重量)几乎一直没有什么变化。中国国际储备最显著的变化趋势在于外汇储备的迅速增加。

表 6 - 5 中国国际储备的构成(2016 年 4 月)

国际储备资产	亿美元	亿 SDR
1. 外汇储备	32 196.68	22 716.43
2. 基金组织储备头寸	106.51	75.15
3. 特别提款权(SDR)	105.48	74.42
4. 黄金	747.51	527.41
5. 其他储备资产	5.16	3.64
合计	33 161.35	23 397.05

资料来源:国家外汇管理局网站(http://www.safe.gov.cn/)

1994 年外汇管理体制改革以后,中国的外汇储备进入一个高速增长期(参见表 6 - 6)。1996 年 12 月突破 1 000 亿美元。2001 年 10 月,外汇储备突破 2 000 亿美元。2002 年全年外汇储备净增 742 亿美元,年增长额达到历史最高水平,年底达2 864亿美元。2003 年外汇储备突破 4 000 亿美元的大关,达到4 032亿美元。2004 年 12 月,外汇储备突破 6 000 亿美元大关。2005 年底达到 8 188 亿美元,2006 年年底达到10 663 亿美元,2007 年年底达到

15 282亿美元,2008 年 3 月达到 16 821 亿美元。2010 年年底达到 28 473 亿美元,2015 年底达到 33 303 亿美元。如此高的外汇储备增长速度,在我国及其他发展中国家外汇储备增长的历史上从未有过。如此高额的外汇储备,使得我国经济面临着更大的风险。

表 6 – 6　中国部分年份的外汇储备规模(亿美元)

年份	1950	1955	1960	1965	1970	1975
数量	1.57	1.80	0.46	1.05	0.88	1.83
年份	1980	1985	1990	1995	2000	2005
数量	–12.96	26.44	110.93	735.97	1 655.74	8 188.72
年份	2010	2011	2012	2013	2014	2015
数量	28 473.38	31 811.48	33 115.89	38 213.15	38 430.18	33 303.62

资料来源:国家外汇管理局网站(http://www.safe.gov.cn/)

首先,在金融全球化的今天,由于国际资本迅速大规模地流动,金融市场的利率与汇率波动十分激烈,作为国家财富的外汇储备过大会使国家财富处于巨大的风险之中。我国对外支付和收入中大量使用美元,所以外汇储备中美元的比重比较大。虽然官方从未公布我国外汇储备的结构,但是,根据中国外汇交易中心交易的币种、外贸用汇等情况,有人估计中国外汇储备的结构为:美元占 60% ~70%,日元占 8% ~10%,其他为欧元和英镑。在这种情况下,美元对欧元等货币的持续贬值会使得我国的外汇储备价值严重缩水。国家发展和改革委员会宏观经济研究院副院长陈东琪认为,在 2003—2004 年,美元对其他货币加权平均汇率下降 20% 的情况下,中国的净损失估计在 100 亿美元左右。

其次,即使美元不贬值,我国高额外汇储备的成本也是较高的。中国外汇储备的结构与日本和港台地区相比有很大差别。后者是自有储备为主,而中国则借入储备的比例比较大(我国的储备积累主要来源于海外投资所带来的金融资本项目的顺差,这些投资最终需要通过利润或者红利的形式进行偿还,因此是一种"借入"储备)。过高的借入储备更容易造成资源的浪费。因为,外汇储备是一种实际资源的象征,它的持有是有机会成本的。如果中国持有巨额外汇储备并借入大量外债,等于是将国内资金廉价借给外国人使用,同时高价从国外借入资金,其潜在的损失是显然的。此外,持有外汇储备意味着暂时放弃对一定数量实际资源的利用,从而也就丧失了这些资源投入所带来的经济增长和收入水平的提高。

再次,外汇储备作为一种金融资产,它的增加无异于基础货币投放的增加。外汇储备增加越多,人民币的发放增长越快。因为,官方储备是由货币当局购买并持有的,其在货币当局账目上的对应反映就是外汇占款,外汇占款的增加直接增加了基础货币量，再通过货币乘数效应，造成货币供应量的大幅度增长。这不仅加剧了通货膨胀的压力，而且弱化了货币当局对货币供应量控制的能力。因为，当国家外汇储备迅速增长时，为了保证人民币汇率的稳定，货币当局必须使用金融工具，如回购和发行央行票据来对冲过多的外汇占款。

最后，我国国际储备中黄金的份额偏低。世界黄金协会公布的国际货币基金组织统计数据库的黄金储备排名显示，截止到2010年12月中旬，美国依然是世界黄金储备最多的国家，我国黄金储备总额世界排名第六，官方数据为1 054.1吨。但是，我国黄金储备在国际储备中只占1.7%的份额，是黄金储备排名前20位国家中所占份额最低的国家。而发达国家的黄金占国际储备的比例相当高，其中美国占73.9%，德国占70.3%。在面临全球通货膨胀的背景下，黄金储备过低，必然会加大国际储备的损失风险。

主要概念

国际收支　　经常账户　　马歇尔—勒纳条件　　J曲线效应　　国际储备

思考题

1. 经常账户差额的含义是什么？
2. 简述弹性论的主要观点。
3. 国际收支失衡对一国经济可能造成什么影响？
4. 阐述金本位下的国际收支自动调节过程。
5. 阐述纸币流通、固定汇率下的国际收支自动调节过程。
6. 紧缩性财政、货币政策如何对国际收支逆差产生作用？
7. 调节国际收支的一般原则是什么？
8. 为什么说国际储备并非越多越好？
9. 影响一国国际储备需要量的因素主要有哪些？

第七章

开放条件下的宏观经济政策

开放条件下宏观经济政策，历来是备受关注的问题。随着经济全球化水平的提高，这一问题显得更加重要。以基本的宏观经济学知识为基础，本章全面分析了不同汇率制度下，宏观经济政策的效力。首先，我们介绍了不同汇率制度下的政策配合理论，即斯旺模型和蒙代尔的政策配合原理。第二节至第四节集中介绍了蒙代尔—弗莱明模型的内容，其中包括基本模型、大国模型、资本部分流动下的模型，这些理论模型得出的结论，对一国的宏观经济政策具有十分重要的指导作用。

第一节　政策配合理论

第二次世界大战以后，随着市场、生产、资本的国际化，政府的宏观经济目标集中在两个方面：内部平衡（Internal Balance），即消除通货膨胀和失业；外部平衡（External Balance），即消除顺差和逆差。内、外平衡的同时实现是各国政府追求的理想目标，然而，这种目标需要通过经济政策的适当配合（或搭配）才能得到实现。

在理论上，对政策配合问题进行探讨的模型主要有两类：一类假定国际收支仅包括贸易收支且汇率可以自由浮动，这类模型以斯旺图形的说明最为简明、直观；另一类假定汇率固定，并在贸易收支的基础上加进了资本的国际流动，这类模型以蒙代尔的政策配合理论（Policy Mix Theory）最为著名。

一、浮动汇率下的政策配合

（一）斯旺图形

浮动汇率下的政策配合理论可以借助于斯旺图形来加以说明。斯旺图形（见图 7－1）是由澳大利亚经济学家斯旺（T. W. Swan）于 1955 年首次设计出来的，此后，许多经济学家都以它作为分析内、外平衡和政策配合的工具。图7－1中，纵轴用来衡量外汇汇率 R。从下往上表示外汇汇率上升，本国货币对外贬值;反之,从上往下表示外汇汇率下降,本币对外升值。横轴衡量实际的国内支出 D,D 除了包括国内消费和投资外,还包括政府支出。沿横轴从左往右表示国内支出增加。

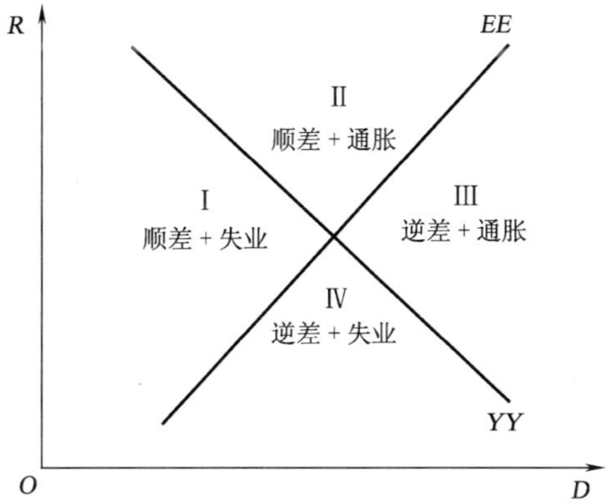

图 7-1　斯旺图形

图 7-1 中的 EE 线表示使国际收支达到平衡的汇率和实际国内支出的组合,称为外部平衡曲线。EE 线从左到右向上倾斜,斜率为正,说明当外汇汇率上升(即本币贬值)时,本国的贸易收支将会出现顺差,为了保持外部平衡,消除贸易收支顺差,国内实际支出必须增加,以增加进口,减少出口。

图 7-1 中的 YY 线表示使国内经济实现物价稳定、充分就业的汇率和国内实际支出的组合,称为内部平衡曲线。YY 线从左到右向下倾斜,斜率为负。因为,当外汇汇率下降(即本币升值)时,本国的出口下降、进口增加,通过外贸乘数使本国国民收入下降,失业增加,为了保持内部平衡,国内实际支出必须增加以增加国民收入和就业。

凡是在 EE 线上方的点,都意味着由汇率上升造成的贸易收支顺差,没有完全被国内实际支出的增加造成的进口增加,出口减少抵消,因而国际收支顺差。同理,凡是在 EE 线下方的点,都代表着国际收支逆差。凡是在 YY 线上方的点,都意味着由汇率下降造成的国内经济收缩,为国内实际支出的增加带来的经济扩张抵消有余而出现了通货膨胀。同理,凡是在 YY 线下方的点都代表着萧条、失业。

由此 EE 线和 YY 线划分出了四个内、外不平衡的区域:区域Ⅰ——外部顺差,内部失业;区域Ⅱ——外部顺差,内部通胀;区域Ⅲ——外部逆差,内部通胀;区域Ⅳ——外部逆差,内部失业。

EE 线和 YY 线的交点代表着政府所追求的理想境界,即内部和外部平衡同时实现。

（二）政策配合的必要性

根据丁伯根法则（J. Tinbergen′s Rule）①，政府要达到 n 个目标，就需要有相互独立的 n 种手段。在一国内部和外部经济均失衡的情况下，只采取支出调整政策（Expenditure – Changing Policies）（指政府调节国内实际支出的政策，比如，财政政策和货币政策），或只采取支出转移政策（Expenditure – Switching Policies）（指政府用来影响居民在本国产品与外国产品之间支出比例的政策，比如，汇率政策）都不可能同时实现内、外平衡。

仅采取支出调整政策，即财政政策和货币政策。在Ⅱ，Ⅳ两个区域中，内部平衡和外部平衡所要求的支出调整政策在性质上相互冲突。在区域Ⅱ，一国处于国际收支顺差、国内通货膨胀的状况，消除顺差要求实行扩张性的支出调整政策，以增加进口，减少出口。消除通货膨胀却要求实行紧缩性的支出调整政策。在区域Ⅳ，一国处于国际收支逆差，国内失业的经济状况。外部平衡要求紧缩言的支出调整政策，内部平衡要求扩张性的支出调整政策，因此也存在矛盾。

就Ⅰ，Ⅲ两个区域而言，实现内、外平衡所要求的支出调整政策虽然在性质上不存在冲突，但在程度上仍有差别。例如，在区域Ⅰ，一国处于国际收支顺差、国内失业的状况，内、外平衡的实现均要求扩张性的支出调整政策。但如果该国国际收支顺差相对于国内失业程度较轻，则在国内失业还没有完全消除时，国际收支可能已经恢复平衡了。若为了实现内部平衡继续实行扩张性的支出调整政策，国际收支就会出现新的不平衡——逆差。相反，如果国内失业的程度较轻，则在国际收支还未恢复平衡时，国内失业已经消除了。若为了恢复国际收支平衡继续实行扩张性的调整政策，国内经济将出现新的不平衡——通货膨胀。

仅采取支出转移政策，即汇率政策。就Ⅰ，Ⅲ两个区域而言，内部平衡和外部平衡所要求的汇率政策在性质上是相互冲突的。在区域Ⅰ，一国处于国际收支顺差、内部失业的状况。为了实现外部平衡，外汇汇率应该降低，即该国货币升值，以增加进口，减少出口。为了实现内部平衡，汇率应该提高，即该国货币应该贬值以减少进口，增加出口，通过外贸乘数的作用增加国民收入，增加就业。在区域Ⅲ，一国处于国际收支逆差、内部通货膨胀的经济状况。为了实现外部平衡，外汇汇率应该提高（即本币应该贬值），以减少进口，增加出口。为了实现内部平衡，汇率应该降低（即让本币升值）以增加进口，减少出口，进而抑制通货膨胀。

就Ⅱ，Ⅳ两个区域而言，内、外平衡要求的汇率政策在性质上不存在冲突，是一致的，但在程度上仍有差别。以区域Ⅱ为例，一国经济处于国际收支顺差，国内通货膨胀的状况。内、外平衡的实现均要求外汇汇率下降，该国货币升值。但如果该

① 简·丁伯根（Jan Tinbergen，1903 ~ 1994 年），生于荷兰海牙，主要从事于将统计应用于动态经济的理论研究。1969 年与拉格纳·弗里希（Ragnar Frisch）共同获得第一届诺贝尔经济学奖。

国国际收支失衡的程度相对于国内通货膨胀较轻，则会出现国内通货膨胀还未完全消除，国际收支已经恢复平衡的情况。若为了实现内部平衡继续降低外汇汇率，国际收支就会出现新的不平衡——逆差。相反，如果国内通货膨胀的程度较轻，则会发生内部平衡已经实现而国际收支仍然顺差，或外部平衡已经实现而国内经济却因紧缩过度出现失业的状况。在区域Ⅳ存在着类似的困难。

总之，仅仅使用支出调整政策或汇率政策寻求内部平衡、外部平衡同时实现，必将导致一国内部平衡和外部平衡目标的冲突，这就是所谓的“米德冲突”（Meade′s Conflict）。解决米德冲突的途径在于针对内部平衡和外部平衡两个政策目标，同时采取支出调整政策和汇率政策。

（三）政策配合的原则

若外部平衡曲线 *EE* 的斜率小于内部平衡曲线 *YY* 斜率的绝对值，则表明汇率政策对外部平衡有较大的影响力，支出调整政策对内部平衡有较大的影响力，应以汇率政策实现外部平衡，支出调整政策实现内部平衡，否则反而会离目标更远。

图 7－2 中，*EE* 线的斜率较 *YY* 线斜率的绝对值小。若一国经济原先处于 *a* 点，即国内通货膨胀，国际收支顺差。此时，若以汇率政策对外，针对顺差该国对本币升值，降低外汇汇率，可以将经济移到 *b* 点（国内通货膨胀，国际收支平衡）；再以支出调整政策对内，针对通货膨胀减少支出，将经济进一步调整到 *c* 点（内部平衡且国际收支顺差）；再以汇率政策对外，让本币升值，将经济移到 *d* 点（外部平衡、国内失业）；如此下去，逐步接近目标，最终达到 *F* 点，实现内、外同时平衡。

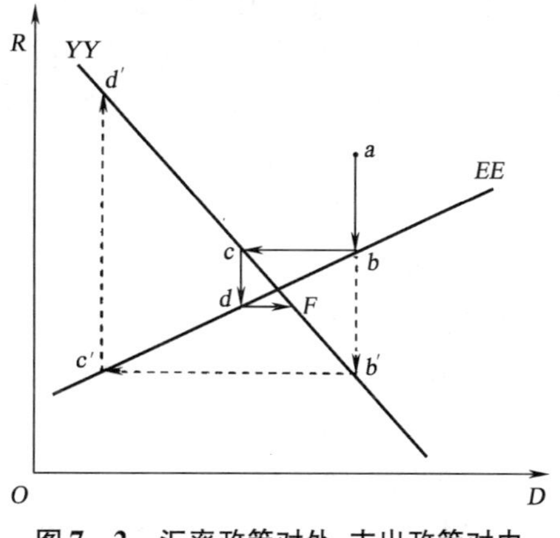

图 7－2　汇率政策对外、支出政策对内

在该国 *EE* 线的斜率小于 *YY* 线斜率的绝对值情况下，以支出调整政策对外，汇率政策对内，则在经济处于 *a* 点时，针对国内通货膨胀，对本国货币升值，降低外汇汇率，将经济移至 *b′* 点（内部平衡，国际收支逆差）；再以支出调整政策对外，减少支出，将经济移至 *c′* 点（外部平衡，国内失业）。如此进行下去，就会越来越远离

内外同时平衡点 F。

若外部平衡曲线 EE 的斜率大于内部平衡曲线 YY 斜率的绝对值，则说明汇率政策对内部平衡影响较大，支出调整政策对外部平衡的影响较大，这时应以汇率政策对内，实现内部平衡，支出调整政策对外，实现外部平衡，否则反而会离目标更远，如图7－3所示。

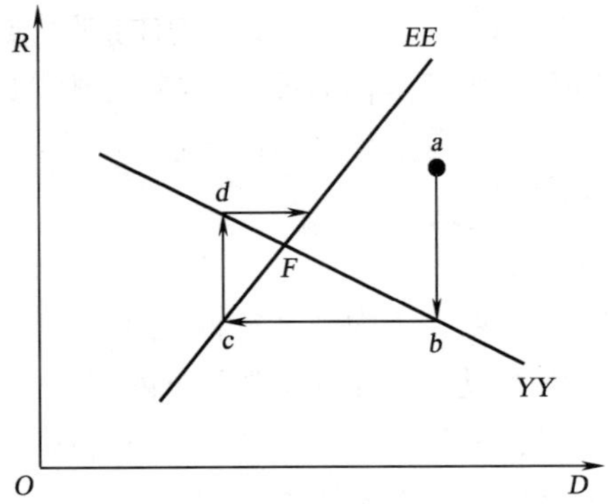

图7－3　汇率政策对内、支出政策对外

二、固定汇率下的政策配合

斯旺图形有两大不足。首先，没有考虑资本流动，它所说的外部平衡、失衡均为贸易收支的平衡、失衡。在当代资本国际化已成为世界趋势的情况下，这是一个致命弱点；其次，当汇率无法变动，或在可调整固定汇率下汇率无法轻易变动（即汇率失去了政策作用）时，斯旺图形的分析就陷入了两个目标（内部和外部平衡），一种政策手段（支出调整政策）的窘境，米德冲突难以避免。

考虑到斯旺图形的两大不足，20 世纪 60 年代初，蒙代尔提出了在固定汇率下如何运用财政政策、货币政策同时实现内、外平衡的政策配合理论（Policy Mix Theory），或有效市场分类原则（Effective Market Classification）。蒙代尔认为，在固定汇率下，将财政政策和货币政策配合使用，可以同时实现内部和外部平衡。下面分析两种政策配合的原理。

就外部平衡而言，扩张性的货币政策必然使国内利率水平下降，这一方面使得投资等支出增加，国民收入增加，进口增加，经常项目恶化；另一方面使资本流入减少，流出增加，资本项目也恶化。紧缩性货币政策则相反，使经常项目和资本项目均得到改善。

扩张性的财政政策不同，它一方面使支出增加，国民收入增加，进口增加，经常项目恶化；另一方面使利率水平提高，资本流入增加，流出减少，资本项目改善。最终结果是，扩张性的财政政策比扩张性的货币政策对国际收支的影响程度小。紧缩性财政政策与紧缩性货币政策相比，它使经常项目改善，资本项目恶化，二者相互抵消，结果紧缩性财政政策也比紧缩性货币政策对国际收支的影响程度小。所以，货币政策在调节国际收支上较财政政策具有相对优势，更适于对付外部平衡。

就内部平衡而言，扩张性的货币政策一方面使支出增加，国民收入增加，另一方面又使国际收支的经常项目和资本项目都恶化。在固定汇率下，若货币当局不采取冲销政策，国际储备的下降，必然使国内货币供给下降，直到国际收支恢复平衡。扩张性货币政策对国民收入的扩张效果会完全被抵消。

扩张性的财政政策不同，它一方面使支出增加，国民收入增加，另一方面又使国际收支的经常项目恶化，资本项目改善，从而国际收支可能恶化也可能改善。在固定汇率下，如果国际收支改善，国际储备增加，货币供给将会增加，这会进一步加强扩张性财政政策对国民收入的扩张效果；若国际收支恶化，其恶化程度必然小于扩张性货币政策所造成的国际收支的恶化程度；因此产生的紧缩效果比较小。所以，财政政策在调节国民收入上较货币政策具有相对优势，更适于实现内部平衡。

依据上面的分析，我们可以将蒙代尔的政策配合原理归纳为表 7－1。

表 7－1　蒙代尔的政策配合原理

经济状态	财政政策	货币政策
失业＋顺差	扩张	扩张
通胀＋顺差	紧缩	扩张
通胀＋逆差	紧缩	紧缩
失业＋逆差	扩张	紧缩

按照蒙代尔的政策配合理论，在固定汇率下，只要政府能够适当地调整财政和货币政策，就可以使内外经济逐步到达平衡。图 7－4 对调整过程进行了说明。

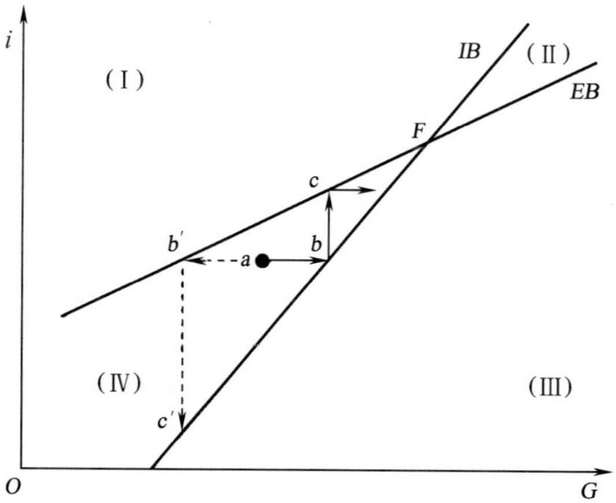

图 7－4　固定汇率下的政策配合

在图7-4中，横轴代表政府预算 G，从左向右意味着预算逐步增加，财政政策越来越具有扩张性。纵轴代表利息率 i，从下往上意味着利率提高，货币政策越来越紧。IB 线表示达成内部平衡的财政政策和货币政策的各种组合。从 IB 线上一点开始，扩张性的财政政策将造成需求推进型的通货膨胀，为了恢复内部平衡必须提高利率，实行紧缩的货币政策，所以 IB 线从左到右向上倾斜，斜率为正。IB 线的下方代表通货膨胀，上方代表着失业。图7-4中 EB 曲线表示了达成外部平衡的财政政策和货币政策的各种组合。从 EB 线上的一点开始，扩张性的财政政策刺激国民收入增长，使贸易收支恶化，为了恢复外部平衡必须实行紧缩性的货币政策，提高利率，增加资本流入，减少资本流出。由此可知，EB 线从左到右向上倾斜，斜率亦为正。EB 线下方的点意味着财政政策扩张，造成国民收入增加，贸易收支逆差时，货币政策没有充分收缩，没有使利率提高到所吸引的资金净流入完全抵消贸易收支逆差的地步，结果国际收支仍为逆差所困扰。EB 曲线上方的点则相反，意味着国际收支顺差。

IB 线和 EB 线将内、外均不平衡的情况划分成了四种组合：（Ⅰ）内部失业，外部顺差；（Ⅱ）内部通胀，外部顺差；（Ⅲ）内部通胀，外部逆差；（Ⅳ）内部失业，外部逆差。对其中任何一种状况只要以货币政策对外，实现外部平衡，以财政政策对内，实现内部平衡，最终就可以同时实现内、外平衡，达到图7-4中 IB 线和 EB 线的交点 F 点。否则，如果政策配合不当，就会离内、外平衡越来越远。

例如，图中 a 点表明一国处于内部失业，外部逆差的状况。如果针对 a 点的情况，利用扩张性的财政政策对付内部不平衡，将经济移到 IB 曲线上的 b 点（内部平衡，外部逆差），再使用紧缩性的货币政策，将经济移到 EB 线上的 c 点（外部平衡，内部失业），如此下去，该国经济就会逐步接近 F 点。如果该国以紧缩性的财政政策消除外部逆差，则会将经济移至 EB 线上的 b' 点（外部平衡，内部失业）。针对内部失业再使用扩张性的货币政策，将经济移至 IB 曲线上的 c' 点（内部平衡，外部逆差），如此下去，结果是离内、外同时平衡的 F 点越来越远。

三、对政策配合理论的总结

斯旺图形为我们提供了浮动汇率下两种同时实现内、外平衡的政策配合方法：其一，以汇率政策对内，支出调整政策对外；其二，以支出调整政策对内，汇率政策对外。

在第一种配合中以汇率政策实现内部平衡是间接的、无力的。当一国国民收入低于充分就业水平，存在失业时，通过贬值或提高外汇汇率可以增加出口，减少进口，这种贸易收支的改善通过外贸乘数可以提高国民收入，增加就业。但是，由于进出口毕竟只是一国生产的一部分，加上国内储蓄和进口等漏出的影响，外贸乘数的作用是有限的。

第二种配合的可行性主要依靠汇率的可变性,如果一国汇率可以完全随外汇市场供求的变动而变动,则一切不成问题。但由于汇率变动对一国经济具有广泛、深刻的影响,目前世界上还没有一个国家敢于放手让其汇率自由波动,因此,第二种配合能否同时实现内、外平衡也值得怀疑。

20 世纪 60 年代,针对当时并不是自由浮动的而是可调整的固定汇率制度的情况,蒙代尔建立了自己的政策配合理论,该理论比斯旺图形更精巧,似乎也更现实,但实际上问题可能更多。

第一,资本的国际流动可能受到投机与非经济因素的极大影响而与利率高低无关。此外资本流动对利率的反应也可能是一次性的,而不是像蒙代尔理论中暗含的那样具有持续性,因此,资本的国际流动有很大的不确定性,不是货币政策能够操纵和影响的。

第二,政府和货币当局对货币政策、财政政策的时滞到底有多长,政策的最终结果是什么并无十分的把握,所以财政政策、货币政策很难配合恰当,以至恰好实现内、外平衡。

第三,借助于货币政策,主要通过利率的变动实现国际收支平衡只能是一种权宜之计。当一国国际收支因为经常项目逆差而恶化时,提高利率可以改善国际收支,但这种改善是建立在极其脆弱的基础上的,随时可能因为国际金融领域的动荡化为乌有,最终还是必须对本国的经济结构进行调整才能解决问题。如果利率提高吸引的只是短期资本而非长期资本的流入,高利率导致的投资下降得不到资本流入的弥补,必将对一国的经济产生长远的不利影响;此外,以高利率吸引资本流入改善国际收支,还会使未来的利息支出增加。若利息支出大于资本流入,国际收支的恶化必然长期化。

第四,政策配合分析是以其他国家情况不变为前提的,和现实相去甚远。各国从维护自身利益出发,很可能采取相应的对策从而使对方的政策完全丧失效力,或效力大大减弱。

第二节　基本的蒙代尔—弗莱明模型

蒙代尔—弗莱明模型(MF 模型)是蒙代尔在 20 世纪 60 年代初最早提出来的,后来弗莱明和其他一些经济学家对该理论进行了补充和完善。该模型的主要意义在于,通过它可以考察不同汇率制度下财政政策和货币政策的实际效果。

一、*IS*,*LM* 和 *BP* 曲线

在图 7－5 中,纵轴 i 代表利率,从下到上表示利率提高。横轴 Y 表示国民收入,从左到右表示国民收入增加。*IS* 曲线展示出了使商品市场达到均衡的利息率

和国民收入的各种组合。所谓商品市场的均衡是指对商品和劳务的需求量等于供给量。在无政府部门的开放经济中可表示为：

$$I + X = S + M$$

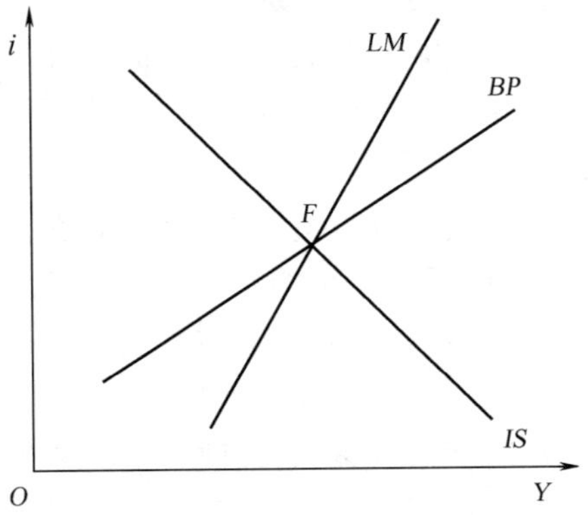

图7－5 *IS*,*LM*和*BP*曲线

其中：*I*(投资)和利率呈反向变化。利率越低，投资水平越高。*X*(出口)和利率以及本国国民收入无关，是一外生变量，取决于外国的国民收入。*S*(储蓄)、*M*(进口)都和本国的国民收入呈正向变化。国民收入提高，*S*，*M*增加。由于投资是利率的减函数，储蓄和进口是收入的增函数，这样，当利率下降时，投资增加，国民收入提高，从而使得储蓄和进口增加。因此，*IS*线从左到右向下倾斜，斜率为负。政府可以通过财政政策使*IS*曲线移动。扩张性财政政策使其右移，紧缩性财政政策使其左移。由于贸易差额(净出口)是总需求的一部分，因此，净出口增加可以使*IS*曲线右移，净出口减少则使其左移。

*LM*曲线表示使货币需求等于既定的货币供给，货币市场达到均衡的利率和国民收入的各种组合。粗略地讲，货币需求可分为两类，交易需求和投机性需求。前者与国民收入正相关，后者与利息率负相关。当利率上升时，投机性需求所需要的货币量下降，在货币供给量不变的条件下，可用于交易的货币量增加，为了使货币需求等于货币供给，国民收入必须增加以增加对货币的交易需求，所以*LM*曲线斜率为正。政府可以通过货币政策使*LM*曲线移动。扩张性货币政策(国内信贷扩张或外汇储备增加)使其右移，紧缩性货币政策(国内信贷减少或外汇储备减少)使其左移。

*BP*曲线展示了使国际收支在既定汇率下达到均衡的利率和国民收入的各种组合。在此，国际收支的均衡是指贸易收支逆差刚好为资本的净流入抵消，或者贸易收支顺差刚好为资本的净流出抵消，或者贸易收支和资本项目各自平衡。当利率上升时，资本流出减少，流入增加。如果贸易收支不变且原来国际收支处于均衡状态，则国际收支出现顺差。为了维持国际收支均衡，国民收入必须增加，以增加

进口,抵消资本项目上资本的净流入。因此 *BP* 曲线的斜率为正,从左到右向上倾斜。*BP* 曲线左边的点都意味着由利率上升造成的资本净流入没有被国民收入增加造成的进口增加完全抵消,整个国际收支处于顺差状态。同理,*BP* 曲线右边的点都意味着国际收支逆差。国际短期资本的流动对利率变化越敏感,*BP* 曲线越平坦。当资本能够完全自由流动时,*BP* 曲线便成为一条水平线。此外,*BP* 曲线是在汇率保持不变的假定下绘制的。当该国货币贬值,或外汇汇率上升时,*BP* 曲线向右下平移。因为贬值或外汇汇率上升改善了贸易收支,较低的利率(从而较少的资本净流入)就可以维持国际收支均衡。与此相对,本币升值或外汇汇率下降时,*BP* 曲线向左上平移。

如果 *IS*,*LM*,*BP* 三条曲线正好相交于一点,且该点对应于充分就业的国民收入,那么,该国就同时实现了内部和外部平衡双重目标。如果三条曲线没有相交于一点,或者三条曲线的交点没有对应充分就业的国民收入,那么政府就需要采用宏观经济政策进行调节。

二、基本的 MF 模型

为了便于理解,我们首先介绍基本的蒙代尔—弗莱明模型(参见图 7 - 6)。随后,我们将放宽基本模型中的约束条件,来对其他的情况进行介绍。基本的 MF 模型假设本国是一个小国,且国际资本能够自由流动。此时,本国利率与外国利率相等,*BP* 线是一条水平线。因为,当本国利率高于外国利率时,资本的流入会导致国际收支顺差;当本国利率低于外国利率时,资本的流出会导致国际收支逆差。所以,只有当本国利率与外国利率相等时,国际收支才能平衡,即 *BP* 线在本国利率与外国利率相等处形成一条水平线。下面,我们通过基本的 MF 模型来考察不同汇率制度下财政政策与货币政策的效力。

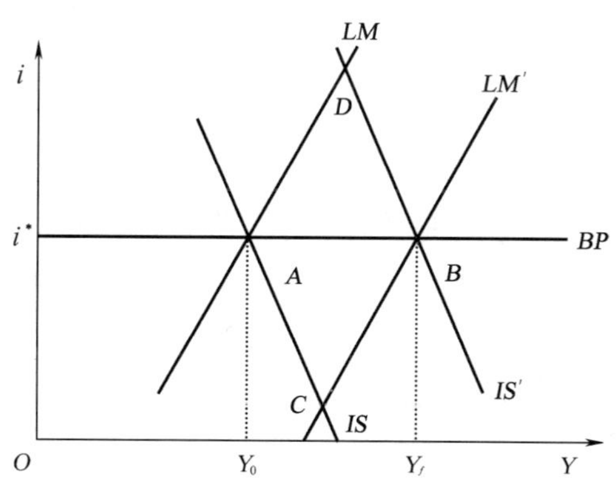

图 7 - 6　基本的 MF 模型

(一)浮动汇率制下货币政策的效力

我们以某国为解决失业问题实行扩张性货币政策为例,说明浮动汇率制下货币政策的效力。在图7-6中,横轴 Y 表示收入,纵轴 i 表示利率。设期初该国处于 A 点,收入为 Y_0,存在 Y_0Y_f 的国民收入缺口。为了解决失业问题,政府实行扩张性货币政策,通过增加国内信贷使 LM 曲线移到 LM' 的位置。该政策会使本国利率暂时性下降,如 LM' 曲线与 IS 曲线的交点 C 所示。本国利率低于外国利率引起资本流出,这会改变外汇市场供求关系。在浮动汇率下,外汇汇率随之上升。在马歇尔—勒纳条件成立的前提下(这也是该模型的隐含假定),该国净出口会增加,导致 IS 曲线也向右移动;当它移到 IS' 线的位置,IS' 与 LM' 相交于 B 点,本国利率与外国利率相等,资本不再流出,该国实现了对内和对外平衡。

上述分析说明,在浮动汇率制下的 MF 模型中,货币供给的增加会导致:①本国利率暂时性下降(C 点),但根据资本完全流动假设,它最终会恢复到期初与外国利率相等的水平(B 点);②本国收入增加,而且,货币政策能够十分有效地改变本国收入(先从 A 增加到 C,然后进一步增加到 B);③外汇汇率上升即本币汇率下降,本国贸易收支得到改善。尽管该国最终实现了国际收支平衡,但是其国际收支结构发生了变化:经常项目或贸易收支发生顺差,而资本项目出现逆差。

浮动汇率下,货币扩张影响收入和就业的逻辑关系可用图7-7来表示。

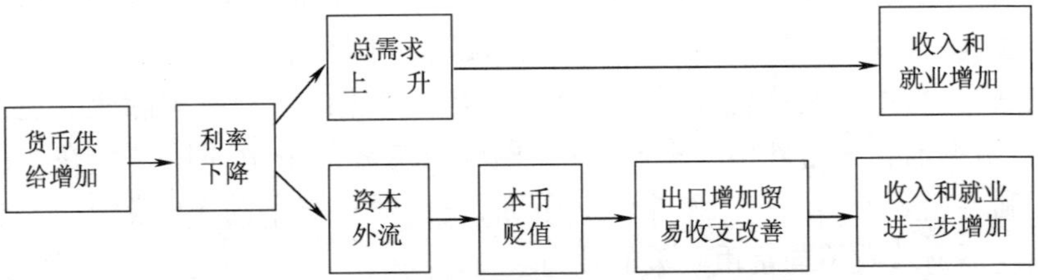

图7-7 浮动汇率下货币扩张对收入和就业的影响

(二)固定汇率制下货币政策的效力

MF 模型表明,固定汇率下的货币政策是缺乏效力的。尽管货币供给增加能引起利率暂时下降和资本流出,但是其后果与浮动汇率截然不同。由于汇率不变,所以,该国未能发生净出口的增加。为了维持固定汇率,在资本流出时该国必须动用外汇储备来干预外汇市场。该国外汇储备减少会使该国货币供给减少,于是,最终该国货币供给会恢复到期初的水平。

我们可借助于图7-6来说明固定汇率制下货币政策的效力。我们仍设期初该经济处于 A 点,政府通过增加国内信贷使 LM 曲线移到 LM' 的位置,它所引起的利率暂时性下降仍可由 C 点表示。在固定汇率制下,货币政策未能引起 IS 曲线的移动,因为净出口并未增加。利率下降引起资本流出,该国动用外汇储备来抵消它对汇率的影响，于是 LM' 曲线向左移动，回到 LM 曲线的位置，该国恢复期初均衡状态，但是国民生产总值缺口并未消除。

因此，在基本 MF 模型中，固定汇率制下货币供给增加的结果是：①本国利率发生暂时性下降（C 点）；②本国收入不变（仍然在 A 点）；③本国外汇储备减少。

固定汇率下，货币扩张影响收入和就业的逻辑关系可以用图 7－8 来表示。

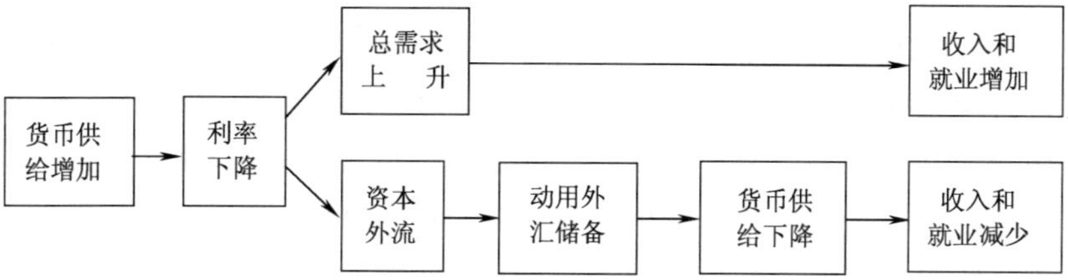

图 7－8　固定汇率下货币扩张对收入和就业的影响

（三）浮动汇率制下财政政策的效力

下面以扩张性财政政策为例，说明浮动汇率下财政政策的效力。在图 7－6 中，如果政府未实行扩张性货币政策，而是通过增加政府支出使 IS 曲线移到 IS' 的位置，那么，本国利率会暂时性上升，如 LM 曲线和 IS' 曲线的交点 D 所示。利率上升会引起资本大量流入，这又通过外汇市场供求关系的变化导致外汇汇率下降（本币升值）。若马歇尔—勒纳条件成立，外汇汇率下降导致本国净出口减少或成为负值，从而会推动 IS' 曲线向左移动，直到它回到 IS 曲线的位置。

因此，在浮动汇率制下，扩张性财政政策将导致：①利率暂时性上升（D 点），但最终它会回到期初等于外国利率的水平（A 点）；②外汇汇率下降或本币对外升值；③本国收入不变（仍然在 A 点）；④本国贸易收支恶化。浮动汇率下，财政扩张影响收入和就业的逻辑关系可以用图 7－9 来表示。

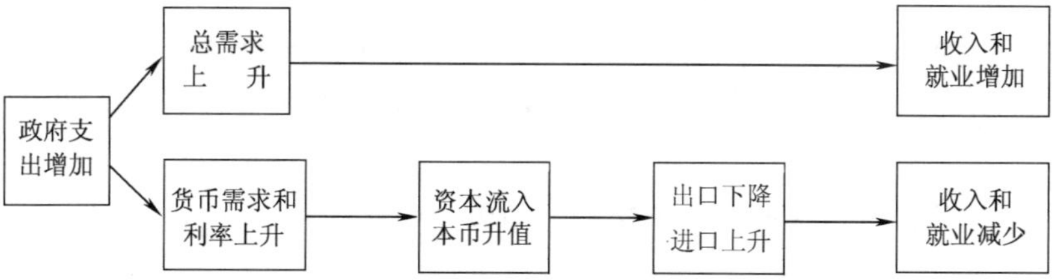

图 7－9　浮动汇率下财政扩张对收入和就业的影响

上述分析告诉我们，在浮动汇率制下，财政政策与货币政策的效力不同：扩张性货币政策导致收入增加和贸易顺差；扩张性财政政策对收入无效力且引起贸易逆差。这种比较的政策含义是：在浮动汇率制下，政府应重视使用货币政策作为调节宏观经济运行的手段。

(四)固定汇率制下财政政策的效力

在 MF 模型中,固定汇率制下财政政策是富有效力的。与浮动汇率制的情况一样,在固定汇率制下扩张性财政政策也会引起本国利率上升和资本流入,但是,与浮动汇率制情况不同的是,资本流入并未改变汇率,而是使该国外汇储备增加;于是,该国货币供给也会增加。货币供给增加会导致本国利率回落,并最终使该国处于均衡状态。

我们仍可借用图 7-6 说明固定汇率制下财政政策的效力。设该经济在期初处于 *A* 点,存在失业问题。该国政府实行扩张性财政政策,使 *IS* 曲线移到 *IS′* 的位置。于是,本国利率暂时上升,如 *D* 点所示。由于资本流入和干预外汇市场使外汇储备增加,*LM* 曲线也会向右移到 *LM′* 的位置。最终,在 *B* 点该国实现了对内、对外同时平衡。

因此,在固定汇率制下,扩张性财政政策的影响是:①利率暂时上升(*D* 点);②本国收入增加,而且,财政政策能够十分有效地改变本国收入(先从 *A* 增加到 *D*,然后进一步增加到 *B*);③本国外汇储备增加。固定汇率下,财政扩张影响收入和就业的逻辑关系可以用图 7-10 来表示。

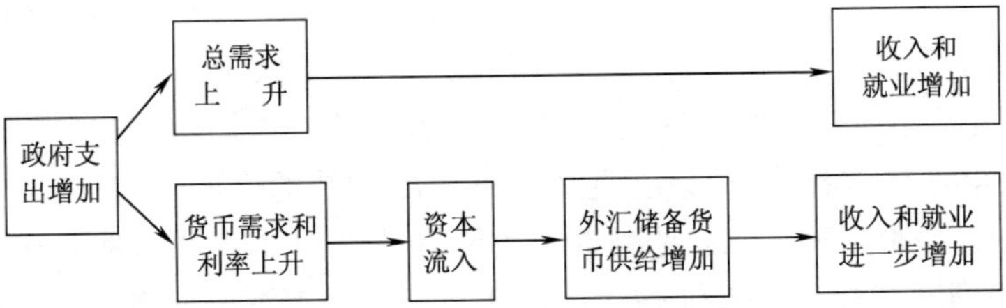

图 7-10　固定汇率下财政扩张对收入和就业的影响

上述分析表明,在固定汇率制下,财政政策与货币政策的效力是不同的:扩张性货币政策会使外汇储备减少而且不改变收入;扩张性财政政策会使收入和外汇储备增加。所以,在固定汇率制下,财政政策是更有效的调节宏观经济运行的政策手段。

结合上面的分析,我们将基本模型的结论归纳在表 7-2 中。

表 7-2　基本 MF 模型中财政政策和货币政策的效力

	财政政策	货币政策
浮动汇率	无　效	十分有效
固定汇率	十分有效	无　效

第三节　大国的蒙代尔—弗莱明模型

我们现在取消基本 MF 模型中的小国假定，将考察对象转向像美国这样的大国。所谓大国，指的是该国的财政政策与货币政策不仅暂时性地改变本国利率，而且能够影响外国利率。例如，大国实行扩张性货币政策，会使本国利率暂时下降，于是资本大量流出；其规模足以使外国货币供给增加和外国利率下降。在均衡状态下，本国利率仍与外国利率相等，但是二者都处于一个新的水平。显然，这种对模型的修正将会改变相应的结论。下面我们分别考察固定汇率制和浮动汇率制下的大国经济政策效果。

一、固定汇率制下大国的货币政策

在图 7－11 中，横轴 Y 表示收入，纵轴 i 表示利率。设大国在期初处于 A 点，并存在失业问题。该国通过扩张性货币政策使 LM_1 曲线移到 LM_2 的位置。于是，其利率会暂时性下降，如 IS 曲线与 LM_2 曲线的交点 B 所示。与前面的分析一样，利率下降会导致资本外流；为了维持固定汇率，政府要动用外汇储备干预外汇市场。外汇储备减少使该国 LM_2 曲线向左移动。与前面的分析不同的是，大国资本流出会使世界其余国家货币供给增加，于是外国利率由期初的 i_1^* 下降到 i_2^*，并使该大国的对外平衡线由 BP_1 下降到 BP_2 的位置。这样，当本国 LM 曲线向左移到 LM_3 的位置时，本国利率便能够与外国利率 i_2^* 相等，如 LM_3 曲线与 IS 曲线的交点 C 所示。利率相等后，资本便不再发生国际流动，本国也无须继续动用外汇储备，C 点构成新的均衡点。C 点在 A 点右下方，这说明在固定汇率制下，大国的货币政策能够改变国民收入。

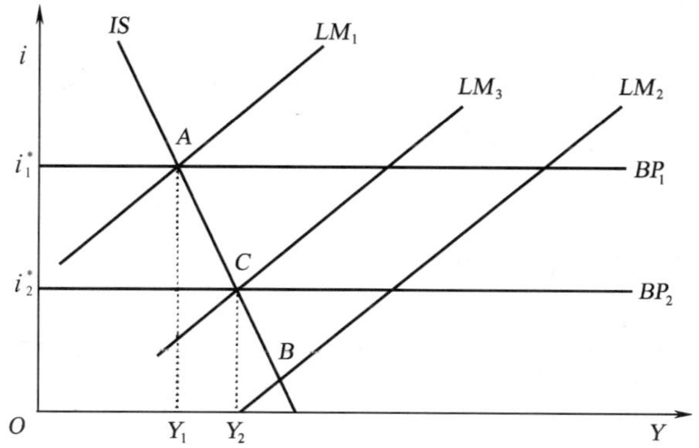

图 7－11　固定汇率下大国的货币政策

因此,在固定汇率制下,大国实行扩张性货币政策可以导致:①外国利率下降,从而本国利率会出现持久性下降;②本国收入增加;③本国外汇储备减少,但是减少的幅度低于小国案例。这些结论均与小国案例中的相应结论有所不同。

二、浮动汇率制下大国的货币政策

在图 7-12 中,设期初该国处于 A 点。为了解决失业问题,该国实行扩张性货币政策,使 LM_1 曲线移到 LM_2 的位置。于是,本国利率暂时性下降,如 IS_1 曲线与 LM_2 曲线的交点 B 所示。本国利率下降一方面引起资本流出,国外货币供给增加从而使国外利率由 i_1^* 下降到 i_2^*,于是该国对外平衡线由 BP_1 移到 BP_2 的位置。另一方面,在浮动汇率制下资本流出引起外汇汇率上升,本国净出口增加,IS_1 曲线向右移到 IS_2 的位置。IS_2,LM_2,BP_2 三条曲线相交于 C 点,该点是大国的均衡点。但是,在浮动汇率制下小国扩张性货币政策将使经济处于 D 点。

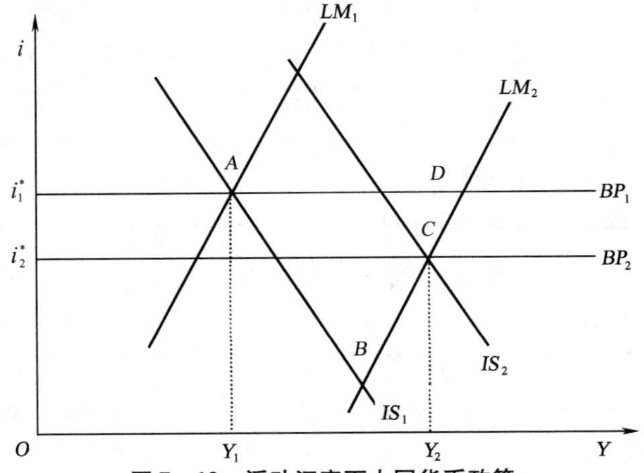

图 7-12　浮动汇率下大国货币政策

因此,在浮动汇率制下,大国实行扩张性货币政策可以导致:①外国利率下降,从而本国利率出现持久性下降;②本国收入增加,但是增加的幅度不如小国案例;③外汇汇率上升,但是上升的幅度低于小国案例;④本国贸易收支得到改善,但是改善的幅度不如小国案例。

三、浮动汇率下大国的财政政策

在图 7-13 中,设期初大国处于 E 点。为了解决失业问题,政府实行扩张性财政政策,通过增加政府支出使 IS_1 曲线移到 IS_2 的位置。这会引起该国利率暂时性上升,如 LM 曲线与 IS_2 曲线的交点 G 所示。于是资本大量由国外流入,这会带来两种影响:其一是外国利率由 i_1^* 上升到 i_2^*,该国对外平衡线也因此由 BP_1 上升到 BP_2 的位置;其二,外汇汇率下降即本币汇率上升,该国净出口成为负值,促使 IS_2

曲线向左移动。当 IS_2 曲线回到 IS_3 的位置时，该国在 F 点恢复均衡状态。

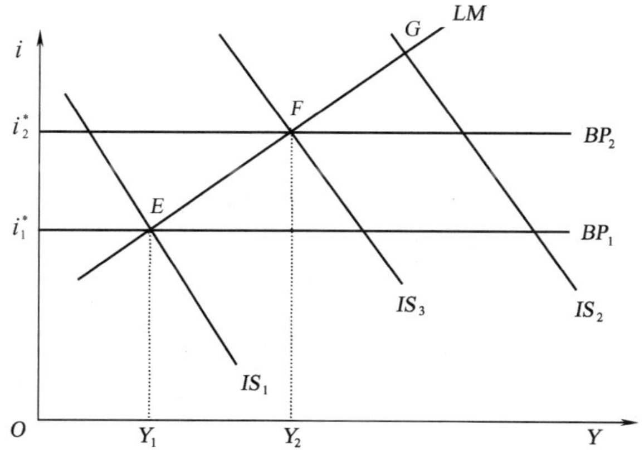

图 7－13　浮动汇率下大国的财政政策

因此，在浮动汇率制下，大国实行扩张性财政政策会引起：①外国利率上升，从而本国利率会出现持久性上升；②外汇汇率下降，但是其下降幅度不如小国的情况；③本国收入有所增加；④本国贸易收支恶化，原因在于外汇汇率的下降和本国收入的增加。

四、固定汇率制下大国的财政政策

在图 7－14 中，设大国在期初处于 A 点，并存在失业。政府的扩张性财政政策使 IS_1 曲线移到 IS_2。这导致本国利率上升，如 IS_2 曲线与 LM_1 曲线的交点 B 所示。于是外国资本流入，一方面，外国利率由 i_1^* 上升到 i_2^*，该国对外平衡线由 BP_1 上升到 BP_2；另一方面，为了维持固定汇率，该国增加外汇储备，从而使 LM_1 曲线移到

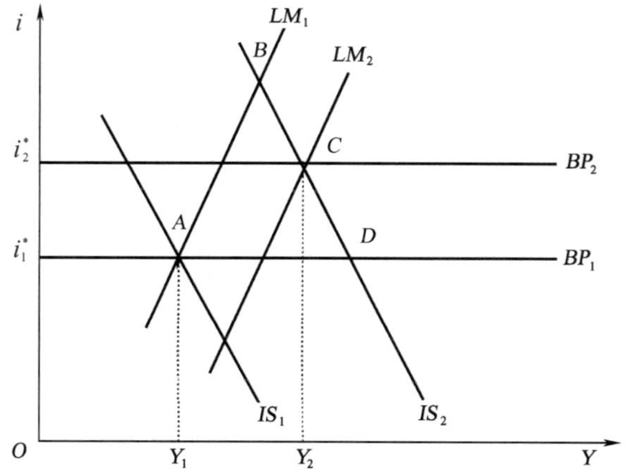

图 7－14　固定汇率下大国的财政政策

LM_2 的位置。最后，该国在 IS_2，LM_2，BP_2 三条曲线的交点 C 实现了均衡，而在小国情况下，最终均衡点在此表现为 D 点。

因此，固定汇率下，大国财政扩张会造成：①本国和外国利率同时上升；②本国收入增加，但增加的幅度不如小国的情形；③本国外汇储备增加，但增加的幅度小于小国的情形。

在对小国的分析中已得知，浮动汇率下的财政政策是缺乏效力的，而固定汇率下的货币政策是缺乏效力的；对大国的分析表明，浮动汇率下的财政政策和固定汇率下的货币政策都具有一定的效力。同样，对小国的分析表明，浮动汇率下的货币政策和固定汇率下的财政政策都是十分有效的；而在大国浮动汇率下的货币政策和固定汇率下的财政政策的效力都相应减少。导致这种差异的原因在于大国是国际市场利率的确定者，而小国只是利率的接受者。

第四节　资本不完全流动下的蒙代尔—弗莱明模型

在资本不完全流动的条件下，BP 曲线是一条向右上方倾斜的曲线，其斜率为正值，反映随着收入增加，利率必须上升才能维持对外平衡。这是因为当收入增加时，该国进口随之增加并引发贸易赤字；为了维持国际收支平衡，必须有更多的资本流入；而在资本不完全流动的条件下，只有提高利率才能保证资本流入增加。在一般情况下，BP 曲线的斜率小于 LM 曲线的斜率。因为，资本流动对利率的敏感程度要高于实际货币需求对利率的敏感程度。

一、浮动汇率制下的扩张性货币政策

在图 7－15 中，设期初该国经济处于 A 点。为了解决失业问题，政府实行扩张性货币政策，使 LM_1 曲线移到 LM_2 的位置。于是，本国利率暂时下降。利率下降

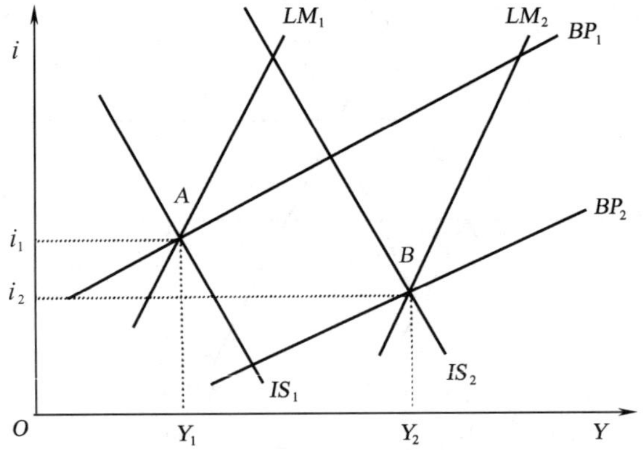

图 7－15　浮动汇率下的扩张性货币政策

导致资本外流，在浮动汇率制下导致外汇汇率上升，引起 BP_1 曲线移到 BP_2 的位置。另一方面，外汇汇率上升导致本国净出口增加，会使 IS_1 曲线移到 IS_2 的位置。这样，该经济均衡点由 A 点移到 B 点。

上述分析表明，在浮动汇率制下，扩张性货币政策会导致：①本币汇率下降；②本国收入增加；③本国利率下降。其中第三点结论涉及资本不完全流动性假定。由于汇率发生变动，所以本国和外国利率不再相等。这也是它与基本的 MF 模型的主要区别。

二、浮动汇率制下的扩张性财政政策

在图 7－16 中，设期初该国经济处于 A 点。为了解决失业问题，政府实行扩张性财政政策，使 IS_1 曲线移到 IS_2 的位置。于是，本国利率暂时性上升到 B 点所示的高度。本国利率上升引起资本流入。在浮动汇率制下，这会导致外汇汇率下降，从而使 BP_1 曲线移到 BP_2 的位置。另一方面，外汇汇率下降导致本国净出口减少，引起 IS_2 曲线向左移到 IS_3 的位置。最后，该经济在 C 点达到了新的均衡。

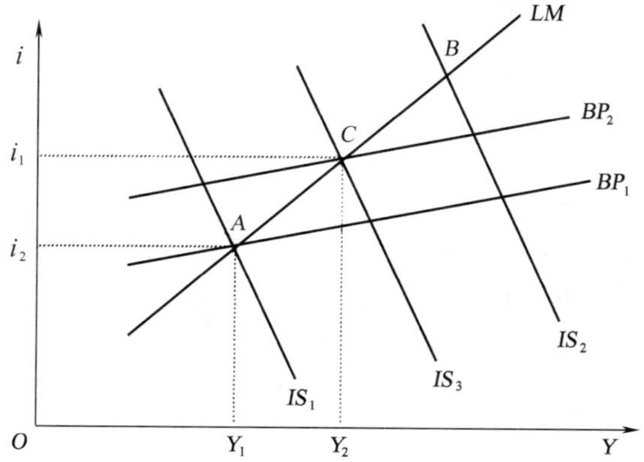

图 7－16　浮动汇率下的扩张性财政政策

上述分析表明，在浮动汇率制下扩张性财政政策会导致：①本币汇率上升；②本国收入增加；③本国利率上升。与基本的 MF 模型相比，资本不完全流动导致的结论有两点重要变化，即收入增加和利率上升。在浮动汇率制下，资本不完全流动假定的政策含义是：财政政策不再是无效的，而货币政策的效力有所减弱。

三、固定汇率制下的扩张性货币政策

在图 7－17 中，设期初该国经济处于 A 点，为解决失业问题，该国通过扩张性货币政策使 LM_1 曲线移到 LM_2 的位置。于是，该国利率下降，由 IS 曲线与 LM_2 曲线的交点 B 所示。利率下降使该国资本外流；同时，在汇率不变时收入增加也会使该国净出口减少。为了维持固定汇率，该国只能动用外汇储备，于是，货币供给减少，LM_2 曲线最终左移到 LM_1 的位置。

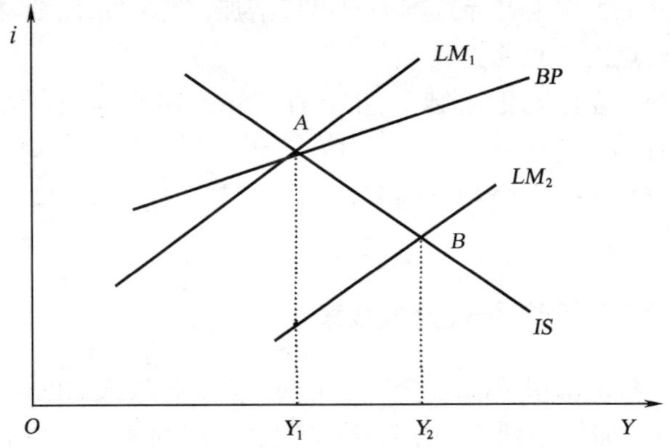

图 7－17　固定汇率下的扩张性货币政策

上述分析表明，在固定汇率制下扩张性货币政策在短期会引起利率下降、收入增加和国际收支逆差；但是其长期效应只体现在外汇储备减少，长期内收入、利率和国际收支状况不变。

四、固定汇率制下的扩张性财政政策

在图 7－18 中，设期初该经济处于 A 点。为解决失业问题，该国实行扩张性财政政策使 IS_1 曲线移到 IS_2 的位置。于是，利率上升（C 点所示）。C 点位于 BP 曲线上方，表示存在国际收支顺差，或者说利率上升引致的资本流入超出收入增加导致的净出口减少。为了维持固定汇率，该国通过干预外汇市场使其外汇储备增加，这会推动 LM_1 曲线移到 LM_2 的位置。最后，该国在 B 点恢复了国际收支平衡。

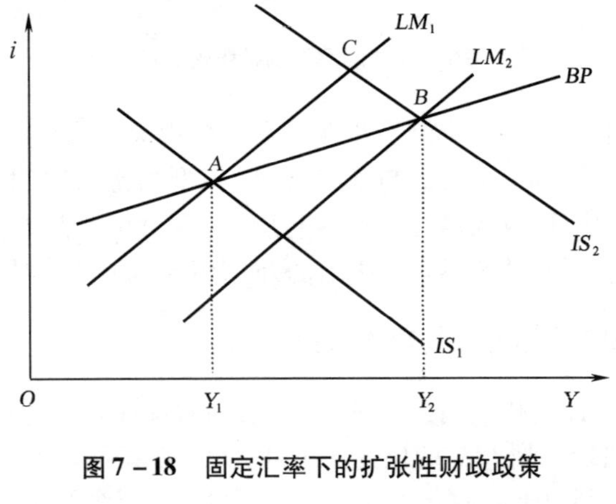

图 7－18　固定汇率下的扩张性财政政策

上述分析表明，在固定汇率制下，扩张性财政政策在短期内会引起利率上升、收入增加和国际收支顺差；其长期效应表现为收入进一步增加，利率上升幅度减小。

五、蒙代尔—弗莱明模型的局限性

蒙代尔—弗莱明模型是宏观经济学 IS－LM 曲线分析在开放经济环境下的扩展。它对不同汇率制度下财政政策与货币政策的效力进行了考察，所得出的基本结论具有明显的理论意义和现实意义，对货币主义的国际金融理论产生了重大影响。

但是，由于该模型建立在一系列严格的假设条件之上，局限性表现得十分明显：①假定人们预期汇率变动率为零，这并不符合现实情况。在存在汇率预期的情况下，浮动汇率制下的货币政策的效力会有所减弱，而财政政策也将只有短期效力。②所进行的均衡分析假定调整过程瞬间完成，未能考虑 J 曲线效应，会削弱该模型所得出的结论。③所假定的价格水平不变并不符合现实。④该模型的假设条件尤其不符合发展中国家的现实情况。

主要概念

内部平衡　　外部平衡　　支出调整政策　　支出转移政策　　有效市场分类原则

思考题

1. 不同汇率制度下的政策配合方式有什么不同？
2. 简述蒙代尔的政策配合原理。
3. 以小国的模型，分析不同汇率制度下的财政政策和货币政策对国民收入的影响。
4. 基本的 MF 模型与大国的 MF 模型得出的结论有什么不同？

第八章

欧洲货币市场

国际金融业务,既包括传统的业务,也包括新型的业务——欧洲货币业务。20世纪60年代以来,欧洲货币市场逐步成为国际金融市场的主体。在本章,我们首先简要介绍国际金融市场的发展过程;然后重点介绍欧洲货币市场的内容,包括欧洲货币市场产生的原因、经营的特点及其经济影响等;最后介绍了中国离岸金融业务的特点。

第一节　国际金融市场概述

一、国际金融市场的含义

所谓金融,就是资金的融通,也就是资金的借贷关系。由多边资金借贷关系而形成的资金供求市场,就是金融市场。如果金融市场上的资金借贷关系发生在本国居民之间,而不涉及其他国家的居民,就是国内金融市场。在一个国内金融市场中,只能发生一种类型的交易,即国内借款人向国内贷款人借用资金;如果它涉及其他国家,超越国境进行资金借贷,就是国际金融市场。换言之,国际金融市场就是非居民可以参加的,从事国际借贷的信用市场,是资金在国际进行流动或金融产品在国际进行买卖和交换的场所。

在国际金融市场上,可能发生三种类型的交易:①本国资金供给者和外国资金需求者之间的交易;②外国资金供给者和本国资金需求者之间的交易;③外国资金供给者和外国资金需求者之间的交易,也就是境外交易(参见图8－1)。这三种类型的资金交易可以分为两种市场:前两种交易构成了传统的国际金融市场。这些交易一般使用市场所在国发行的货币在原有的国内市场进行,而且交易活动必须受当地金融法规的管辖。该市场实际上是国内金融市场的对外延伸。第三种交易则构成了新型的国际金融市场。在这一市场上,交易的货币一般不是由市场所在国发行的,比如,在伦敦所进行的美元信贷业务。我们称这一市场为欧洲货币市场,即在某种货币发行国国境之外从事该种货币借贷的市场。它构成了国际金融市场的主体。

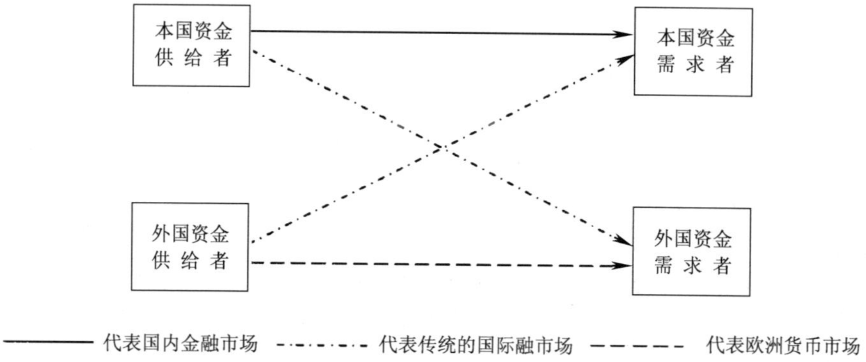

图 8－1 金融市场示意图

资金在国际流动的前提是作为载体的货币可以自由兑换，因此，从事货币兑换的外汇市场是国际金融市场的基础。国际金融市场就是由传统国际金融市场、欧洲货币市场与外汇市场这三部分所构成的相互联系的整体。

二、国际金融市场的发展过程

最早的国际金融市场是在自由的国内金融市场的对外业务上扩展而产生的。它伴随着早期的国际贸易与直接国际投资活动而发生，其间也有为政府债券融资和国际战争赔款事项而引发的国际金融活动，这些国际金融市场操作基本上是在北美与西欧国家的范围内进行的。

这种自由的或自发意义上的国际金融市场状况一直维持到 20 世纪初。由于世界大战与经济大萧条，20 世纪初以后的国际金融市场出现了人为的国际与国内市场相隔绝的状况。在 20 世纪 50 年代以前，世界绝大部分的国家仅维持国内金融市场，而基本停止扮演国际金融市场有机组成部分的角色。只有美国、瑞士等极少数国家尚保持着国际与国内基本相通的金融市场，其中，美国对居民的国际融资活动仍有不少的限制。还有英法等一小部分国家，虽然在这一期间维持着国际金融市场的运作，但已与其国内金融市场有较大的隔绝。

也正是在这一环境下，以国际融资活动为代表的国际金融市场，慢慢地产生出以伦敦欧洲货币市场为代表的离岸性金融市场的运作模式，从而发展了与传统自由状态下国际金融市场不同的国际性方式。其基本特征为该金融市场进行非本币币种和非本国金融工具的国际交易，从而丰富了传统的国际金融市场所具有的非居民参与的国际性。这一市场虽萌生于 20 世纪 50 年代后期，但它的迅猛发展主要还是在 70 年代以后。它也使得伦敦于 70 年代起重振雄风，再度成为国际金融市场的核心之一。

同时，布雷顿森林体系崩溃之后，西方许多国家的金融市场再度成为国际性金融市场，非居民在其间的运作规模与品种都有较大的增长，尽管仍不能达到20世纪初及之前的国际与国内金融市场自然相通的状况，但金融市场的对外自由度已有很大提高。

发展中国家自20世纪70年代起加快了金融市场的改革与发展，进入80年代以后，一批发展中国家逐渐融入国际金融市场的发展之中，它们不仅更多地参与发达国家国际金融市场的金融活动，成为国际金融市场上的生力军，而且其中一些新兴市场经济国家金融市场的对外开放在80年代后期与90年代初期亦达到了较快的发展速度，大大推动了国际金融市场的扩张速度。但是，由于一些发展中国家过快地推进了国内金融市场的对外开放速度，或者没有实施与此相适应的对外金融经济体制的配套政策，因此，在1993年与1997年先后爆发了墨西哥金融危机与东南亚金融危机。这些危机的发生使得发展中国家在不改变金融市场国际化发展方向的同时，对其发展步伐产生了一定的影响。

第二节 欧洲货币市场的产生

一、欧洲货币和欧洲货币市场

欧洲货币（Eurocurrency）是在货币发行国境外被储蓄和借贷的各种货币的总称。欧洲货币市场就是经营欧洲货币业务的市场。“欧洲货币”这一名称极易引起误解，首先，它并不是指欧洲国家的货币，而是欧洲美元、欧洲英镑、欧洲日元等货币的总称。其次，欧洲货币市场并不局限于欧洲境内的金融中心，尽管欧洲美元最初是在欧洲地区的银行（可能是欧洲国家的银行，也可能是包括美国在内的其他国家在欧洲地区的分支机构）被交易的，但现在已超出欧洲的范围，在亚洲一些地区（如东京、香港、巴林）、加勒比地区（如巴哈马、开曼群岛）形成了许多重要的金融中心。因此，这里的“欧洲”已失去了地理上的意义，被赋予了经济上的意义，实际上等同于“境外”或“离岸”的意思，所以欧洲货币市场又称境外金融市场或离岸金融市场（Off－Shore Financial Market）。

欧洲货币市场的核心是银行，包括商业银行和投资银行，称为欧洲银行。它们吸收欧洲货币储蓄、发放欧洲货币贷款，并服务于欧洲债券的发行。这些银行的活动共同形成了一个有效的离岸银行体系。值得注意的是，欧洲银行并不是独立的、专门吸收欧洲货币储蓄、发放欧洲货币贷款的银行，它们通常是国内大银行的一个部门或分支机构，吸收欧洲货币储蓄、发放欧洲货币贷款只是其众多业务活动中的一种。欧洲货币市场的业务主要有三类：吸收储蓄、银行信贷和发行欧洲债券。

二、欧洲货币市场产生和发展的原因

（一）欧洲货币市场的形成条件

欧洲货币市场是金融自由化、国际化的产物，它的建立是金融市场国际化的一个历史性创新。欧洲货币市场最早形成于伦敦，它是在50年代末随着欧洲美元的大量涌现、欧洲货币市场初步形成和发展，以及国际游移资金的膨胀和国际银行的扩张而逐渐在世界各地发展起来的。

欧洲货币市场形成的主要条件包括：①政府应提供金融优惠待遇，如免缴存款准备金、保险费，减免税收（如减免利息预扣税、所得税、地方税、印花税），并基本解除外汇和金融管制。②政局稳定、经济繁荣。这是最基本的条件。市场所在地历史上就是传统的地区贸易中心或交通枢纽，政府积极鼓励外国银行进驻。③金融体系发达。所在地具有健全的银行体系，且管理制度完善、严密。金融业务量大，信用发达，可以顺利地筹措和运用资金，能为资金供求转移提供方便，并有素质良好的国际金融专业人才。④辅助条件完备。例如，市场所在地拥有熟悉国际惯例的律师、会计师，还有良好的办公及居住环境等。⑤市场职能完善，保守交易秘密，市场所在地具有现代化的国际通信设施和其他支持性的服务行业；服务效率高，使国际结算、国际信贷、投资和国际资金流动能方便地进行；又有严格的保密法规可以迎合顾客的心理安全感。⑥良好的地理位置，不仅指时区位置，还指在地理上接近经济活力强的地区，海陆空交通发达便利。

上述是形成欧洲货币市场所必须具备的内部因素。从欧洲货币市场的发展实践来看，一个欧洲货币市场的形成，往往还要借助于某些特定的历史条件作为外部“催化剂”。例如，伦敦欧洲货币市场的形成与欧洲美元市场的出现密不可分；新加坡欧洲货币市场的形成依赖于刚独立的政府的大力扶植，以及当时香港政府不愿撤销外币存款利息税和日本政府不希望日元受美元的冲击而拱手让出亚洲美元市场的选择权；巴林离岸金融中心的崛起，得益于海湾阿拉伯国家转变对待盈余石油美元的方针和原中东国际金融中心贝鲁特因内战而迅速衰落。

（二）欧洲货币市场的发展过程

欧洲货币市场的发展，大体上经历了三个阶段：

第一，20世纪50年代后期至60年代中期，是形成及初步发展阶段。二战后，欧美经济、货币和资本市场的国际化有了进一步的发展。但是，进入50年代后，由于美国国际收支连年逆差，“Q项条例”及利息平衡税的开征，使欧洲聚集了大量的美元；同时，西欧各国经济复苏，相继取消外汇管制，实行货币自由兑换，欧洲各国的货币地位相对增强。鉴于朝鲜战争中美国政府冻结了中国存放在美国银行的资金，苏联和东欧各国便将其在美国的美元存款转存于欧洲商业银行，如苏联在伦敦开设的“莫斯科国民银行”，在巴黎开设的“北欧商业银行”等，从而形成了最初的欧洲美元。①

1957 年,由于英国政府禁止商业银行对非英镑区提供英镑贸易信贷,伦敦的一些商业银行采取变通措施,贷出它们吸收的境外美元以应急需。由于借贷货币均为美元,所以当时称为欧洲美元市场。由于此类业务不受英国当局法令的限制,无须交纳存款准备金,存款利率可以自行规定,它们的经营活动所享受的自由程度超过了英美及其他国家的国内银行。这对财力雄厚的大银行极有吸引力,为它们开辟了新的业务领域。当时在伦敦的各国银行纷纷从事这种业务,从而伦敦形成了最早的欧洲货币市场。此后,随着欧洲货币市场的发展,离岸银行业务也在欧洲货币市场的一些主要国际金融市场,如卢森堡等地出现。

第二,20 世纪 60 年代后期至 70 年代末,是欧洲货币市场的全球扩散阶段。欧洲货币市场凭其自身优势,自 60 年代中期以后迅速发展,成为国际金融市场的核心和重要组成部分。1970—1981 年,8 个欧洲货币市场的资产存量增加了 50 倍,即从 100 亿美元增加到 5 140 亿美元,其占欧洲货币市场总资产的比重由 8.7% 上升到 28.5% 。同时,欧洲货币市场也成为发展中国家创建国际金融市场的一种主要形式,从而出现了东南亚、中东和加勒比海三大欧洲货币市场聚集地区。

60 年代后期,跨国公司战略重点向第三世界转移,对东南亚的资本输出大为加强;亚洲各国生产的国际化程度也显著提高,对资金的需求大增;同时,美国政府为减少资金外流,缓和国际收支逆差,采取金融紧缩政策,造成欧洲货币市场对美元需求明显大于供给,利率上扬。在此背景下,美国银行策划在亚洲建立一个境外美元借贷中心。新加坡政府采取积极措施,充分发挥自己的优势,亚洲美元市场应运而生,新加坡也发展成为世界上一个主要欧洲货币市场。此后,我国香港、菲律宾的马尼拉也相继采取优惠措施吸引外国银行从事离岸国际金融业务。

70 年代中期,中东产油国巨额石油美元急欲寻求投资场所,除投向欧美外,还有相当数量的游资在本地区游动。但中东各国金融市场吸收能力有限,本地区国际金融中心贝鲁特又因内战纷繁而日趋衰落,于是,巴林便充分发挥自身优势,通过大力发展离岸国际金融业务,迅速成为新兴的国际金融市场。阿联酋政府也致力于把迪拜发展成为欧洲货币市场的工作。

加勒比海地区的一些岛国,60 年代中期迅速发展成为欧洲货币市场。由于国土狭小、资源缺乏,它们普遍利用极为优惠的税收政策和宽松的经营环境,以及严格的银行保密法,来吸引外国银行和资金,成为逃税乐园。因而,“空壳”或名义分

① 1963 年,美国对本国居民购买外国证券(外国居民在美国发行的美元证券)开征利息平衡税,其目的是限制美元外流。为了扩大债券发行(发行欧洲美元债券)的业务,美国的一些银行的海外分支机构开始迅速增加,从而使得美元外流。1966 年,美联储发布 Q 项条例。该条例对国内储蓄存款的利率规定了上限。由于国内吸收存款的能力下降,美国的一些银行开始提高欧洲美元存款的利率,使美元大量流入欧洲货币市场。

行遍布，这是典型的名义中心或避税港型欧洲货币市场。

第三，20世纪80年代，美、日等国相继开设欧洲货币市场，全球欧洲货币市场网络形成。欧洲货币市场本来的含义是境外货币交易市场，但是这个概念后来有了突破性的改变，欧洲货币市场也有了重大的突破和发展。1981年6月9日，美国联邦储备局批准“国际银行设施”(International Banking Facilities，IBF)法案，并于当年12月3日生效，从此，纽约便成为美国境内第一个欧洲美元市场。实际上，国际银行设施是纽约离岸市场的正式名称，是美国本土的欧洲货币市场。

美国国际银行设施的特点是：①凡获准吸收存款的美国银行、外国银行均可申请加入“国际银行设施”(国际金融自由区)，成为其会员。②国际银行设施的交易严格限制于会员机构与非居民之间。即允许会员机构吸收外国居民、银行、公司及美国在国外公司的存款，并允许会员机构对上述非居民机构贷款，但贷款必须用于美国境外。③国际银行设施的交易可豁免存款准备金、利率上限、存款保险，交易者还豁免利息预扣税和地方税。④存放在国际银行设施账户上的美元视为境外货币，与国内美元账户严格分开。

美国国际银行设施吸引了巨额资本流入美国，改善了国际收支。更重要的是可以吸收巨额境外美元，从而削减其他离岸中心的地位，加强美国金融资本经营境外货币业务的竞争力。继美国之后，1986年12月东京离岸国际金融市场开张，其类型与纽约的国际银行设施类型相似。

第三节 欧洲货币市场的种类及特点

一、欧洲货币市场的种类

当今世界离岸国际金融市场因受地理条件、历史背景、经济环境等因素的影响，表现为三种类型：

第一种是伦敦型，也称为内外一体型。其特点是资金的出境和入境没有直接联系，资金的出入境不受限制，入境资金不需交纳存款准备金，其营运收益也不纳税。由于伦敦国内金融市场没有外汇和利率管制，也不需交纳税金，因此在伦敦，离岸市场和国内金融市场是一个整体。现在，伦敦型离岸金融市场还包括我国香港。

第二种是纽约IBF型，也称为内外分离型。这类离岸金融市场的特点是虽在税收、利率和存款准备金等方面没有限制，但它是与美国国内金融业务分离的市场，进入离岸市场的金融机构必须开设离岸业务专门账户——IBF账户，离岸交易在此账户内进行，且必须为境外与境外的交易。纽约IBF型的离岸金融市场除美国外，还有新加坡、巴林和东京等离岸金融市场。

第三种是避税型。其特点是在不需纳税的某个城市虚设一机构，在其账户上处理外对外交易，较为典型的此类市场有加勒比海的巴哈马、开曼、巴拿马、百慕大和维尔京群岛。

三种类型的离岸金融市场各具特色，避税港型离岸市场通常在小型岛国，它只是为使跨国银行能逃税而让其金融交易记入本地区的离岸银行账户上，实质上是起一个记账中心的作用，又叫名义中心（Paper Center）。

内外一体型离岸市场是指境内外业务融为一体，居民和非居民均可从事各种货币的存款和贷款业务。在一体型离岸市场上，金融业具有高度的经营自由，境内市场几乎完全开放，非居民之间的资本流动往往对市场所在国的经济、金融产生较大的直接影响。因此，一体型模式对所在地的经济、金融发展基础和管理水平提出较高的要求，通常要求取消外汇管制，给予高度的外汇交易自由，具备发达完善的金融体系、成熟的调控机制和强大的市场干预能力，以对抗外来的冲击。因此，为了维护国内经济、金融的稳定，大多数国家都采用对宏观调控机制和政府干预能力没有太高要求的内外分离型模式。

内外分离型离岸市场是由政府政策诱导、鼓励，专为非居民交易而创设的，这一市场所在地的金融管理当局将离岸业务与国内业务、在岸业务严格分离，这种分离不是地域上的分离而是银行账户上的分离，银行必须有记录国内业务、在岸业务与离岸业务的几套账户，账户之间不能混淆。这样，一方面便于金融管理当局对国内业务、在岸业务与离岸业务分别加以监控；另一方面，又可以较为有效地阻挡国际金融市场的动荡对国内金融市场的冲击。

内外一体型离岸市场和内外分离型离岸市场，都集中了众多的外资银行和金融机构，并且从事具体的资金存储、贷放以及各种投资和融资业务，因此被称为功能中心（Functional Center）。

二、欧洲货币市场的特点

欧洲货币市场是一种完全国际化的市场，是国际金融市场的主体。由于它经营的是境外货币，因此具有许多与在岸金融市场不同的经营特点。这些特点可归结为以下几点：

第一，市场范围广阔，不受地理限制，是由现代化网络联系而成的全球性统一市场，但也存在着一些地理中心。这些地理中心一般由传统的金融中心城市发展而来，例如，伦敦、纽约、东京等，它们所在国家经济发达，有充足的资金来源，历史上一直是资金的主要交易场所。

第二，交易规模巨大，交易品种、币种繁多，金融创新极其活跃。市场范围已超出欧洲而遍布世界各地，各种主要可兑换货币应有尽有。绝大多数欧洲货币市场上的单笔交易的金额都超过100万美元，几亿或几十亿美元的交易也很普遍。欧洲货币市场上的交易品种主要是同业拆放、欧洲银行贷款与欧洲债券。欧洲银行贷款既有固定利率贷款，也有浮动利率贷款，并且短、中、长期贷款都有，这些贷款的组织形式主要是辛迪加贷款（Syndicate Loans），或称银团贷款（Consortium Loans）。辛迪加贷款是指若干银行组成银团按共同的条件向借款人提供的信贷，它具有贷款数额大、期限长、参加银行多的特点。

欧洲债券（Eurobonds）是指在欧洲货币市场上发行、交易的债券，它是发行者在债券面值货币发行国以外的金融市场上发行的。欧洲债券不同于外国债券。所谓外国债券（Foreign Bonds）是指发行者在外国的金融市场上通过该国的金融机构发行的以该国货币为面值并为该国居民购买的债券。在美国发行的外国债券通常被称为“扬基债券”（Yankee Bonds），在日本发行的外国债券被称为“武士债券”（Samurai Bonds），在英国发行的外国债券被称为“猛犬债券”（Bulldog Bonds）。大多数欧洲债券的发行采用不记名的形式，并且有提前赎回的专门条款。欧洲债券发行也常通过辛迪加银团承购包销，这一辛迪加的组成除银行外，还包括证券公司等机构。欧洲债券和外国债券合起来被称为国际债券。

第三，有自己独特的利率结构。欧洲货币市场的利率体系基础是伦敦银行同业拆放利率（London Interbank Offered Rate，LIBOR）。伦敦银行同业拆放利率同各国的利率有一定的联系，但又不完全相同。它除与各国货币市场利率相互影响外，还受欧洲货币市场供求关系的影响。由于不受存款准备金和存款保险等金融法规的限制，欧洲货币市场存贷款的利差比各国国内市场要小（其存款利率较高，放款利率较低），这一利率上的优势使欧洲货币市场吸引了大批客户。

第四，由于一般从事非居民的境外货币借贷所受管制较少，欧洲货币市场的飞速发展对国内外经济产生了巨大的影响。由于它不受任何一国法律的管制，也不存在对这一市场专门进行管制的国际法律，因此，这一市场上的风险日益加剧。

第四节 欧洲货币市场的影响

欧洲货币市场的运行，对国际经济和国际金融产生了极为重要的影响。

一、积极影响

（1）欧洲货币市场为战后国际经济的恢复和发展注入了资金，促进了战后西欧、日本及许多发展中国家经济和贸易的发展。

（2）欧洲货币市场大规模的融资活动，推动了国际贸易的快速发展，而对外贸易的发展又是促进投资扩大和经济增长的有效途径。据国际货币基金组织统计，从1960年到1987年，国际贸易总额增长了近20倍。没有欧洲货币市场的资金支持，这一成就是不可能的。

(3)使国际金融市场的联系更密切。欧洲货币市场的形成与发展,在很大程度上改变了原有国际金融市场因国界限制而形成的相互隔绝状态,将大西洋两岸的金融市场联系在一起,从而促进了国际资金流动及国际金融的一体化,这符合国际经济发展的基本趋势。

(4)有助于一些国家国际收支的调节。欧洲货币市场极大地便利了短期资金的国际流动,特别是促进了石油美元的回流,缓和了世界性的国际收支不平衡问题。通过这个市场的调剂,国际储备盈余的国家和国际储备短缺的国家互通有无,使各自的国际收支状况得到改善和缓和。

二、消极影响

(1)使国际金融市场变得更加脆弱。由于欧洲货币存款绝大部分是1年以下的短期资本,而欧洲货币放款多半是中长期的,因此,使得金融市场一旦遇有风吹草动,便会导致资金周转不灵。并且,这些资金通过银行的多次转存,形成锁链式的借贷关系,一旦客户纷纷提取存款,许多银行资金周转不灵时,就有可能导致金融崩溃。

(2)使各国的金融政策更加难以贯彻执行。欧洲货币市场的存在往往削弱一国的金融政策效力。例如,西方国家为了反通货膨胀而收紧银根,实行紧缩政策时,国内银行和工商企业却可从利率低的欧洲货币市场借入资金,从而使紧缩政策不能达到预期效果。又如,当一些国家为刺激经济而放松银根时,大量资金为追求高利率而流向欧洲货币市场,结果是,各国货币当局将不得不提高国内利率以防止资金外流,从而使膨胀性的金融政策也难以奏效。

(3)外汇投机活动加剧了汇率波动。欧洲货币市场的大部分短期资金几乎都用于外汇交易,套汇与套利活动相结合,使大规模的资金在几种货币之间频繁移动,从而导致汇率的剧烈波动,甚至一些银行因此而倒闭破产,引起国际金融市场的动荡。

(4)加速了世界性通货膨胀。欧洲货币市场的借贷活动使一国的闲散资金变成了另一国的货币供给,使市场的信用基础扩大。另外,在欧洲货币市场上,大量游资冲击金价、汇率和商品市场,也不可避免地影响到各国的物价水平,导致输入性通货膨胀。因此,有人认为,欧洲货币市场对20世纪60年代后期和70年代初期世界性通货膨胀起到了推波助澜的作用。

第五节　中国的离岸金融业务

一、中国离岸金融业务的发展过程

中国的离岸金融业务,是指经外汇管理局批准经营外汇业务的中资银行及其分行,吸收非居民资金,服务于非居民的金融活动。其服务对象“非居民”是指在境外(含港、澳、台地区)的自然人、法人(含在境外注册的中国境外投资企业)、政府机构、国际组织以及其他经济组织,包括中资金融机构的海外分支机构,但不包括境内机构的境外代表机构和办事机构。经国家外汇管理局批准走向海外的中资企业,也可以开设离岸账户。

自1989年外汇管理局首次批准招商银行经营离岸金融业务以来,到目前为止,中国的离岸金融业务大体上经历了四个发展阶段。

(一)起步阶段(1989~1994年)

1989年,中国人民银行和国家外汇管理局批准招商银行在深圳经济特区试办离岸金融业务,开启了我国离岸金融市场发展的序幕。这一阶段,只有招商银行一家从事离岸金融业务。招商银行本着积极探索、稳健经营的方针,取得了很好的业绩。此时,中国的离岸金融业务的经营监管较为严格,始终采取“内外分离,两头在外”的经营模式,且离岸业务的资金来源及使用都只能与非居民相关,与在岸业务实行独立核算、分账管理、各自平衡,不能相互抵补。这一阶段仅仅是政策放开进行离岸业务的试点,限制较为严格,但发展势头迅猛。

(二)扩张阶段(1995~1998年)

在这一阶段,中国工商银行深圳分行、中国农业银行深圳分行、深圳发展银行和广东发展银行先后获准开办离岸金融业务,因此试点银行也扩展至5家。这一时期,离岸金融业务出现了快速增长,离岸资产规模急剧膨胀,形成了以招商银行为主导,其他四家银行奋起直追的格局。由于离岸业务无需缴纳存款准备金,并且享受一定税收优惠,其经营利润较高;1997年,中国的离岸资产总额达26.85亿美元,利润达5 747万美元。

(三)整顿阶段(1999~2002年)

受1997年亚洲金融危机的影响,香港经济遭受了巨大冲击,企业纷纷破产,房地产大幅缩水,经济持续低迷。这对于客户主要来源于香港的中国离岸金融业务来说,无疑是一场巨大的考验。加之前一阶段的盲目扩张和管理不善,离岸金融业务的资产质量不断恶化。针对这一情况,1999年初中国人民银行暂停了新的离岸资产业务;离岸业务进入了清理整顿阶段,业务的发展步入了停滞期。

(四)恢复阶段(2002年至今)

经过几年的规范整顿,中国人民银行于2002年恢复了离岸业务的政策允许。2002年,中国人民银行批准交通银行和浦东发展银行在上海、招商银行和深圳发展银行(现在合并更名为平安银行)在深圳开办离岸金融业务。中国的离岸金融业务再次启动。

自重新获批开办离岸金融业务以来,4家中资银行都重视建立健全离岸业务内部控制规范,提高业务管理水平和风险防范力度,针对所推出的离岸产品和服务，设计和制定出完善的管理制度和操作办法，确保各项业务的健康稳健发展。

2005 年 8 月，深圳发展银行和招商银行获中国银监会批准，成为我国第一批开办离岸担保业务的中资银行。2006 年 9 月，我国推出新的举措，允许天津滨海新区的金融机构开展离岸金融业务。此外，荷兰银行、汇丰银行、渣打银行等外资银行以及厦门国际等合资银行也陆续在中国内地开展离岸金融业务。

二、中国离岸金融业务的类型及经营特点

根据“内外分离、两头在外”的经营管理原则，目前我国试点银行的主要离岸业务包括以下方面。

（一）离岸存款业务

凡非居民均可以向开办离岸国际金融业务的银行申请办理离岸存款业务。存款币种目前主要为美元、英镑、日元、港币、欧元、澳元、加元和瑞士法郎等自由外汇。存款种类包括活期、定期和银行提供的其他形式的存款。

（二）离岸贷款业务

离岸贷款是指银行将非居民存款用于对非居民的贷款。与境内贷款一样，离岸贷款也要满足流动性、安全性和盈利性等基本特征，但还有另外一个特点，即原则上不采取信用贷款的方式，坚持以抵押担保（包括财产抵押和权益抵押）和信用担保的方式发放贷款。

我国离岸金融业务的经营具有以下特点：①内外分离经营，即离岸业务与在岸业务实行分账管理、独立核算、行内并表。②离岸客户群主要分布在港澳地区，以香港等地的境外中资企业以及国内外商投资企业的境外股东为主要服务对象。香港市场的客户和资金占全部离岸业务客户和资金总量的 90% 以上。欧、美、日等经济发达地区的客户相对较少。③业务种类以传统的存款、贷款和结算等初级零售业务为主。根据我国离岸业务管理办法的规定，银行可以开办的离岸业务包括：外汇存款、外汇贷款、同业外汇拆借、国际结算、发行大额可转让凭证、外汇担保、咨询和见证等业务。但是从实际情况来看，目前我国中资银行的离岸业务主要集中在传统的存款、贷款和国际结算方面，业务种类比较单一。④银行重视提高离岸资产质量，控制信贷风险。为了规范经营，防范和控制风险，各家银行按照外汇管理局的要求，采取了多种措施，在建立健全离岸信贷内控制度、规范信贷审批和结构程序和降低不良资产比例等方面做出了相应的规定。

三、离岸人民币市场的发展

离岸人民币市场，是指在中国境外（包括港、澳、台地区）进行人民币交易的市场。2008 年国际金融危机爆发之后，中国政府积极推进人民币在跨境贸易结

算中的运用。但是,跨境贸易人民币结算是在人民币的资本管制没有解除的情况下展开的,通过贸易流到境外的人民币不能够回流到国内的资本市场。这种情况下,发展人民币贸易结算,就需要解决流出境外的人民币的流通和交易问题,使拥有人民币的境外企业可以融出人民币,需要人民币的境外企业可以融入人民币。这就需要发展离岸人民币市场,使流到境外的人民币可以在境外离岸市场进行交易。

自2009年起,在人民币国际化战略的引导下,人民币离岸市场在全球实现了飞速发展。继中国香港之后,亚洲其他金融中心(比如新加坡和中国台湾),以及英国、法国、卢森堡、德国和澳大利亚等国,也陆续开展了人民币离岸市场业务。

借助于跨境贸易的人民币结算和存款业务,中国香港形成了规模最大的境外人民币资金市场。2010年新修订的人民币业务清算协议,使得中国香港跨境贸易人民币结算金额从2010年的3 700亿元大幅增长至2014年的6.26万亿元。在中央政府明确表示支持香港建设人民币离岸金融中心后,香港的人民币存款余额从2009年初的560亿元,增长至2014年年底的10 000亿元以上。2015年8月11日,中国人民银行宣布调整人民币对美元汇率中间价报价机制,做市商参考上日银行间外汇市场收盘汇率,向中国外汇交易中心提供中间报价。这一调整使得人民币兑美元汇率中间价机制进一步市场化,更加真实地反映了当期外汇市场的供求关系。"8.11汇改"后,由于市场对人民币有贬值预期,2016年香港人民币的存款余额降至6 000亿元。

目前,中国与全球多个国家和地区签署了人民币清算协议;莫斯科、伦敦和法兰克福等城市相继成功发行了人民币金融产品。全球已经有近10个国家或地区推出了人民币外汇期货,其中芝加哥商品交易所(CME)、新加坡交易所、香港交易所、洲际交易所(ICE)和台湾期交所推出了人民币对美元的期货合约,其他交易所(比如南非约翰内斯堡证券交易所、巴西商品期货交易所、莫斯科交易所和韩国交易所等)推出了人民币对当地货币的期货合约。

截至2015年年末,在上述人民币离岸市场上已经初步形成了约12 000亿元人民币的资产规模(主要集中在香港),这些资产的主要形式是离岸人民币存款和人民币债券,且前者占到了绝大部分。至此,中国的人民币初步形成了"在岸市场—离岸中心—离岸区域枢纽"三个层次的全球交易网络;或者说,形成了由"上海—香港—其他离岸中心"所构成的三个层次的网络体系。

此外,人民币离岸市场也开始了在美国的布局。2016年6月,中国人民银行与美联储签署了人民币清算安排合作备忘录,首次向美国授予2 500亿元人民币"合格境外机构投资者"(RQFII)额度。截至2016年上半年,美国市场人民币支付清算金额接近10万亿元,在全球人民币离岸市场的排名已上升到第5位(占比26%),位于中国香港、伦敦、新加坡、中国台湾之后。

主要概念

欧洲货币　外国债券　欧洲债券　国际银行设施　国际债券　辛迪加贷款

思考题

1. 国际金融市场的基本职能是什么?
2. 有哪几种类型的欧洲货币市场? 其各自的特点如何?
3. 外国债券与欧洲债券有何区别?
4. 简述欧洲货币市场的特点。
5. 简述欧洲货币市场的运行对世界经济和金融带来的影响。
6. 中国离岸金融业务的经营具有哪些特点?

第九章

国际债务危机

战后大规模的国际资本流动,对资本输出国和资本输入国的经济都有着重要的作用,同时也会带来国际债务危机的问题。这一章,我们首先简要介绍与外债相关的基本理论;然后重点分析20世纪80年代初期,许多发展中国家所面临的债务危机问题,其中包括债务危机爆发的原因、债务危机的潜在影响,以及国际社会为化解债务危机所采取的措施;最后介绍近几年某些国家面临的主权债务危机。

第一节　外债偿还能力和债务周期

一、外债的定义

世界银行和国际货币基金组织认为,外债指在一定时期内,一国居民所欠非居民的已使用尚未清偿的具有契约性偿还义务的全部债务。从这一定义看,外债包含了三层含义:第一,外债的当事双方具有境内外的债权债务关系。外债不仅指直接对外借款,对外负债,如延期付款、补偿贸易(以现汇清偿的那部分债务)也属于外债范畴。这里关键是区分居民和非居民,前者是指居住一国境内的法人和自然人,后者是指居住在本国以外的法人和自然人。第二,具有契约性偿还义务的债务才构成外债。契约性是指建立在法律约束力基础之上的,即合法的和有效的。直接投资虽然也签订合同,但它确定的是投资与分配的关系,与到期偿还债务有区别。第三,已使用而尚未清偿的债务是指外债余额,对已签订借款协议但尚未提款使用的金额和使用完毕已还本付息的金额,不能算作外债。

二、外债偿还能力与债务周期

(一)外债偿还能力

所谓外债偿还能力,是看一个国家偿付其到期外债的能力。世界银行和国际货币基金组织根据以下比率来衡量一个国家的还债能力:偿债率、债务率、负债率、长短期债务比例等经济指标。

1. 偿债率(Debt Servicing Ratio)。偿债率是反映一国当年外汇收入所能支付当年还本付息的能力,即:偿债率 = 当年偿还外债本息额/年外汇收入。它是当年应偿付的外债本息额与出口收入额的比率。国际上通行的看法是,当年还本付息额警戒线为 20%。具体应使还债率保持在什么水平,还要根据各国国情确定。一般看,一国的还债率上升,该国政府要求延期偿还到期债务的可能性就相应增加。

2. 债务率(Foreign Debt Ratio)。债务率是反映一国当年外汇收入对外债余额的承受能力,即:债务率 = 外债余额/年外汇收入,警戒线为 100%。

3. 负债率(Liability Ratio)。负债率是反映国民经济状况与外债余额相适应的关系,即:负债率 = 外债余额/国民生产总值,警戒线为 20%。

4. 长短期债务比例。长短期债务比例表示一国的短期外债占整个外债的比例,短期外债受市场波动影响大,另外,短期外债用于长期投资具有较大风险,因此,短期外债不宜过多,短期债务比例不宜超过 20% ~25%。

此外,影响一国外债偿还能力的还有其他因素,从短期看,有债务期限结构、新借外债数量和国内进口刚性等因素。从长期看,则外商投资效益和国民收入的增长,对一国外债偿还能力都是至关重要的,一般外债多用于生产性和出口创汇项目,以保证实现外汇收入,满足还本付息需要。

(二)债务周期

世界各国利用外资,尤其是发展中国家利用外资,其目的是采用国际负债的方式来加快本国经济的发展,通过实现以自身积累能力为基础的持续增长,来摆脱对外资的依赖。从长远来看,一国债务的变化呈现出明显的周期性。债务周期一般可分三个阶段(如图 9-1 所示)。

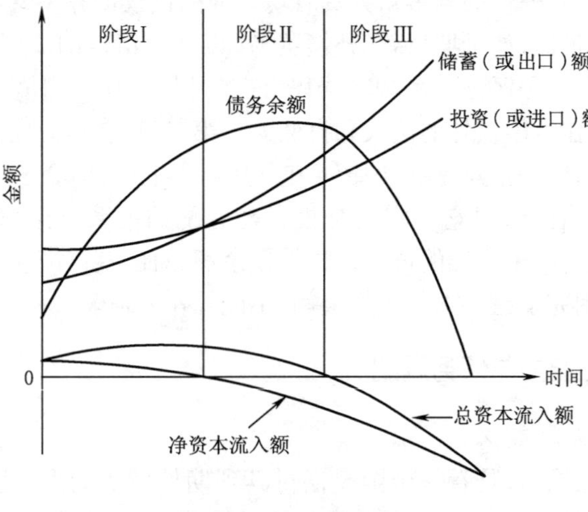

图 9-1　债务周期

第一阶段:由于为实现一定的目标增长率所需的投资额大于国内可能的储蓄,因而需要国外资本的流入以弥补国内储蓄的缺口。这一阶段单位时间的总资本流入额为净资本流入额与该时期还本付息额之和(净资本流入额=总资本流入额-还本付息额)。这一阶段的特点是:贸易逆差、净资本流入和债务上升。

第二阶段:随着经济发展,国内储蓄开始增加,并开始超过投资需求额,资本的净流出是使用国内储蓄(国民收入中的一部分)还本付息。但由于储蓄余额少于还本付息所需金额,仍需借用外资,总资本流入仍为正值。这一阶段的特点是,贸易逆差下降,开始出现顺差,资本流入下降,还本付息和投资分红增加,债务上升速度递减。

第三阶段:此时的国内储蓄已达到能充分投资与还本付息的规模,因而无须再借外资,资本流入转变为资本流出,国内在此前积累起来的债务余额逐渐趋于减少直至为零。这一阶段的特点是,贸易顺差上升,净资本流出,外债余额下降。

从实践看,债务周期的不同阶段对国民经济的发展提出了不同要求。图9-1显示,在第一阶段,投资的增长率必须高于储蓄的增长率。如果投资的增长率等于储蓄的增长率,在假定引进的资本只是用于投资的前提下,就不会出现净流入的递增。在第二阶段,储蓄的增长率必须高于投资的增长率,边际倾向大于投资率。只有这样,才能使国民经济逐渐摆脱对外部资金的依赖,实现在国外资本净流入逐步减少情况下的经济增长。在第三阶段,储蓄增长率仍继续高于投资的增长率。这样,国民经济才可能在储蓄流出(偿付外债)的情况下,有足够的积累用于建设。

外债周期理论描述了外债总水平的一般变动规律:从不成熟债务国阶段(第一阶段),向成熟债务国阶段(第二阶段)和债务减少国阶段(第三阶段)的转变。但是,现实生活中,并非任何一个债务国都能够经历这一假设的良性循环。要具备较好的政策选择和宏观经济调控方式,才能够顺利实现债务周期的阶段性转换。否则,就有可能出现债务危机。

第二节 国际债务危机的产生

第二次世界大战后,大批发展中国家在政治上取得了独立,但是它们大都在经济上非常落后:生产停滞、国民收入很低、资金和外汇严重短缺、经济结构畸形、基础设施薄弱、生产技术落后。为了改变贫穷落后的局面,推动国民经济的迅速发展,绝大多数发展中国家走上了利用外资的道路。

战后20多年内,特别是20世纪60年代,发展中国家外债增加较快。发展中国家的外债总额从1961年的216亿美元增加到1969年的609亿美元,年均增长

14%。但这一阶段发展中国家的债务总额不算大,各地区债务分布比较均衡,基本上没有发生严重的债务问题。

进入70年,尤其是1973年石油价格大幅度上涨之后,大量石油美元注入国际货币市场,发展中国家的对外负债呈现出新的格局。首先,私人债务的比重不断提高。到1980年,私人债务达2 698亿美元,占同期全部债务的63.7%,而官方债务为1 535亿美元,仅占全部债务的36.3%。私人债务剧增的直接后果是发展中国家的债务负担增加,借款条件更苛刻。如1980年的私人债务利率为13.2%,债期为8.8年,宽限期为3.6年,而同期的官方债务利率为6.7%,债期和宽限期分别为22年和5.6年。其次,发展中国家的债务主要集中于少数国家和地区。1979年底,12个非欧佩克(OPEC)发展中国家(地区)欠商业银行债务达1 000亿美元以上,占所有非欧佩克国家私人债务总额的2/3。其中巴西(中长期外债508亿美元)、墨西哥(376亿美元)、阿根廷(126亿美元)和韩国(155亿美元)是四个最大债务国,它们的长期债务总和占发展中国家中长期债务总额的30%左右。其三,发展中国家的偿债率不断提高。整体而言,发展中国家的偿债率从1973年的14%提高到1979年的19%,其中欧佩克以外的发展中国家的偿债率从1973年的16%提高到1979年的24%,已经超过了国际上公认的"安全线"。

大量外债的涌入促进了发展中国家的经济增长。1973—1980年,发展中国家的国内生产总值平均每年实际增长5.4%,远远超过同期西方发达国家2.8%的增长速度。有的国家经济增长更快,如巴西这一时期的年均增长率高达8%以上。表面的繁荣掩盖了种种不利的因素,人们对是否会发生债务危机莫衷一是。

1981年,波兰政府宣布无力偿还到期债务。截至该年年底,波兰的未清偿债务总额为160亿美元,其中24亿美元已经到期。波兰违约拖欠债务对西方债权银行是个不小的打击。经过协商谈判,西方债权银行同意将1981年到期的债务本金的偿还推迟几年,但要求偿还1981年的应付利息。波兰的债务危机就这样暂告平息,这一事件给西方银行界发出了一个危险的信号。

1982年8月13日,墨西哥财政部长席尔瓦·埃尔索格飞往华盛顿,先后拜访了国际货币基金组织、美国财政部和联邦储备银行,向这些机构发出正式通告:墨西哥政府无力偿还即将到期的债务。消息传出,立刻引起西方国家政府和业内人士的严重关注。可是危机才刚刚开始,9月,第三世界最大债务国巴西宣布,它急需175亿美元的新贷款解决偿债困难,此后近一年的时间里,拉丁美洲、东欧、亚洲、非洲地区的近30个国家先后发生偿债困难,要求重新安排债务,震撼世界的国际债务危机由此爆发了。

这次国际债务危机最显著的特点是卷入危机的国家众多、债务规模巨大。根据国际货币基金组织提供的资料,从1956年到1974年的18年间,整个发展中国家仅发生过30次重新安排债务的谈判,即每年平均1.7次,仅仅涉及11个国家和总计70亿美元的金额。而在1975年至1980年的6年间,重新安排债务的谈判也不过16次,平均每年不到3次,仅涉及9个国家和总计90亿美元的金额。然而,到了1981年和1982年,这类谈判猛增到27次,卷入的国家达16个,重新安排的债务额达150亿美元。1983年,重新安排债务的谈判剧增至30次以上,涉及29个国家,全部重新安排债务额达到6 988亿美元。而且,债务危机爆发以后,发展中国家的债务总额继续增长,1988年达到9 932亿美元,1990年超过了13 000亿美元。频繁与大规模的债务重新安排已成为国际债务危机的一个重要表现。这次危机的另一个特点是,债务国呈现地区性集中的趋势。据国际货币基金组织1990年的估计数字,拉美加勒比地区债务总额为4 348亿美元,约占发展中国家债务总额的1/3,而其中五个主要债务国1988年底的债务余额占该地区债务的83%,占发展中国家债务总额的26%。1989年,巴西债务为1 112.9亿美元,墨西哥为956.42亿美元,阿根廷为647.45亿美元,委内瑞拉为333.44亿美元,智利为182.41亿美元。此外,少数非洲国家虽然债务总额不大,但偿债率高得惊人,1983年,苏丹的偿债率(不包括短期偿债额)为173%,摩洛哥为70%。

第三节 国际债务危机爆发的原因

20世纪80年代,发展中国家债务问题的发生,既有内因即发展中国家本身的问题,也有外因即国际经济金融环境的问题。

一、内部原因

(一)过分依赖外资,导致外债规模越来越大

发展中国家债务问题起源于20世纪70年代中期,当时世界性的经济衰退导致各国经济增长速度普遍减慢。一些发展中国家为了摆脱危机,制定了急于求成的经济发展战略,盲目追求经济增长,不断扩大基建规模,耗用了巨额资金。但是由于这些国家国内储蓄水平一般较低,资金积累不足,不得不依靠大举借债来弥补缺口,由此走上了依赖外资的道路(参见表9-1)。

表9-1 主要债务国的负债情况 单位:亿美元

国家	1982年底外债余额	1983年应付本金和利息	偿债率(%)	负债率(%)
巴西	870	308	117	41.7
墨西哥	801	431	126	56.1
阿根廷	430	184	153	61.6
韩国	360	157	49	46.9

续表

国　家	1982 年底外债余额	1983 年应付本金和利息	偿债率(%)	负债率(%)
委内瑞拉	280	199	101	42. 2
以色列	267	152	126	104. 9
波　兰	160	78	94	—
苏　联	230	122	25	—
埃　及	192	60	46	54. 6
南斯拉夫	190	60	41	—
菲律宾	166	70	19	48. 0
民主德国	140	63	83	—
秘　鲁	115	39	79	71. 2
罗马尼亚	99	55	61	—
尼日利亚	93	49	28	14. 4
匈牙利	70	35	55	30. 4
扎伊尔	51	12	83	111. 2
赞比亚	45	20	195	134. 6
玻利维亚	31	10	118	53. 6

资料来源:摩根担保信托公司和 IMF《1985 年世界发展报告》。

发展中国家债务规模越来越大可以从国际资金供求两方面来说明。70 年代,国际的资金供应量大而且利率很低。1973 年石油大涨价,使一些石油出口国的外汇收入激增,其中有一部分流入国际市场,构成了投资和贷款资金的来源。70 年代是资本主义世界通货膨胀的年代,通货膨胀率比较高。名义利率虽然也提高了,但实际利率却很低,有时甚至是负数。1977—1979 年美元汇率又不断下跌。这些都对借债国很有利。发展中国家为了发展国内经济,需要大量利用外资。利用外资有两种主要的方式,即接受直接投资和借外债。在 70 年代,借外债比较有利。有些国家不愿跨国公司到国内进行直接投资,以免受外国的控制。跨国公司到这些国家投资也有种种顾虑。所以这些国家就利用外债来进行国内建设。同时,由于石油大涨价,非石油出口国进口石油的费用不断增加。1970 年每桶石油的价格为 2 美元,1980 年最高时曾达到 41 美元。据统计,每桶石油的价格上升 1 美元,非石油出口国为支付进口的石油就要多付 20 亿美元。加上其他因素,非石油出口国的对外收支逆差不断扩大,这也是造成外债不断增加的一个因素。

(二)投资管理失策,投资效率低下,经济发展缓慢

这方面的问题主要是:①超出本国吸收外资的能力盲目引进,国内缺乏相应的人力、物力与之配套,致使引进项目长期不能建成投产或达不到设计生产能力;②投资计划失之偏颇,不适应本国的经济结构和经济条件;③投资结构不合理,盲目建设了一些消费项目和大型公共项目,而没有将适当的投资用于发展出口,以致不能迅速创汇以还本付息,出现了外汇收支的严重失衡。投资失策的结果导致投资效率低下,经济发展缓慢。比如,1968—1977 年,15 个主要债务国实际国民生产总值年均增长率为 6.4%,而 1978—1981 年年均增长率只有 3.7%。经济发展的缓慢成为影响偿债能力的主要原因。

(三)宏观经济政策失误

发展中国家经济政策的失误也是导致债务问题恶化的重要原因。这方面的表现主要是:实行扩张性的财政和货币政策,导致财政赤字和通货膨胀。为了减轻财政赤字对通货膨胀的压力,政府一方面借用外资来填补赤字,直接增加了外债负担,另一方面又不得不人为地保持过高的名义利率和汇率,导致国内储蓄水平和积累率下降,投资效率低下,经济发展迟缓,国际收支恶化,从而加重了债务问题。

二、外部原因

(一)国际贸易条件恶化

80 年代初期,国际贸易条件(出口价/进口价)变得对发展中国家尤其是非产油国更加不利。贸易条件的恶化一方面是由于现代科技的飞速发展和采用各种工业替代原料,使得对原材料的需求相对减少,从而导致初级产品价格的相对下降,另一方面是由于国际垄断资本对初级产品市场的操纵控制压低了初级产品的价格并抬高制成品的价格。据联合国统计,非产油发展中国家 1971—1979 年出口价格水平每年增长 11.4%,而进口价格却每年增长 13.5%,致使贸易条件下降了 14%。贸易条件的恶化使发展中国家的出口收入减少,进口支出增加,贸易收支不断恶化。

(二)世界经济停滞和贸易保护主义抬头

70 年代中期和 80 年代初期两次世界性经济衰退,不仅引起初级产品和石油价格的下跌,恶化了发展中国家的贸易条件,而且导致发达国家贸易保护主义抬头,缩减了从发展中国家的进口,使发展中国家 1973—1980 年的出口收入每年要减少 500 亿~600 亿美元,严重削弱了发展中国家的偿债能力。

(三)国际借贷条件恶化

70 年代末,国际资本市场的借贷条件变得十分苛刻:首先,国际资本市场利率不断提高。70 年代中期,美元的名义利率为 6.8%;80 年代初期,曾一度超过了 20%,实际利率也从 1970 年的 2% 上升到 8%。其次,官方贷款利率大大提高。据

世界银行公布的数据,该行贷款名义利率1978年为8.7%,1981年上升到17.4%;1974—1979年,世界银行贷款的实际利率只有0.97%,而1980到1989年上升为5.85%。国际资本市场和官方贷款援助利率的提高使发展中国家债务总额的平均实际利率从70年代的6.3%,上升到1980—1982年的10.5%。专家估计,市场利率每提高一个百分点,发展中国家偿付的利息额就要增加约50亿~60亿美元。因此,1979—1980年,由于美元利率上升,发展中国家就要多支付近500亿美元的债务利息。其三,贷款期限缩短。1970年,发展中国家公共债务总额的平均偿还期限为20.4年,1982年只有14.2年,其中私人贷款的平均偿还期只有8.2年。贷款期限的缩短大大增加了发展中国家偿债的困难。最后,美元汇率大幅度上升。发展中国家的债务总额中约有80%以美元计值,80年代初期美元汇率的升值导致了债务负担的加重。据估计,1979—1983年,发展中国家债务增长率中有2/5是由于美元的升值引起的。美元汇率坚挺不仅直接加大了债务总值,而且使以美元计值的发展中国家出口产品价格下跌,贸易条件恶化,外汇收入减少,从而进一步削弱了偿债能力。

第四节　解决国际债务危机的对策

债务问题不仅对债务国经济产生了严重的不利影响,而且会从多方面影响到世界经济发展。

第一,有可能引发全球性的金融危机。1984年5月,美国第七大银行伊利诺伊大陆银行发生挤兑风潮;随后,美国第四大银行汉华银行也发生了挤兑风潮。这些事件主要是与发展中国家的债务积欠有关。由于发展中国家的债务牵涉到成百上千家西方债权银行,尤其是美国的私人商业银行,一旦债务国宣布无力还债,就会引起大批银行倒闭的连锁反应,即所谓"多米诺骨牌效应",甚至会爆发世界性的金融危机,使整个国际信贷体系陷入瘫痪,从而带来全球经济的灾难。

第二,导致国际贸易秩序的失调。在沉重的债务负担的压力下,债务国迫于还债而不得不将本国大批原料及初级产品廉价地向西方国家出口,贸易条件日益恶化。同时又不得不压缩进口,强制性地减少进口支出。这又成为发达国家(债权国)对债务国实行贸易保护主义的借口,从而使债务国雪上加霜,在国际贸易中饱尝苦头。

第三,恶性通货膨胀可能再度发生。美国的银行是国际债务的主要债权银行,美元是国际借贷的主要货币。为了防止债务危机导致美国银行流动性资产紧缩,美国必须增加流动性资产的创造,即增加美元的发行。这等于是以通货膨胀税来挽救世界金融体系,其结果必然是美元贬值,所有的美元持有者都将为此付出代价。

第四,妨碍世界经济的增长。发展中国家为了偿债,不得不压缩进口,其进口的减少,不仅会减缓国内经济的发展,而且会对世界经济的增长构成障碍。而且,债务危机会使国际贷款的风险加大,银行资金的成本提高,放款减少,导致国际性的银根紧缩,阻碍世界经济的增长。

从发展中国家债务问题产生的原因和影响来看,显然它已不仅仅是发展中国家本身的问题,而成了一个世界性的难题。为了解决这一难题,债权国和债务国政府、国际银行界以及国际货币基金组织和世界银行等从各方面提出了种种方案,千方百计地努力挽救和缓和这场战后最严重的国际债务危机。

一、债权国方案

美国是发展中国家最主要的债权国,其主张对解决债务问题至关重要。1982 年债务危机爆发之初,美国主张债务问题应该通过与各个债务国单独谈判来解决,认为通过债权国施加压力强迫债务国推行一定的经济政策,例如,实行紧缩通货政策、取消补贴、阻止工资增长、国有企业重新私有化、紧缩社会福利等措施,可以增大债务国的支付能力,同时也可以增强债权国对债务国的经济和政治影响。但后来的实践证明,这种个别谈判的办法不能解决问题,因此,1985 年以后,发达国家开始抛出试图全面解决发展中国家债务危机问题的一揽子计划方案。

首先出台的是美国前财政部长贝克在 1985 年 10 月提出的所谓“减轻世界债务问题压力”的方案,即“贝克计划”。该计划主张债务国首先调整国内财政金融政策,调整经济结构和国际收支,减少通货膨胀,促进经济增长,在此基础上,各债权国银行和政府,尤其是国际货币基金组织和世界银行等国际金融组织为债务国的经济调整和发展提供更多的援助。具体建议是,从 1986 年至 1988 年三年内,以美国为首的西方各国商业银行和国际金融机构,额外出资 290 亿美元,其中 200 亿美元由各国商业银行贷放给中等收入的债务国,另外 90 亿美元则由世界银行和泛美开发银行等国际金融机构提供给负债严重的发展中国家。此外,还建议由国际货币基金组织牵头,统一协调国际开发银行提供更多的贷款。

然而,“贝克计划”只是一篇堂皇之词,并未提出解决债务问题的根本措施,也未产生任何实际的国际性合作以利于减轻发展中国家的债务负担,提高其偿债能力。在 1986—1988 年,西方商业银行仅向发展中国家提供了 60 亿美元贷款。即使能够增加 290 亿美元的新贷款和援助,这点资金对于负有上万亿美元外债,每年还本付息额 2 000 多亿美元的发展中国家来说,也无异于杯水车薪。尤其是它以发展中国家经济的调整、紧缩为前提,这一点遭到发展中国家的强烈反对。1986—1988 年,尽管国际经济大环境较为有利,但债务国经济状况仍未好转,说明了贝克计划实际上已经失败。

在贝克计划之后债权国提出的解决债务问题方案还有日本大藏大臣宫泽提出的“宫泽计划”和法国总统密特朗提出的“密特朗计划”。这些计划也都无济于事。在债权国所提出的各种方案中,最重要的是1989年3月美国财政部长布雷迪提出的方案,即“布雷迪计划”。该计划的主要内容是:①债务国应继续实施以增长为方针的调整方案,并采取措施制止、挽回资本的外逃。只有实行经济改革的债务国才可以受惠。②国际货币基金组织和世界银行应当继续向债务国提供资金,并通过债务购回、按一定折扣用旧债交换附有担保品的新债券、以旧债交换面值不变但利率降低的新债券等方式削减债务,同时提高基金组织的份额,增加世界银行的资金,使这两个组织能有更强的财力在债务宽减中发挥更大的作用。③商业银行为新贷款提供保证,并通过对某些债务条件暂时的和有条件的放宽来支持加速削减债务。④债务国政府继续通过巴黎俱乐部对它们自己的贷款加以重新安排或调整,并继续为具备健全调整方案的债务国提供出口信贷保险。

1989年4月4日,国际货币基金组织和世界银行在会议上发表了一项联合声明,宣称它们已制定了一个旨在大幅度削减和调整发展中国家外债的新战略。这一新战略以布雷迪计划为核心,主要针对的是19个中等收入的重债国,其目的是在国际货币基金组织和世界银行的支持下,将解决债务问题的战略重点从发放新贷款转向减轻重债国的债务负担,以促进债务国的经济结构调整和经济发展。为实施这一新战略所制定的具体措施包括:

(1)债务资本化。又称“以股换债”或“债务—股权转换”。即由债权银行按某一折扣价或官方汇率把未清偿的债务转换成在债务国指定项目中的投资股份。债权银行可以本身作为投资者持股,也可以在二级市场上把股权出售,从而收回资本。债务国通常选取一批较有吸引力的私营或准备私有化的国有企业作为以债换股的投资对象。

(2)债务证券化,又称“债务交换”。即按一定折扣将现存债务工具(如贷款)交换成以本币或外币计值的新的债务工具,或按面值将现存债务调换为利率较低的新债券。这种交换要求新的债券属于较为可靠的或附有担保品的资产,而且借款人全部偿还这笔新债券的可能性要比偿还旧债务更大。

多年来,债务证券化一直在发挥作用。根据布雷迪计划的安排,1998年,大约2 111亿美元的欠发达国家贷款被转换成了债券,其中主要的几个债券发行者是巴西(22.1%)、墨西哥(16.0%)、阿根廷(14.5%)、俄罗斯(11.7%)和委内瑞拉(12.1%)。表9-2列出了1998年与布雷迪债券进行互换的贷款额以及2004年仍未清偿的贷款余额。这些以债券换取贷款的计划是为了通过设计出期限更长、固定利率更低的债券来取代短期浮动利率贷款,使欠发达国家的信用地位得到恢复,并以此来维持银行债权的价值。

表 9－2 根据布雷迪计划所进行的贷款与债券互换(10 亿美元)

国 家	1998 年	2004 年
阿根廷	29.9	6.3
巴 西	45.6	17.8
保加利亚	8.1	2.4
哥斯达黎加	0.5	0.4
科特迪瓦	2.4	2.2
多米尼加	0.5	0.5
厄瓜多尔	8.0	0.0
墨西哥	33.0	1.3
尼日利亚	5.8	1.4
秘 鲁	10.6	2.5
菲律宾	4.5	1.1
波 兰	14.0	2.8
俄罗斯	24.1	0.0
乌拉圭	0.6	0.5
委内瑞拉	19.3	7.7
总 计	202.2	47.4

资料来源:J A Penicock Jr.. Emerging Market Debt[R]. working paper, Conference on Integrated Risk and Return Management for Insurance Companies, New York Salomon Center, May 1999 and World Bank website, November 2004. www.worldbank.org.

(3)债务回购。即债务国按一定的折扣以现金购回(偿还)其债务。债务回购通常要求债权银行承担债务折扣的损失或免去原有贷款的某些条款。如果回购是以外币支付,则债权银行通常愿意给予较大的折扣;如以本币支付,则所能得到的折扣则比较小。比如,1988 年,智利央行以 1.68 亿美元的外汇储备购回了 2.99 亿美元的外债,折扣率达 44%。

(4)其他重整债务的方法。主要包括对到期或将要到期的债务采取贷新还旧、贷款转换和出售、转贷和再贷、改变债务偿还条件等办法予以优惠,直至免除债务本息的偿还(勾销债务)。

二、债务国方案

由于发达国家提出的解决债务问题的方案都附有要求发展中国家对国内经济进行重大调整和紧缩的条件,而对如何减轻发展中国家的债务负担,促进发展中国家的经济发展关注不够,因此,发展中国家自身也提出了解决国际债务问题的方案。

在面临严重债务困难时,一般来说,债务国有三种可能选择的办法:一是违约不还或宣布国家破产强行清理。这会使债权国蒙受重大损失,同时也会使债务国丧失信用,招致外国资本撤离、封锁禁运等报复措施,并失去利用国际资本市场的机会,从而代价惨重,严重者甚至可能引致与债权国的战争冲突;二是不惜任何代价还债。但这样做必将付出国内经济大幅度紧缩的代价,甚至会导致政治和社会动乱。显然,这两种办法都是不可取的。第三种办法是有限度地偿还或延期偿还,争取债权国对债务的"免、减、缓"。这是比较实际和明智的做法。其理由在于,不可能不考虑债务国的经济发展来强迫其还债,因为经济停滞或倒退的国家是无力还债的。在第40届联合国大会上,秘鲁总统提出,秘鲁只能有限度地清偿债务,即每年用出口收入的10%还债;墨西哥建议把债务利率同债务国的经济增长速度挂钩;巴西主张债权银行须将收到的债务利息的一半再投资到该债务国,这些资金的分配由世界银行主持。

1984年6月,在哥伦比亚卡特赫纳城召开的研究国际债务问题的会议上,拉丁美洲11个债务国财政部长和外交部长共同提出的"卡特赫纳方案"是债务国所提出的一个最重要的方案。这一方案的基本内容是:重申债务问题应由债权国和债务国通过政治对话共同找出解决办法,其根本途径在于促进债务国经济的发展,具体建议是:西方工业国家应大大降低现有的高利率,增加官方优惠贷款,调整现有债款的偿还期;债务国债务偿付额应限定在其出口收入的一个适当比例,并与其经济发展计划相适应;国际货币基金组织等国际金融机构应放宽对经济调整条件的要求,以免过分压缩债务国的进口、公共投资和生产,并应增加向债务国提供流动资金和特别提款权。

总之,债务危机爆发后,在债权国和债务国政府、债权银行以及国际金融机构的多方努力下,局面很快得到了控制,没有出现更大规模的金融体系危机。但是,债务危机问题并没有得到彻底的解决,部分国家的外债负担仍然很重(参见表9-3)。

表9-3　部分国家2006年的偿债率　　%

国家	阿根廷	巴西	智利	哥伦比亚	哥斯达黎加	匈牙利	印度尼西亚
偿债率	510	258	141	204	70	108	175
国家	墨西哥	菲律宾	波兰	俄罗斯	土耳其	乌拉圭	委内瑞拉
偿债率	77	124	121	120	221	351	125

资料来源:世界银行"2006年世界发展指标"(www.worldbank.org)。

国际债务危机表明,一国利用外资固然可以促进经济的发展,但是,也会面临诸多的风险。如何在引进国外资本的同时，加强对外债风险的管理，仍然是很多国家，尤其是一些发展中国家需要思考的问题。

第五节　主权债务危机

主权债务(sovereign debt)是一个国家以其主权为担保而形成的债务。当一国无法对其主权债务按时还本付息而出现违约时，就产生了主权债务危机。由于一国爆发主权债务危机时，其主权信用受到质疑，因此主权债务危机又称为主权信用危机。在发展中国家，其主权债务往往是以外币计价的，所以发展中国家的主权债务危机常表现为外债危机。比如，前面几节介绍的20世纪后期发展中国家面临的国际债务危机，实际上就属于主权债务危机。主权债务危机会造成金融市场动荡，有可能导致银行遭受挤兑，从而引发银行业危机。另外，一国发生主权债务危机时，其国家信用下降，投资者对该国货币失去信心，使该国货币汇率下跌，有可能引发货币危机。

一、主权债务的违约

主权债务违约的历史由来已久，可以说，目前的大多数发达国家在历史上都有过多次的债务违约。第二次世界大战以后，主权债务违约主要发生在发展中国家。据相关统计，1950～2006年，世界各国共发生了87次主权债务违约，其中非洲国家发生了22次，欧洲国家发生了7次，亚洲国家发生了11次，拉美国家发生了47次。这些主权债务危机全部发生在发展中国家。由于发展中国家经常把本国货币盯住某发达国家的货币，因此债务危机又会引发货币危机。20世纪80年代初爆发的拉美国家货币危机、1998年爆发的俄罗斯卢布危机以及2001年爆发的阿根廷比索危机等，都是由债务危机引起的。

主权债务偿还的基础在于一国的经济增长。当一国经济增长率过低或利率水平过高时，其主权债务就难以维持下去。一国的债务存量较大时，市场预期债务违约的概率增加，因此会要求更高的风险溢价，从而使得债券的利率上升，政府为赤字融资的成本增加。此外，当一国出现巨额财政赤字时，政府需要发行大量的债券，债券供应量的增加会导致债券价格下跌，利率上涨。比如，一张面值为100元的一年期债券，发行价格为98元时，利率大约为2.0%(2/98)。如果发行价跌到80元，其利率就将上升为25%(20/80)；即为了筹集100元的资金，政府需要在一年后偿还125元。因此，过高的债务水平、过大的财政赤字和过低的经济增长率都有可能引发主权债务危机。

主权债务违约与以何种货币作为债务的计价货币存在很大的关系。如果中央政府发行的债务是以本国货币计价的，那么从理论上讲，它可以做到永远不会违约。因为,债务到期时,政府可以用新发行的债券从中央银行获取货币资金,偿还到期的债务。通俗地讲,政府只需要让中央银行开动印钞机即可。这实际上就是债务货币化的过程,其后果就是通货膨胀。当前发达国家的债务大多是以本币计价的,如英国的主权债务大多是以英镑计价的,美国的主权债务主要是以美元计价的,日本的主权债务主要是以日元计价的。这就是第二次世界大战以后发达国家很少爆发主权债务危机的原因之一。

如果政府的债务以外币计价,由于无法印制外币来偿还债务,就有可能出现违约。对于许多发展中国家而言,国内储蓄往往不足,相当一部分政府财政赤字需要从境外获得融资,而境外投资者对这些举债的发展中国家的货币普遍存在贬值的担忧,因此这些债务大多是以外币计价的。比如,阿根廷政府不能通过印制美元来偿还美元债务;2001 年,当阿根廷政府的大量外币债务到期,而又无法获得新的外币贷款来偿还到期的外币债务时,政府只好宣布债务违约。此外,发展中国家的信用等级大多低于发达国家,在以外币发行债券时,其利率较高,这无疑也加重了其偿债负担,提高了主权债务违约的概率。

同企业债务或个人债务相比,主权债务的一个特殊性是,主权债务的债权人无法催逼债务人还债。通过军事行动逼债往往代价太大,得不偿失,而且会失去道义上的支持;通过法律诉讼通常也不起作用,因为在实践中并不存在要求一个主权国家清偿债务的法律途径。一般而言,借款政府之所以愿意偿还债务,是因为主权债务的违约会产生金融和宏观经济方面的成本。在主权债务违约问题无法与债权人取得一致和得到妥善解决之前,违约国将不能在金融市场进一步融资,从而会限制国内的消费与投资。违约也会降低主权信用等级。信用等级的降低意味着融资成本的上升。违约国在借款时还会遇到另外两个问题:难以以本币举债和难以获得长期借款。

主权债务违约还会对国内金融体系产生巨大危害。一国银行通常会持有大量的本国政府债券,它们甚至可能在违约前夕被迫持有更多此类债券,以帮助政府渡过难关。政府债务违约时,银行将陷入困境,于是会导致银行危机的爆发。银行危机造成企业无法获得资金,从而会损害整体投资活动。陷入困境的银行也将无法为外贸企业提供进出口融资和签发信用证,因而会影响到国际贸易。在采用固定汇率制的国家,债务违约导致的资本外逃还会造成固定汇率的瓦解,引发货币危机。

二、阿根廷的主权债务危机

从第二次世界大战结束到 20 世纪 80 年代末,阿根廷一直遭受通货膨胀的困扰,经济始终徘徊不前。为了降低通货膨胀率,使经济稳定增长,阿根廷政府在 1967 ~ 1990 年先后实施了 7 个以固定汇率制为核心的经济稳定计划。遗憾的是,这7个计划都以固定汇率制的崩溃而告终。1991年,阿根廷政府制定了《自由兑换法》,把比索同美元按一比一挂钩,实行货币局制度。同时,政府还采取了一系列私有化和放松管制的措施。《自由兑换法》的实施,稳定了阿根廷的经济,通货膨胀率从1989年的5000%下降到了1994年的4%,经济增长率从20世纪80年代的年均-1.2%增加到90年代的年均4%以上,名列拉美国家第二位(仅次于智利)。

1994年,美国采取紧缩性货币政策,使得国际资本市场利率上升,阿根廷银行系统的脆弱性上升,信贷收缩,经济开始陷入衰退。后来,政府大力推行紧缩计划和反通胀计划,使得经济局势得以稳定,1996年阿根廷的经济恢复了增长,直到1998年下半年又开始衰退。从1988年第4季度开始,阿根廷的经济经历了长达30多个月的衰退。1999~2002年,阿根廷国内生产总值连续4年呈现负增长,增长率分别为-3.4%,-0.3%,-4.5%和-10.9%。为发展经济,减少失业,阿根廷被迫增加政府投资,结果导致政府债务急剧增加。国内储蓄的不足,导致政府债务资金主要来自于外资,加大了外债偿还的负担。1999年,随着全球经济的下滑,阿根廷陷入严重衰退,最终酿成债务危机。

阿根廷经济衰退的主要原因在于国内投资需求的不足。居高不下的贷款利率(1998~2000年分别为10.64%,11.04%和11.09%)阻碍了投资。《自由兑换法》的实施杜绝了政府滥发货币的现象,通货膨胀得到了抑制,但也导致政府无法通过货币政策来刺激经济。而严重的财政赤字,又使得政府无法利用财政政策来刺激经济。这样,阿根廷陷入了一种困境:要经济复苏,就需要放弃与美元的盯住汇率,用货币政策来刺激经济;而放弃固定汇率又会导致通货膨胀和资本的外逃。

2001年3月,阿根廷进入偿债高峰期,国内资本外流严重,外汇储备急剧下降,债务危机爆发。阿根廷经济形势的不断恶化,使债务危机逐步转变为更广泛的金融危机,阿根廷的金融市场濒临崩溃。2001年8月,国际货币基金组织与阿根廷达成80亿美元的补充应急贷款协议。同时,世界银行及时对阿根廷伸出援手,提供了4亿美元的信贷支持。从2001年第4季度开始,受经济衰退和财政金融形势恶化的影响,阿根廷的股票指数和债券价格纷纷跌至历史最低点,银行开始出现兑付困难,外汇储备进一步减少。在这种情况下,人们对阿根廷的偿债能力完全丧失信心,2001年11月发生了银行挤兑风潮,阿根廷金融危机全面爆发。仅11月30日一天,就有7亿美元流到国外;境内的私人存款创下了一周流失70美元的记录。为了防止银行挤兑,遏制金融系统崩溃,政府于12月初下令实施金融管制,规定每月提款限额为1 000美元,但这一举措适得其反。随后,阿根廷国内出现全面罢工和游行示威,引发了严重的社会危机,最终形成了10年以来最大规模的骚乱,政府不得不宣布全国进入紧急状态。在政治动荡中,1999年上任的德拉鲁阿总统于2001年12月20日引咎辞职。12月23日萨阿被推举为新总统,当选第2天就宣布停止偿还高达1 320亿美元的阿根廷政府债务。阿根廷发生了主权债务违约,国际金融市场反应激烈。新推选的总统未能拿出行之有效的改革措施，遭到国内外的广泛批评，不得不以辞职告终。政治危机发展到更深入的阶段，阿根廷在短短12天之内更换了5位总统！

2002年1月6日新上任的杜阿尔德总统开始执行一系列新的经济措施，同样也宣布停止偿还部分对外债务。为了稳定经济，阿根廷政府废除了原先的《自由兑换法》，取消了长达11年的1比索兑换1美元的固定汇率制度，开始实行浮动汇率制度。固定汇率制度被废除之后，比索兑换美元的比价从1美元兑换1比索，降低到1美元兑换1.4比索。然而，在1月11日外汇市场首次开市后，比索汇率进一步下挫44%，达到了1美元兑换1.8比索。至此，2001～2002年阿根廷所经历的金融危机，虽然源于主权债务问题，但却导致了债务危机、银行业危机和货币危机的三重叠加，并且从金融危机逐步演化为深层次的社会危机和政治危机。

主要概念

外债　偿债率　负债率　债务率　债务资本化　债务证券化　债务回购

思考题

1. 简述一国的债务周期。
2. 阐述20世纪80年代债务危机爆发的原因。
3. 简述布雷迪计划的主要内容。
4. 主权债务违约会对国内的金融体系产生怎样的影响？

第十章

国际货币体系

健全的国际货币体系是保证全球经济稳定发展的重要前提。自19世纪末期以来,人类社会先后经历了国际金本位制、布雷顿森林体系和牙买加体系这三种不同的国际货币体系。在本章,我们首先简要介绍国际货币体系的含义、国际货币体系的评价标准和国际货币体系的种类。第二节中对国际金本位制,包括金币本位、金块本位和金汇兑本位的特点进行了分析。第三节集中介绍了以美元为中心的布雷顿森林体系,第四节介绍了牙买加体系的基本内容。最后的第五节介绍了区域货币合作中最成功的一个例子——欧洲货币一体化的主要进程。

第一节　国际货币体系概述

一、国际货币体系的含义

国际货币体系又称国际货币制度(International Monetary System),是指国际社会根据某种自发的惯例或某个国际协议,对各国货币的兑换、国际收支的调节、汇率制度的确定、国际储备资产的管理以及各国货币关系的协调等重大国际金融问题所确认的共同行为准则。国际货币体系是不断发展变化的。当一种国际货币体系不再适应世界经济形势发展并阻碍贸易投资活动运行时,就需要在原有制度框架内进行改革,或者以新的国际货币体系取而代之。

国际货币体系涉及很多内容,但概括起来主要包括以下三个方面:①汇率制度的确定,即一国货币与其他货币之间的汇率应按何种规则确定与维持。②国际储备资产的确定,即一国政府应用什么货币来保有自己的贸易盈余和债权,以便保证国际支付和满足调节国际收支的需要。③国际收支调节方式的确定,即能够提供相应的国际收支调节机制,使国际收支不平衡时,各国政府能采取有效的方法进行调整。

二、国际货币体系的评价准则

国际货币体系主要涉及国际货币或储备资产的供应、国际汇率的规定与变动、国际收支的调节等方面的问题。因此，一个健全的国际货币体系应具备如下条件：①国际收支调节机制合理，即要求对国际收支不平衡的调节成本最小且及时进行，逆差国和顺差国要公平合理地承担调节的责任。②汇率相对稳定。国际货币体系必须拥有一套稳定汇率的机制，以保持汇率体系的相对稳定性。③清偿能力适中。国际清偿能力的增强在很大程度上取决于国际储备的增长。清偿能力应保持适当的数量，并随着世界生产和国际贸易的增长而增长。清偿能力过多会加剧世界通货膨胀，过少又会导致世界经济紧缩。④储备资产的可信性较强。即各种储备资产的持有者愿意继续保持它，而不至于稍有经济变动，就会发生惊慌地从一种储备转向另一种储备的情形。

三、国际货币体系的种类

根据本位货币性质的不同，可将国际货币体系分为三类：纯粹商品本位，如金本位；纯粹信用本位，如不兑换纸币本位；混合本位，如金汇兑本位。根据汇率决定的方式，则可将国际货币体系分为固定汇率制，浮动汇率制以及介于二者之间的可调整钉住制、爬行钉住制，以及管理浮动制。从历史发展的进程来看，国际货币体系先后经历了国际金本位制、布雷顿森林体系和牙买加体系三个时期。

第二节 国际金本位制

金本位制（Gold Standard）是以一定重量和成色的黄金作为本位币，并使流通中各种货币与黄金间建立起固定兑换关系的货币制度。在金本位制下，流通中的货币不限于金币，还有辅币和银行券等。根据货币与黄金的联系程度，金本位制可分为金币本位、金块本位和金汇兑本位三种形式。

一、金币本位制

传统的金本位制是金币本位制（Gold Specie Standard），金币本位制的主要内容是：本国货币与一定量的黄金固定比价，并随时可以兑换黄金；金币可以自由铸造，任何人都可按本位货币的含金量将金块交给国家造币厂铸造成金币；国际的结算使用黄金，黄金可以自由输出和输入本国。

1844 年，英国通过银行法案，规定英格兰银行独家控制银行券发行权，发行量基于黄金准备金数量，从而开始实施金本位制。1853 年，美国通过立法限制银币铸造，放弃金银复本位，建立起了金本位制。其他较发达的国家，如德国、荷兰、法国、意大利、俄国、日本和印度等,从19世纪后半叶开始,先后实行了金本位制。这样,各国之间自然形成了一个统一而又松散的国际货币制度——国际金本位制,这是世界上第一次出现的国际货币体系。

二、金块本位制

传统的国际金本位制,即金币本位制,随着第一次世界大战的爆发而走上了它的末路。早在战前,一些国家为了集中黄金用于准备战争的军费开支,开始大量发行银行券,于是银行券兑换黄金越来越困难,这就破坏了金本位制下自由兑换的原则。同时,一些国家在经济危机期间,商品输出减少,资金外逃严重,引起黄金大量外流,于是政府下令限制黄金自由流动,这样金本位制下的黄金自由输出入的原则遭到了破坏。

由于维持金本位制的一些必要原则逐渐遭到破坏,国际货币体系的稳定性也就失去了保障。到了第一次世界大战爆发后,各国纷纷明令停止银行券兑换黄金,禁止黄金外流,金币本位制也就陷于崩溃。第一次世界大战结束以后,由于黄金产量的严重不足,黄金存量在世界各国之间的分配严重不均,许多国家也不愿意把黄金投入流通,因而国际金币本位制没再能得到恢复,代之而起的是两种变相的国际金本位制形式,即金块本位制与金汇兑本位制。

金块本位制(Gold Bullion Sandard)也称"生金本位制",其特点是:国家规定以一定重量和成色的黄金作为本位币;国家不铸造,也不允许公民自由铸造金币,流通中不存在金币;只发行代表一定重量和成色黄金的银行券,银行券具有无限法偿能力,银行券只能有条件的兑换金块。比如,1925年,英国规定银行券兑换金块的最低数量为1 700镑(含纯金400盎司)。

三、金汇兑本位制

在第一次世界大战前,当时一些小国、弱国或殖民地附属国就已经实行金汇兑本位制(Gold Exchange Standard)。第一次世界大战结束后,德国、奥地利、意大利等30余国普遍采用了金汇兑本位制,将本国货币与英镑、美元或法国法郎挂钩,保持固定比价;同时,把本国的黄金、外汇储备移存于挂钩国家的中央银行,本国货币按固定比价兑换挂钩货币来兑换黄金。

金汇兑本位也称"虚金本位制"。根据这种制度的安排,银行券在国内不能兑换黄金和金币,只能兑换外汇。该制度的主要特点是:①国家规定以一定重量和成色的黄金作为本位币;②国家不铸造,也不允许公民自由铸造金币,流通中不存在金币;③只发行银行券,银行券具有无限法偿能力;④银行券不能兑换本国的金币和金块,但能兑换成外汇后在国外兑换黄金;⑤本币与某一实行金本位或金块本位制国家的货币保持固定比价。

金块本位制和金汇兑本位制都是残缺不全的货币制度，具有内在的不稳定性，具体表现为：首先，两种货币制度下，都没有金币流通，黄金不再起自发地调节货币流通的作用。其次，两种货币制度下，或是银行券兑换黄金受到最低数额的限制，或是需要先兑换成外汇才能间接兑换黄金，这些限制都削弱了货币制度的稳定性。其三，实行金汇兑本位制的国家使本国货币依附于英镑、美元或者法国法郎，并把黄金外汇储备存于伦敦、纽约和巴黎。如果英、美、法等国的货币制度一旦动摇，依附国的币制也必然随之动摇。此外，如果实行金汇兑本位制的国家大量提取外汇储备并兑换黄金，那么英、美、法国的货币制度就会受到严重威胁。总之，金块本位制和金汇兑本位制的内在不稳定性本身潜藏着崩溃的可能性。

四、国际金本位制的利弊得失

在国际金本位制下，黄金充分发挥了世界货币的职能，对世界经济的稳定发展起了重要的作用，具体表现为：

第一，在国际金本位制下，各国货币之间的汇率非常稳定。这就消除了国际经济合同中一个重要的不确定因素，大大促进了国际贸易的发展和国际资本的流动。

第二，由于国际金本位制具有内在的自动调节机制，各国政府就没有必要再为国际收支失衡而实施贸易管制和外汇管制。这无疑有利于商品和资本在国际的自由流动，使世界范围内的生产要素配置或组合更具效率。

第三，在国际金本位制下，"价格—现金流动机制"对国际收支失衡的调节是渐进的，从而避免了政府为对付外来冲击而宣布本国货币贬值或采取管制等突然而又重大的措施给一国内部经济所造成的消极影响。

第四，国际金本位制对外汇供求失衡的调节主要依靠市场的力量，从而使政府的干预减少到较低程度，避免了人为的政策失误。

第五，国际金本位制通过国际收支失衡这一惩罚手段，对那些偏好于通货膨胀的政府施加了外部约束。因为，在这种国际货币制度下，一国政府扩张货币供应量的能力，首先受到了该国货币用黄金存量的限制；其次，即使政府通过其他途径进行了货币扩张，但随之而来的物价上涨会使该国的国际收支出现赤字。于是，在"价格—现金流动机制"的作用下，原先的货币供应和物价水平又会逐渐得到恢复。因此，金本位制下的物价水平相当稳定（参见图 10 – 1）。

国际金本位制的缺陷表现在以下几个方面：

第一，在国际金本位制下，一国的宏观经济运转完全受外部因素的支配。在国际金本位制下，一国的货币供给受黄金流动的制约，而黄金流动则由国际收支失衡所引起。假如政府出于内部经济的考虑，主动采取某项货币政策和财政政策，其影响很快就会被"价格—现金流动机制"所抵消。由此可见，政府宏观经济政策的独立性已完全丧失。这样，国际金本位实际上将一国的外部经济均衡置于内部经济目

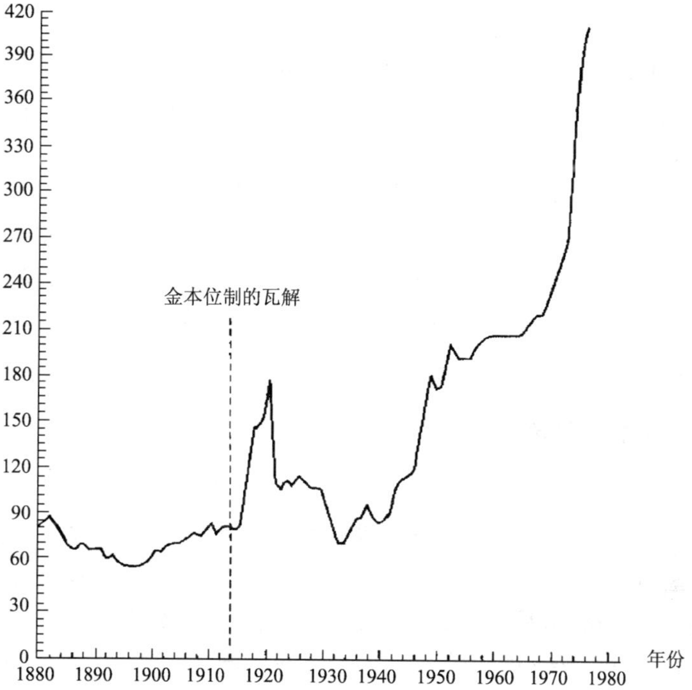

图 10－1 美国的物价指数(1880—1976 年)

资料来源:Roy W. The Golden Constant[M]. New York Wiley & Sons, 1977.

标(如降低失业率、稳定物价和实现经济的稳定增长等)之上。

第二,通过黄金流动和货币供应量的变化,国际金本位制能使经济波动在国与国之间传递,特别是大国能将通货膨胀或通货紧缩的影响强加给世界上其他实行金本位制的国家,因此,一个国家要想将其内部经济与世界经济隔绝已成为不可能。然而,也有人从另一个角度来评价这种现象,认为这对最初发生通货膨胀或经济衰退的国家具有一种缓冲或减震的作用,该国可通过扩大或削减进口来将膨胀或紧缩的影响外溢到其他国家中去,以此来减轻本国所承受的压力。

第三,在面临战争、严重自然灾害及其他社会剧变时,国际金本位制对于国际收支失衡的调节除了"物价—现金流动机制"以外,别无更好的手段。历史经验表明,在发生上述重大变革或动乱时,各国往往只得中止实行金本位制。而在局势稳定下来以后,要想重新恢复金本位制却变得非常困难,最终只得实行一种变形的、残缺不全的金本位制,即金块本位制或金汇兑本位制。

第四,国际金本位制最致命的缺陷是其赖以生存的基础不稳定,即世界黄金存量的增长跟不上生产和流通范围不断扩大(工业用金和货币用金因此而增大)以及社会财富快速增加(贮藏用金因此而增大)的步伐。因为在金本位制下,铸币平价固定,已探明但还深藏于地下的矿金是有限的。在尚未发现新矿和采金技术尚未得到重大改进之前,每获得一盎司黄金的边际成本是递增的,因此,人们采掘黄金的热情在降低,黄金存量的增长速度日趋放慢。而与此同时,各国的经济在不断向前发展,国际市场上的贸易规模在日益扩大。在这种情况下,假如各国继续实行典型的金本位制(即流通中的每一元纸币和银行券都有十足的黄金作为发行准备),那么,产出与收入就会遭受货币紧缩的困扰,挤兑风潮、银行破产、货币危机、失业剧增等经济萧条的景象就不可避免。不仅如此,随着社会的进步和技术的发展,非货币用金的需求也在不断增长,如美国一年的产金量还不敷工业、装潢、珠宝行以及牙科医疗用金的需要;而私人藏金的收入弹性又是相当充足的,这一切都加剧了经济发展与货币基础缩小的矛盾,结果使政府货币性黄金的储备呈负增长的趋势。

五、金本位制的崩溃

20 世纪 20 年代中期,各国一度恢复的金本位与战前有所不同。首先,黄金的地位比过去削弱了。英国实行的是所谓金块本位,英镑兑换黄金受到限制。许多国家(如德国)实行的是金汇兑本位,本国货币不能兑换黄金,只能兑换实行金本位国家的货币。其次,战后各国的通货膨胀率有差异。按照购买力平价来计算,英镑价值被高估,法郎、美元的价值被低估。这样的固定汇率缺乏稳定的基础,是难以持久的。国际上对英镑能否按牌价兑换黄金的信心不足,向英格兰银行兑换黄金的压力很大。其三,国际金本位自动调节机制的发挥进一步受到限制。这时,存在所谓价格和工资的刚性,它们能升不能降。在国内实行紧缩政策时,价格不能下降,而是增加企业破产和失业。1929 年爆发了空前严重的世界经济危机,1931 年爆发了世界性的金融危机。在此期间,英国由于难以应付挤兑黄金的困境,终于在 1931 年 9 月 21 日放弃了金本位。接着,美国于 1933 年也放弃了金本位,国际金本位终于崩溃,其历程大致如下:

1929 年 10 月,美国证券市场发生危机,拉开了世界经济危机的序幕。由于股票价格暴跌,继而原料价格暴跌,盛产初级产品的巴西、阿根廷、澳大利亚等国遭受严重打击,出口剧减,收支恶化,黄金大量外流。这些国家不得不放弃金本位制。

1931 年初,大危机的风暴席卷欧洲大陆,首先,因金融危机,实力雄厚的奥地利信用银行倒闭,受奥地利的影响,德国两家大银行破产,后来又引起大批银行倒闭。德国政府终于禁止黄金输出,并实行外汇管制,实际上放弃了金汇兑本位制。

1931 年 7 月,德奥两国的金融危机波及英国,当时各国纷纷向英国兑换黄金,掀起抢购黄金的浪潮。同时,受世界经济危机的影响,英国海外投资收益急剧下降,国际收支也发生严重困难。由于黄金大量外流,英国被迫于同年 9 月停止实行金块本位制,同英镑有联系的一些国家和地区,也相继放弃金汇兑本位制。

1933 年 3 月,美国再次掀起货币信用危机的浪潮,大批银行倒闭,大量黄金外流。美国不得不宣布停止银行券兑现，禁止黄金输出，最后也不得不放弃独家坚持多年的金币本位制，改以美元纸币进行流通。

在英美陷入信用货币危机时，法国、比利时、瑞士、意大利等国却仍想维持金块本位制和金汇兑本位制，但由于法郎币值被高估，影响出口，导致国际收支恶化，而其他国家又受到经济危机与英镑、美元贬值的压力，因此，到1936年时，它们也都放弃了金块本位制和金汇兑本位制，整个国际金本位体系彻底崩溃。

六、货币集团

金本位制全面崩溃后，统一的国际货币制度不复存在。从20世纪30年代经济大危机到第二次世界大战结束，一些主要的国家组建了货币集团（Currency Bloc）。货币集团是指一些国家所组建的排他性货币联盟或货币区。它通常以某个大国的货币为中心，集团内各国货币都与这个大国的货币挂钩，保持固定比价，并在货币的兑换、结算以及黄金外汇储备等方面统一执行大国规定的政策。

1931年，英国同其殖民地国家建立了英帝国特惠制。有关国家的货币钉住英镑，组成英镑集团，集团的外汇储备大部分是英镑，存放在伦敦。到1939年9月，继续参加英镑集团的国家和地区组建了一个具有法律约束力的排他性货币集团——英镑区。区内各货币对英镑保持固定汇率，区内货币相互之间一般可以自由兑换，区内贸易清算通过英镑办理。资金在区内移动不受限制，区外移动则受管制。区内各国收入的黄金和美元须按一定比例出售给英国财政部，作为英镑区的共同储备。自然，英镑区由英国控制，直至20世纪50年代解散。

美国于1934年组织加拿大、菲律宾及中南美一些国家建立了美元集团，1939年发展成美元区。区内各国货币与美元保持可调整的固定汇率，贸易清算通过美元办理，区内不实行外汇管制，各成员国外汇储备主要是美元，存放在美国。与英镑区不同，美元区没有统一的法规，是一个较松散的组织。

法国同亚非地区法属殖民地结成法郎集团，二战后成为法郎区。区内货币比价、贸易、资金流动和黄金外汇储备等项规定，与英镑集团大体相同。

第三节 布雷顿森林体系

一、布雷顿森林体系的建立

（一）历史背景

第一次世界大战后的20多年中，各国之间政治经济斗争激烈，货币金融领域极度混乱，通货膨胀、生产萎缩，各国为争夺市场和势力范围的斗争促使多种矛盾激化，经济危机爆发，终于导致了第二次世界大战。在二战尚未结束时，西方国家吸取两次大战期间国际货币关系混乱给各国经济造成重大损失这一沉痛教训，着手酝酿战后的经济合作计划，最先提出的是战后货币计划。

1943 年，为稳定国际货币，英、美各自提出自己的计划（或方案）。英国的计划由凯恩斯设计，名为“国际清算同盟计划”，即“凯恩斯计划”。美国的计划名为“国际稳定基金计划”，即“怀特计划”。凯恩斯主张战后建立一个国际清算同盟，在自由兑换原则下稳定各国货币，并创立一种以黄金为基础的国际货币单位——班柯（Bancor）；怀特主张设立一种国际外汇基金，以黄金为基础，在自由兑换原则下，来稳定货币，并创立一种与美元发生联系的货币单位——“尤尼他”（Unita）。

二战使帝国主义之间的力量对比发生了极大的变化。德意日战败，国民经济破坏殆尽，英法虽然胜利，但工农业生产遭到严重破坏。只有美国远离战场，非但没遭破坏，反而发了战争横财，经济地位进一步提高。从 1938 年到 1944 年，美国工业生产提高了 2 倍，1945 年美国工业生产总值占资本主义世界总值的 60%，黄金储备占 3/4。战争使美国在政治、经济、军事等各方面都取得了压倒性优势，这为美元的霸权地位创造了特殊条件。美国正是凭借这样的优越地位建立了以美元为中心的国际货币体制。

（二）布雷顿森林体系的主要内容

1944 年 7 月，英美等 44 个国家在美国新罕布什尔州的布雷顿森林（Bretton Woods）召开第一届国际货币金融会议，讨论大战结束后的国际货币制度问题。美国凭借其实力地位，在怀特计划的基础上，与其他国家共同签订了“国际货币基金协定”和“国际复兴开发银行协定”，从而奠定了用黄金确定各国货币之间固定比价的原则，建立了以美元为中心的世界货币体系，也称布雷顿森林体系。根据这两个协定，国际货币基金组织和世界银行于 1945 年 12 月 17 日正式成立。布雷顿森林体系作为一种新的国际货币制度，与国际金本位制不同，其主要内容包括：

1. 建立了一个永久性的国际金融机构——国际货币基金组织（IMF）。国际货币基金组织是战后国际货币制度的中心，其主要任务是向会员国提供资金融通，以稳定外汇市场、扩大国际贸易。基金组织的各项规定构成了国际金融领域的纪律，在一定程度上维护着国际金融与外汇交易的秩序。

2. 通过美元与黄金挂钩以及其他货币与美元挂钩，建立起以美元为中心的可调整固定（钉住）汇率制。“双挂钩”形成了布雷顿森林体系的两大支。一方面，规定美元与黄金保持固定比价（美元和黄金挂钩）：35 美元等于 1 盎司黄金（即 1 美元等于 0. 888 671 克黄金）。各国政府可随时用美元向美国政府按这一比价兑换黄金。其他各国货币不能兑换黄金，但能通过兑换美元间接地与黄金挂钩。美元在国际货币制度中处于中心地位，起着世界货币的职能，而其他国家货币则都依附于美元。美元等同黄金，成为资本主义世界最主要的清算货币和储备货币。另一方面，各国货币则与美元保持固定比价，比价的波动幅度规定为 ±1%，各国有义务在外汇市场上进行干预以保持汇率的稳定。同时,当一国国际收支发生“根本性不平衡”时,允许其货币升值或贬值。在实践中,平价变动若小于 10%,一般可自行决定。只有当平价变动大于 10% 时,才须得到基金的批准。因此,布雷顿森林制度属于可调整的钉住汇率制。

3. 向会员国提供资金融通。为了可调整的固定汇率体系的顺利进行,基金组织需要通过预先安排的资金融通措施,向各会员国提供辅助性的国际储备资产。基金组织通过提供各种贷款来向国际收支困难的会员国提供资金援助。基金组织所提供的资金来源于会员国所认缴的份额以及向某些会员国的借款。

4. 要求会员国取消外汇管制。布雷顿森林体系的一项重要任务就是努力取消外汇管制,因而规定,会员国不得限制经常项目的支付,不得采取歧视性的货币措施,并要在货币可兑换的基础上实行多边支付。

二、布雷顿森林体系的作用

布雷顿森林体系是以美元为中心的国际货币体制,它确立了美元在西方资本主义世界的金融霸主地位,这显然有助于美国扩大商品、资本输出,有利于美国对外经济扩张。但客观上,由于实行了汇率波动较少和相对稳定的固定汇率制,对战后资本主义经济的发展,国际经济联系的扩大,起着一定的积极作用,因此,有人把这段时期称为资本主义国家的第二个“黄金时代”(参见表 10 - 1)①。

表 10 - 1 不同汇率制度下的宏观经济运行状况

	人均年收入增长率	通货膨胀率	失业率
金本位时期:			
英国(1870—1913)	1.0	-0.7	4.3
美国(1879—1913)	1.4	0.1	6.8
两次大战期间:			
英国(1919—1938)	0.6	-4.6	13.3
美国(1919—1940)	1.6	-2.5	11.3
战后固定汇率时期:			
英国(1946—1972)	1.7	3.5	1.9
美国(1946—1972)	2.2	1.4	4.6
战后浮动汇率时期:			
英国(1973—1992)	2.0	9.8	7.9
美国 (1973—1992)	1.6	6.3	7.1

资料来源:Dominick Salvatore. 国际经济学[M]. 北京:清华大学出版社,1998:531.

① 第一个“黄金时代”指的是 1880—1914 年的国际金本位时期。

具体而言,布雷顿森林体系的作用表现在以下几个方面:

第一,促进国际贸易和世界经济的发展。固定汇率制使战后国际货币体制相对稳定了20多年,为国际贸易的核算创造了有利条件。贸易的增长速度大大超过了战前:1913—1938年,世界出口贸易额年均增长率为0.7%,而1948—1960年为6.8%,1960—1965年为7.9%,1965—1970年为11%。

第二,协助解决国际支付的困难。战后以来,国际货币基金组织和世界银行为解决成员国国际收支逆差而提供信贷资金,为促进国际贸易和成员国国内经济建设而提供援助和贷款,这有助于国际收支的平衡和对外贸易以及世界经济的发展。

第三,克服了战后初期西方各国货币混乱的状况。战后初期由于经济发展不平衡,国际支付的困难,许多货币纷纷贬值,黄金外汇储备缺乏。国际货币基金组织的成立,逐步克服了货币混乱的状况,创造了国际资金转移的良好环境。

三、布雷顿森林体系的缺陷

由于资本主义发展的不平衡性,主要资本主义国家经济实力对比一再发生变化,以美元为中心的国际货币制度本身固有的矛盾和缺陷也就日益暴露。

(一)金汇兑制本身的缺陷

由于美元与黄金挂钩,享有特殊地位,这就极大地加强了美国对世界经济的影响。一方面,美国可以通过发行纸币而无须动用黄金进行对外支付和资本输出,这就有利于美国的对外扩张和掠夺。但从另一方面看,美国也背上了维持金汇兑平价的包袱。当人们对美元充分信任,美元相对短缺时,这种金汇兑平价可以维持。当人们拥有太多的美元,对美元产生信任危机,要求兑换黄金时,美元与黄金的固定平价就难以维持。

(二)储备制度不稳定

这种制度无法提供一种数量充足、币值坚挺且为各国接受的储备货币,以使国际储备的增长能够适应国际贸易与世界经济发展的需要。战后,黄金生产增长缓慢,与国际贸易增长相适应的国际储备的增长只能依靠美元的增加。1960年,美国耶鲁大学教授特里芬(R. Triffin)在其著作《黄金与美元危机》中指出:布雷顿森林制度以一国货币作为主要国际储备货币,在黄金生产停滞的情况下,国际储备的供应完全取决于美国的国际收支状况:美国的国际收支保持顺差,国际储备资产不敷国际贸易发展的需要;美国的国际收支保持逆差,国际储备资产过剩,美元发生危机,并危及国际货币制度。这种难以解决的内在矛盾,即国际经济学界所称的"特里芬难题"(Triffin Dilemma),决定了布雷顿森林体系的不稳定以及最终的瓦解。

（三）国际收支调节机制不健全

布雷顿森林制度规定汇率浮动幅度需保持在1%以内，汇率缺乏弹性，限制了汇率对国际收支的调节作用。这个体系的创始人显然期望国际收支失衡通过基金组织融资、合理的国内政策与偶然的汇率调整就可以恢复平衡。这就是说，会员国暂时的不平衡由国际货币基金组织融通资金，根本性的不平衡则靠调整汇率来纠正。实践证明，这种调节机制并不成功，因为它实际上仅着重于国内政策的单方面调节。按照规定，如果一国的对外收支发生根本性不平衡，可以向国际货币基金组织申请调整汇率，进行贬值或升值。但实际上各国货币汇率的调整很少发生（参见表10－2）。

表10－2　布雷顿森林体系时期主要工业国的汇率调整

国　别	对美元的汇率
加拿大	1962年9月2日以前一直是浮动汇率；以后实行固定汇率，1美元等于1.081加元；1970年6月再度浮动
法　国	1948年后法郎没有官方的国际货币基金的平价（实际汇率波动在1美元等于350法郎左右）；1958年12月29日法郎汇率固定在1美元等于493.7法郎；一年以后由于旧法郎100改为1法郎；所以汇率改为1美元等于4.937法郎；1969年8月10日法郎贬值，1美元等于5.554法郎
联邦德国	1961年3月6日马克升值，由1美元等于4.20马克升为1美元等于4马克；1969年10月26日马克又升值1日元等于3.66马克
意大利	1960年3月30日里拉汇率固定在1美元等于625里拉，直到1971年8月
日　本	日元汇率固定为1美元等于360日元，直到1971年
英　国	1967年11月11日英镑由1镑等于2.80美元贬值为1镑等于2.40美元

资料来源：M Michael Melvin. International Money and Finance[M]. Harper Collins Publishers, 1992:44.

1949年9月英镑贬值30.5%，由1英镑等于4.02美元贬低到1英镑等于2.80美元。欧洲和英镑区的许多货币也跟着贬值。这次贬值主要是由于英国和欧洲许多国家对美国的逆差很大，不得不进行调整。同时，对美国来说，英镑贬值对自己有利。美国从英镑区进口原材料和初级产品更有利，对欧洲的投资也更有利。从1949年以后直到1966年，主要国家的汇率就没有什么调整。英镑在1967年、法郎在1969年贬值，联邦德国马克在1961年和1969年有过两度很小的升值，日元和里拉对美元汇率一直没有调整。这与布雷顿森林体系设计者原来的设想是不一样的。在这时期并非是没有发生过国际收支的根本性不平衡，而是由于调整汇率有种种困难。50年代中期以前美元汇价是低估的，60年代中期到1971年一直是高估的。即便是美元高估，美元也不能贬值，因为它是这一体系的中心。这样，升值或贬值只能由其他货币来完成，然而其他主要货币贬值或升值都有困难。所以，布雷顿森林体系的运行违反了“可调整固定汇率”的原则，可调整固定汇率实际上变成了固定汇率制。

（四）内部平衡和外部平衡难统一

在固定汇率制度下，各国不能利用汇率杠杆来调节国际收支，而只能采取有损于国内经济目标实现的经济政策或采取管制措施，以牺牲内部平衡来换取外部平衡。当美国国际收支逆差、美元汇率下跌时，根据固定汇率原则，其他国家应干预外汇市场，但这往往会导致和加剧这些国家的通货膨胀；如果这些国家不加干预，美元贬值就会加剧，从而会遭受美元储备资产贬值的损失。

四、布雷顿森林体系的崩溃

以黄金和美元为中心的布雷顿森林体系实际上是一部美元兴衰史，是一个从美元荒到美元泛滥、最终爆发美元危机的过程。布雷顿森林体系的崩溃与美元危机密切相关。通过了解二战后美元的变动情况及历次美元危机的爆发及拯救措施，我们可以加深对该体系的认识。

（一）美元荒

二战后，欧洲各交战国深受战争的破坏，而当时美国的国内经济实力不但没有削弱，反而增强，生产大大发展，各国所需要的各种商品都必须向美国购买。但是购买美国商品，需要黄金或美元支付，而各国的黄金数量毕竟有限，所以不足以应付巨额贸易逆差，同时，欧洲以及其他一些地区的国家因经济尚未恢复，也没有多少商品可以输往美国换取美元，因此，各国普遍感到缺乏美元，因而形成所谓美元荒（Dollar Shortage）。相反，美国的商品却源源不断地输入西欧、日本和世界各地，从而使西方世界黄金储备的3/4集中到了美国。

（二）美元灾

1948年，美国通过马歇尔计划（Marshall Plan）对外提供经济援助，大量美元资金开始流入西欧各国，促使这些国家的经济逐步得到恢复，生产迅速发展。西欧各国所生产的商品进入国际市场后，也与美国竞争，从而使它们的国际收支情况大为好转，不仅逆差减少，而且逐渐转变为顺差，从而获得数量较多的黄金与美元。同时，美国继续执行援外和贷款计划，美国在国外的驻军费用支出庞大，美国的低利率政策又促使国内资金外流，这些都导致美元继续大量流入其他国家。因而，从50年代中期开始，美国国际收支逐年出现逆差，黄金储备逐渐减少。1958年，欧洲经济共同体成立，欧洲许多国家的货币恢复自由兑换后，美国国际收支逆差的情况更趋严重，各国持有的美元大量增加，于是，战后最初几年普遍存在的美元缺乏问题转变成了美元过剩，这就是所谓的美元灾（Dollar Glut）。

（三）第一次美元危机

1960 年爆发了第一次较大规模的美元危机。50 年代，西欧国家普遍出现了美元过剩，其中有些国家用自己手中的美元向美国政府兑换黄金，美国的黄金储备开始外流。到 1960 年，美国的对外短期债务高达 210.3 亿美元，而黄金储备只有 178 亿美元。于是，人们普遍开始担心：①美国政府是否还有能力继续履行美元对黄金的可兑换性的义务，因为这个义务对于布雷顿森林体系的继续生存以及美元维持国际储备货币的垄断地位是至关重要的。②美元是否会贬值。如果美元贬值，就会给持有美元净头寸者造成资本损失。由于这些担忧的不断升级，1960 年 10 月，在国际金融市场上爆发了战后首次大规模的抛售美元、争购黄金和其他硬通货的风潮。为了维护外汇市场的平稳和金价的稳定，保持美元的可兑换性和固定汇率制，美国要求其他西方国家在国际货币基金组织的框架内与之合作来稳定国际金融市场。各主要西方国家的中央银行曾精心安排了一系列信贷便利（Credit Facilities）作为应急措施。

1961 年 3 月，参加国际清算银行的英国、法国、联邦德国、意大利、荷兰、比利时、瑞典和瑞士等八国中央银行达成一项不成文的“巴塞尔协定”（Basel Agreement），其内容是：当某国货币发生危机时，其他国家不但要在一定时间内保持该国的货币头寸，而且还应把该国所需要的黄金与外汇贷给该国，以稳定黄金市价，避免汇率变动，保持固定汇率制的继续实行。

1961 年 10 月，为维持黄金的价格和美元的地位，美国联合英国、法国、联邦德国、意大利、荷兰、比利时和瑞士等七国，建立了黄金总库（Gold Pool），并指定英格兰银行为代理机构，在伦敦黄金市场上买卖黄金，以便将金价维持在 35.20 美元 1 盎司水平上（这一价格是美国出售 1 盎司黄金的价格再加上 1/4 的手续费，即从纽约到伦敦的运费和保险费）。总库黄金总量为 2.7 亿美元，其中美国出 50%，德、英、法、意各出 9.3%，瑞、荷、比各出 3.7%。当金价上涨时，就在伦敦市场抛出黄金；当金价下跌时，就买进黄金，以此来调节市场的黄金供求，稳定金价。由于国际市场黄金吞吐量巨大，2.7 亿美元的黄金实在是杯水车薪，无济于事。实际上，1968 年美国实行黄金双价制后，黄金总库就解体了。

1961 年 11 月，国际货币基金组织与 10 个工业化国家（美国、英国、法国、加拿大、联邦德国、意大利、荷兰、比利时、瑞典、日本）签订借款总安排协议（General Agreement to Borrow）。当时签订该项借款协议的主要目的是，从美国以外的另外 9 国获取借入资金以支持美元，缓和美元危机，维持国际货币体系的正常运转。所以，当时向借款总安排国家借用款项的主要是美国。借款总安排当时的资金总额为 60 亿美元，其中，美国出 20 亿美元，英国和联邦德国各出 10 亿美元，法国和意大利各出 5.5 亿美元，日本出 2.5 亿美元，荷兰和加拿大各出 2 亿美元，比利时出 1.5 亿美元，瑞典出 1 亿美元，此后该资金总额几经扩大。借款总安排的 10 个出资国就是"十国集团"(又称"巴黎俱乐部")的成员。瑞士不是基金组织的成员,但于1964年参加了借款总安排,出资2亿美元。

1962年3月,美国又分别与其他主要西方国家签订了双边《互惠借款协定》(Reciprocal Currency Agreement),又称为《货币互换协定》(Swap Agreement),借款额度达180亿美元。该《协定》规定两国中央银行彼此提供互惠信贷,在一定时间内可按一定汇率互换一定金额的对方货币,还款时仍按原来商定的汇率偿还。该《协定》旨在使签约双方,尤其是美国,利用对方货币来干预外汇市场和稳定汇率。

上述拯救措施都是操作性的,而不是制度性的。由于这些措施的局限性,布雷顿森林体系的缺陷不可能从根本上得到纠正。

(四)第二次美元危机

1968年爆发了第二次较大规模的美元危机。20世纪60年代中期,美国卷入越南战争后,其国际收支进一步失衡,黄金储备不断减少。与此同时,美国的财政金融状况明显恶化,国内通货膨胀加剧,美元对内价值不断贬值,美元与黄金的固定比价再一次受到怀疑。在此期间,法国不断冲击美元的霸权地位,带头向美国大量兑取黄金。

1967年英镑危机的发生使外汇市场上的投机浪潮于1968年初转向美元。1968年3月,美国的黄金储备只够偿付其对外短期债券的1/3。结果,在伦敦、巴黎和苏黎世黄金市场爆发了第二次较大规模的美元危机。在危机爆发后的半个月内,美国的黄金储备流失达14亿美元,凭黄金总库和美国的黄金储备,已无力维持美元与黄金的固定比价,这就迫使美国政府采取了两项应急措施:

第一,美国要求英国自同年3月15日起,暂时关闭伦敦黄金市场,宣布停止在伦敦黄金市场上按照每盎司35美元的黄金官价出售黄金。

第二,解散黄金总库并实行黄金双价制。所谓黄金双价制(Two - Tier Price System),是指两种黄金市场实行两种不同价格的制度。在官方之间的黄金市场上,仍然实行35美元等于1盎司黄金的比价;而在私人黄金市场上,美国不再按35美元等于1盎司黄金这一价格供应黄金,金价由供求关系决定。这样,私人市场上的金价随之上涨,逐渐拉开了与黄金官价的距离。

虽然美国黄金储备流失因此而大大减少,但并没有使美元危机得到缓和。实际上,黄金双价制意味着布雷顿森林体系的局部崩溃。它表明,在黄金产量增长落后的情况下,维持固定金价的任何企图都是短暂的,并不可避免地会带来金融市场的混乱;以黄金这一单一商品作为全球货币体系的基础,虽具有短期稳定这一优点,但终究将因金价本身无法稳定而使货币体系走向混乱和崩溃。

(五)第三次美元危机

第三次美元危机于1971年爆发,这是战后最严重的美元危机。1971年,美国发生了自1893年以来的第一次贸易逆差,其国际收支状况进一步恶化(逆差近

300 亿美元)。当时,美国的黄金储备只有 110 亿美元,而其对外短期债务却高达 678 亿美元。外汇市场上抛售美元、抢购黄金和其他硬通货的风潮在 5 月和 7 月两度爆发。美国政府陷入了困境:假如宣布美元贬值,那等于是奖励了那些不肯累积美元、一直向美国兑取黄金的外国中央银行以及在国际金融市场上大量抛售美元、争购黄金的投机者;此外,作为布雷顿森林体系支柱的美元发生贬值,还会引起人们对整个体系的担心和忧虑。然而,除了美元贬值之外,其他可供选择的措施非常有限。在万般无奈的情况下,尼克松政府于当年 8 月 15 日宣布实行"新经济政策":对内冻结工资和物价;对外停止美元兑换黄金,并对所有进口商品征收 10% 的附加税。美国的两项涉外措施引起了其他西方国家的强烈不满。在国际金融市场极度混乱的情况下,十国集团经过 4 个月的讨价还价,于 1971 年 12 月 18 日达成一项妥协方案,即在美国首都华盛顿的史密森研究所签订了《史密森协议》(Smithsonian Agreement)。

《史密森协议》的主要内容是:①美元对黄金贬值 7. 89%,黄金官价从每盎司 35 美元提高到 38 美元。②意大利里拉、瑞典克朗、瑞士法郎各贬值 1%,日元、联邦德国马克、比利时法郎、荷兰盾则各有不同程度的升值。③各国货币对美元汇率的波动幅度扩大为平价上下各 2. 25%。④美国政府取消 10% 的进口附加税,但仍停止美元兑换黄金。

《史密森协议》是西方国家为拯救布雷顿森林体系免于崩溃所做的孤注一掷的尝试。它勉强维持了布雷顿森林体系下的固定汇率制度。扩大的法定汇率波动幅度有助于减小国际收支不平衡的数额;美元的贬值抬高了黄金价格,从而增加了美国、国际货币基金组织和其他国家所持有的黄金储备价值。然而,美元同黄金的兑换则从此结束,这实际上意味着,布雷顿森林体系的核心部分已经瓦解,国际货币体系已不再是以"黄金—美元"为基础。此外,《史密森协议》完全是国际货币体系危机的产物,平价的调整是在非常小的幅度内进行的,反映了各国的矛盾和斗争,并且没有涉及国际货币体系的根本变革。

1973 年 2 月,美元再次爆发危机,美国政府被迫将美元再贬值 10%(黄金官价从每盎司 38 美元提高到 42. 22 美元)。此后不久,各主要西方国家(加拿大、日本、意大利、联邦德国和瑞士等)货币纷纷与美元脱钩,不再承担维持美元汇率的义务,并改行浮动汇率制。至此,布雷顿森林体系终于彻底崩溃。

五、特别提款权

特别提款权(Special Drawing Rights,SDRs)是布雷顿森林体系危机的产物,以及企图缓和美元危机的一个手段。

(一)特别提款权的产生

1960 年美元危机爆发后,布雷顿森林体系开始走上了由盛到衰的历程,因此,在60年代中期,西方各国间发生了关于改革国际货币制度的激烈争论。为了缓和美元的困境,防止美国的黄金流失,英美一方提出了国际流通手段(International Liquidity)不足的理论,主张创设一种新的储备货币,补充美元、英镑、黄金的不足,以适应国际贸易发展的需要。作为另一方,以法国为首的西欧六国则认为,国际流通手段、支付手段并不是不足,而是美元泛滥,通货过剩,因此,强调美国应消除其国际收支逆差,极力反对创设新的储备货币,主张创建一种以黄金为基础的储备货币单位来代替美元与英镑。1964年4月,比利时提出了一个折中方案,主张增加各国向基金组织的自动提款权——而不是另创新的储备货币——来解决可能出现的国际流通手段不足的问题。十国集团采纳了比利时的方案。1968年3月,十国集团提出设立特别提款权的正式方案,但由于法国拒绝签字而被搁置起来。

1968年美元危机爆发后,美国采取了停止在黄金市场按官价出售黄金的措施。这个措施虽然大大减缓了美国黄金枯竭的过程,但是,它不能解决美元泛滥的问题。尤其是1971年的美元危机迫使美国政府停止美元兑换黄金后,美元再也不能独占作为国际储备货币的优越地位。在1968—1971年,其他国家的货币又都不具备作为一种国际储备货币的必要条件。结果,就出现了这样一种危机:如果不能增加国际储备货币或国际流通手段,就会影响国际贸易的发展。提供补充的储备货币或流通手段以保证国际贸易持续迅速发展已成为基金组织最重要的任务。因此,基金组织在其1969年的年会上正式通过了十国集团提出的关于设立特别提款权的方案,并决定在1970—1972年的3年内,由基金组织发行95亿特别提款权,以补充黄金之不足。这就是基金组织成立以来对国际货币基金协定的第一次修订。

(二)特别提款权的定价

发行之初,特别提款权是一种有含金量的记账单位,它含有0.888 671格令纯金,正好等于1美元①。1974年7月,基金组织正式宣布特别提款权与黄金脱钩,改用“一篮子”16种货币作为定值标准。这16种货币包括截至1972年的前5年中在世界商品和劳务出口总额中占1%以上的成员国的货币。除美元外,还有联邦德国马克、日元、英镑、法国法郎、加拿大元、意大利里拉、荷兰盾、比利时法郎、瑞典克朗、澳大利亚元、挪威克郎、丹麦克朗、西班牙比塞塔、南非兰特以及奥地利先令。每天依照外汇行市变化,公布特别提款权的牌价。1976年7月基金组织对“一篮子”中的货币作了调整,去掉丹麦克朗和南非兰特,代之以沙特阿拉伯里亚尔和伊朗里亚尔,对“一篮子”中的货币所占比重也作了适当调整。为了简化特别提款权的定值方法,增强特别提款权的吸引力,1980年9月18日,基金组织又宣布将组成“一篮子”的货币,简化为5种西方国家货币,即美元、联邦德国马克、日元、

① 特别提款权虽然有含金量,但不能兑换成黄金,所以被称为“纸黄金”(Paper Gold)。

法国法郎和英镑,它们在特别提款权中所占比重分别为42%、19%、13%、13%和13%,该比重以后每五年调整一次。欧元诞生后,特别提款权的价值由美元、英镑、欧元和日元共同决定,新的初始权重分别为美元44%,英镑11%,日元11%,欧元34%。

2015年11月30日,国际货币基金组织正式宣布,人民币将于2016年10月1日加入特别提款权。从2016年10月1日起,特别提款权的价值由美元、欧元、人民币、日元和英镑五种货币所构成的一篮子货币的当期汇率确定;上述五种货币所占权重分别为41.73%,30.93%,10.92%,8.33%和8.09%。

(三)特别提款权的分配和使用

特别提款权由基金组织根据各成员国上年年底缴纳份额的比例进行分配,份额越大,所得到的份额就越多。基金组织设有特别提款权部,成员国均设有一特别提款权账户。当基金组织向成员国分配特别提款权时,将成员国分到的数额记录在该国特别提款权账户的贷方。当成员国发生国际收支困难而需动用特别提款权时,基金组织按有关章程通过协商指定一国(通常是国际收支处于强势的国家)接受特别提款权。以A,B两国为例,设A,B两国分别分配到5亿特别提款权,当A国发生国际收支逆差而需动用3亿特别提款权,B被指定接受特别提款权时,在A的特别提款权账户借方记录3亿,在B的账户贷方加上3亿,同时,B的中央银行将等值的可兑换货币转入A国的中央银行,A国中央银行遂可用得到的这笔可兑换货币来平衡国际收支差额。

特别提款权的使用主要局限于政府之间。在基金组织范围内,特别提款权有以下用途:①以转账的形式获取其他可兑换货币;②清偿与基金组织之间的债务;③用于向基金组织缴纳份额;④向基金捐款或贷款;⑤作为本国货币汇率的基础(有些成员国的货币与特别提款权保持固定比价);⑥充当基金组织的记账单位。

第四节 牙买加体系

现行的国际货币体系,主要是指以牙买加协定为基本框架,认同汇率浮动化、储备货币多样化的一种国际货币制度。所以,现行国际货币体系又称牙买加体系(Jamaica System)。从某种意义上说,现行的国际货币体系是对布雷顿森林体系崩溃后一系列变通措施或安排的默认。

布雷顿森林体系崩溃之后的一段时间内汇率波动剧烈,全球性国际收支失衡现象严重,西方发达国家之间以及发达国家与发展中国家之间的矛盾激化。为此,国际货币基金组织在1972年7月成立了"国际货币制度改革和有关问题委员会"(由11个主要工业国和9个发展中国家组成,又称"二十国委员会"),专门商讨国际货币体系的改革问题。经多次开会,该委员会于1974年6月提出了一份"国际货币制度改革大纲”，对汇率、国际资本短期流动、国际储备资产、黄金等问题提出了一些原则性的建议，并建议基金组织在“二十国委员会”结束后，另成立临时委员会，继续对有关国际货币制度改革问题进行探讨。基金组织根据这个建议，于1974年7月设立了“国际货币制度临时委员会”接替“二十国委员会”的工作。“临时委员会”于1976年1月在牙买加首都金斯顿举行的第5次会议上，讨论修订国际货币基金协定，会议集中讨论了扩大和重新分配份额；处理黄金官价和基金组织库存的黄金；修改基金组织有关汇率的规定等三个问题。经过激烈争论，会议对增加份额、黄金作用、汇率体系和发展中国家资金融通等问题达成具体的协议，即《牙买加协定》。这一协定于1978年4月1日起正式生效。依据和实施《牙买加协议》，才逐渐形成了现今国际货币关系的新格局。牙买加体系的基本内容如下：

第一，承认浮动汇率制的合法性。会员国可以自由选择、决定汇率制度，基金组织承认固定汇率制度和浮动汇率制度同时并存；会员国的汇率政策应受基金组织的监督，并须与基金组织协商；实行浮动汇率制的会员国应根据条件逐步恢复固定汇率制，并防止采取损人利己的货币贬值政策；在认为国际经济条件已经具备时，经总投票权的85%的多数通过，基金组织可以决定采用“稳定的但可调整的货币平价制度”，即恢复固定汇率制度。

第二，减弱与消除黄金的货币作用。废除黄金条款、取消黄金官价，用特别提款权逐步代替黄金作为国际货币体系的主要储备资金；取消会员国之间及会员国与基金组织之间以黄金清算债权债务的义务；各会员国中央银行可按市价从事黄金交易，基金组织不在黄金市场上干预金价；基金组织持有的黄金应逐步加以处理：其中1/6（2 500万盎司）按市价出售；1/6由原缴纳的会员国按官价买回；剩余的黄金须经总投票权85%的多数通过，决定向市场出售或由各会员国买回。

第三，以特别提款权作为主要的储备资产。在未来的货币体系中，应以特别提款权作为主要储备资产，并作为各国货币定值的基础。凡有特别提款权账户的国家，可以通过账户用特别提款权来进行借贷以及用来偿还基金组织的债务[①]。

第四，增加基金组织的份额。各会员国对基金组织缴纳的份额，由原来的292亿特别提款权增加到390亿特别提款权，增加33.6%。各会员国应缴份额所占的比重有所改变，主要是石油输出国组织的比重由5%增为10%。除联邦德国、日本外，西方主要工业国的份额均有所降低，而英国下降的最多。份额重新修订的结果是发达国家的投票权与发展中国家比较相对减少了。

第五，扩大对发展中国家的资金融通。用在市场上出售黄金超过官价部分的

① 《牙买加协定》的签订已经有30多年了，它规定的把特别提款权作为主要国际储备资产的目标远未实现。特别提款权在国际储备总额中，1971年占4.5%，1976年下降到2.8%。随后虽然有所变化，但是30多年来没有显著进展。而外汇在全部国际储备中的比重多年来都高达80%左右，因而在世界储备资产中主要的储备仍然是外汇，其中主要是美元。

所得建立信托基金，向最穷困的发展中国家提供优惠条件的贷款，帮助它们解决国际收支方面的困难。同时，扩大基金组织的信用贷款总额，由占会员国份额的100%提高到145%，并增加"出口波动补偿贷款"的比重，由占份额的50%增加到75%。

在牙买加体系下，由于各国可以自行安排汇率，因此出现了汇率制度的多元化（参见表10－3）。一般说来，经济实力强大的国家愿意采取浮动汇率制，以便在国内政策上取得更大的独立性。对外开放程度较高的国家，贸易商品的价格对物价总水平的影响较大，为了避免汇率波动对物价水平的影响，这些国家愿意采取固定汇率。与贸易伙伴国之间的通货膨胀率差异较大的国家愿意采取浮动汇率或爬行固定汇率，以便随通货膨胀率差异的变化而经常调整汇率。贸易伙伴很少的国家愿意与它的主要贸易伙伴国维持固定汇率。西方学者把这种汇率体制叫作"无体制的体制"（No－System）。也有人称它为混合体制（Hybrid System），因为它既有固定汇率制，又有浮动汇率制。但一般认为，这种体制还是浮动汇率制，因为最重要的货币都是实行单独浮动或是联合浮动的。

表10－3　国际货币基金组织190个成员的汇率安排情况（2012年）

汇率安排	成员国数量
无独立的法定货币	13
货币局	12
传统的钉住汇率	43
稳定的汇率安排	16
爬行钉住	3
类似爬行钉住的汇率安排	12
一定幅度内的钉住汇率	1
其他的管理浮动	24
浮动汇率	35
自由浮动	31

第五节　欧洲货币一体化

一、欧洲货币体系的建立

1950年，欧洲经济合作组织17个成员国（爱尔兰、法国、意大利、荷兰、比利时、卢森堡、奥地利、希腊、土耳其、丹麦、挪威、瑞典、瑞士、葡萄牙、冰岛、联邦德国、英国）为了调节国际收支而建立了欧洲支付同盟(European Payment Union,EPU)这一清算体系。该联盟于1950年7月1日正式建立,其宗旨是通过对各国间的债权债务实行多边清算,提高成员国之间货币的自由兑换性,使成员国之间的贸易差额得以抵消,以促进成员国之间经济贸易的发展。它的建立标志着欧洲货币一体化的开始。

1951年4月18日,法国、联邦德国、意大利、比利时、荷兰和卢森堡在巴黎签订了欧洲煤钢联营条约(简称巴黎条约)。上述6国决定把各自的煤、钢工业置于共同的管辖之下。从此,欧洲国家开始走向和平与合作的道路,结束了历史上长期分裂的局面。欧洲煤钢共同体作为第一个一体化的欧洲市场的建立,大大带动了欧洲共同体各国间的贸易发展。由于彼此竞争激烈,消费工业受益很大。容量巨大的欧洲市场,为大规模企业的建立提供了方便,于是,欧洲的钢铁工业能够在技术上与世界上其他大型企业进行竞争。欧洲煤钢联营的发展,表明各成员国仅仅在煤钢工业部门进行合作是不够的,需要进行更广泛的合作。经过准备,当时的6个成员国于1957年3月25日在意大利首都罗马缔结了两个新的条约——《建立欧洲经济共同体条约》和《建立欧洲原子能共同体条约》(通称罗马条约)。

1978年4月,在丹麦首都哥本哈根召开的欧共体首脑会议上,联邦德国总理施密特和法国总统德斯坦提出了建立欧洲货币体系的动议。在法、德的推动下,欧共体各国首脑于1978年12月5日在比利时首都布鲁塞尔达成协议,决定1979年1月1日建立欧洲货币体系(European Monetary System,EMS),后因法、德在农产品贸易补偿制度上发生争执,EMS延迟到1979年3月13日才正式成立。欧洲货币体系的目的是制止汇率剧烈波动,促进共同体国家经济的发展。最初参加欧洲货币体系的有法国、原联邦德国、意大利、荷兰、比利时、卢森堡、爱尔兰和丹麦8个国家,80年代,希腊(1984年)、西班牙(1989年)和葡萄牙(1989年)3国相继参加。

二、欧洲货币体系的主要内容

(一)创设欧洲货币单位

欧洲货币单位(ECU)是欧洲货币体系的中心问题。欧洲货币单位是一个“篮子货币”,由欧洲经济共同体12个成员国中的十种货币所组成。每一种货币在欧洲货币单位所占的比重根据各国在共同体内部贸易额和国民生产总值所占份额加权计算。

在欧洲经济共同体内,欧洲货币单位具有记账单位、清算手段和干预手段等职能,它被用于编制共同体的统一预算,制定货币汇价波动幅度,规定农产品统一价格,发放干预货币市场的贷款,计算向发展中国家的官方援助,以及清算部分官方交易余额等方面。欧洲货币单位由多种货币构成,这种合成货币具有相对的内在稳定性,因为各种货币间汇价的波动在“篮子货币”内有互相抵消的倾向。以欧洲货币单位订立的金融合同可以减少外汇风险,这在国际金融动荡不定的情形下,对银行业和产业界具有一定的吸引力。此外,欧洲货币单位还被用作债券、存款以及票据的计算单位。

（二）建立稳定的汇率机制

欧洲货币体系的汇率制度与 1973 年 3 月开始实行的联合浮动基本相同,即成员国货币之间实行固定汇率,对非成员国货币则实行联合浮动汇率。它们之间的不同之处在于,欧洲货币体系通过两种汇率干预体系来实现汇率稳定机制:一是平价网体系(Parity Grid),又称格子体系;二是货币篮体系(Currency Basket),又称篮子体系。

平价网体系要求成员国货币之间彼此确定中心汇率,各成员国相互之间的汇率只能在中心汇率上、下浮动。其中,除西班牙和英国的中心汇率允许在 ±6% 的范围内波动外,其他国家货币的中心汇率只能在 ±2.25% 之间波动。如果任何一国的货币升降超过被允许波动的幅度,该国中央银行就有义务采取行动干预外汇市场,使汇率回复到规定的幅度之内。

货币篮体系首先确定成员国货币对欧洲货币单位的中心汇率,然后计算每种货币对这一中心汇率所允许的最大偏离幅度(Maximum Spread of Divergence,简称 MSD)。为了进一步稳定欧洲货币单位,欧洲货币体系还采用了早期报警系统,也就是规定了偏离临界点(Divergence Threshold)。当一种货币超越“偏离临界点”时,有关国家政府应采取纠正措施。有三种干预办法,一是通过各中央银行间的相互贷款以干预外汇市场,即抛出强币以减轻对强币的压力,吸收弱币以加强对弱币的支持;二是在国内实行适当的货币政策和财政政策,如弱币国家提高利率,紧缩银根,而强币国家则降低利率,放宽信贷;三是改变中心汇率作为最后的一着,即在干预难以奏效的情况下,各国必须重新确定中心汇率,以免整个体系崩溃。货币篮体系改变了过去发生汇率波动时大多由软币国首先纠正汇率的缺陷。同时,欧洲货币体系采用两套干预方法,可以使汇率机制更加稳定。

（三）设立欧洲货币基金

为了保证欧洲货币体系的运转,稳定各成员国的货币汇率,需要一笔数量相当大的资金,在必要时能有效地干预外汇市场,并能提供政府间的清偿手段,以便对国际收支困难的成员国提供信贷支持。于是,1979 年 4 月,欧洲货币体系的参加国(包括非正式成员国的英国)各自提取本国黄金外汇储备总额的 20%,建立了欧洲货币合作基金(EMCF),作为发行欧洲货币单位的准备金。遇到资金困难时,欧洲货币体系成员国可以利用相互支持的信贷体系,或直接向欧洲货币基金申请贷款。

三、欧元的诞生

欧洲货币体系对欧共体的一体化建设起到了相当大的促进作用。但是,进入 20 世纪 80 年代以后,欧共体经历了世界经济危机的打击,陷入了高通胀、高失业率的滞胀困境中。与此同时,世界经济发展日趋多极化,在经济实力,特别是在科技实力和市场竞争方面,欧共体均大大落后于美、日。为了摆脱这一局面,欧共体各国意识到必须建成一个真正的没有内部边界的统一市场。要实现人员、商品、服务和资本的自由流通,必须有效地协调各成员国之间的经济、财政及货币政策,因此,统一大市场和经济与货币联盟息息相关。

1991 年 12 月 9 日和 10 日,欧共体 12 国首脑在荷兰小城马斯特里赫特开会,就欧共体建立内部统一大市场后,进一步建立政治联盟和经济与货币联盟问题达成协议。会议通过了《政治联盟条约》和《经济与货币联盟条约》,统称《马斯特里赫特条约》,简称《马约》。政治联盟条约规定,实行共同的外交政策、防务政策和社会政策。经济与货币联盟条约的目标在于最迟在 1999 年 1 月 1 日之前建立"经济货币联盟"(Economic and Monetary Union,EMU),届时将在该联盟内实现统一的货币、统一的中央银行以及统一的货币政策。这是欧洲货币史上的一个重要事件,也是国际货币体系发展史上的一个重要事件。《马约》关于货币联盟的最终目标是在欧共体内建立一个负责制定和执行欧共体货币政策的欧洲中央银行并发行统一货币。

根据《马约》所制定的时间表,欧洲经济货币联盟的形成共分为三个阶段。

第一阶段:从 1990 年 7 月 1 日到 1993 年底,主要任务是实现所有成员国加入欧洲货币体系的汇率机制,实现资本的自由流动,协调各成员国的经济政策,建立相应的监督机制。

第二阶段:从 1994 年 1 月 1 日到 1997 年,进一步实现各国宏观经济政策的协调;建立独立的欧洲货币管理体系,称为"欧洲中央银行体系",作为欧洲中央银行的前身;各国货币汇率的波动要在原有的基础上(上下 2.25%,意大利、西班牙和英国的幅度为上下 6%)进一步缩小并趋于固定。

第三阶段:从 1997—1999 年 1 月 1 日开始,其目标是在这段时间内最终建立统一的欧洲货币和独立的欧洲中央银行。在 1996 年底的时候,由欧共体理事会对各国的经济状况按加入第三阶段的条件进行一次评估。如果至少有 7 个(不包括英国)国家达标,并且当时欧共体的情况允许,则这些达标的国家将首先进入第三阶段,其余国家则等到条件成熟以后再加入。如果到 1997 年 12 月 31 日,达标的国家仍少于 7 个,或者欧共体理事会认为于 1997 年实施阶段三不适宜,则改为于 1999 年 1 月 1 日起,让已达标的国家先进入第三阶段,其余国家待以后条件成熟时再加入。这就是说,到 1999 年 1 月 1 日,不管有多少国家达标,第三阶段都将开始。

在第三阶段中,将建立独立的欧洲中央银行和发行统一的欧洲货币。进入第三阶段的条件是:①通货膨胀率,不能超过欧共体三个最低国家平均水平的1.5%;②政府长期债券的利率,不能超过欧共体三个通货膨胀率最低国家平均水平的

2%；③财政赤字占国内生产总值的比重不得高于 3%；④公共债务的累计额不得高于国内生产总值的 60%；⑤货币汇率必须维持在欧洲货币体系规定的幅度（2.5%）内，并且至少有两年未发生过贬值。上述内容就是人们所称的“五项趋同标准”。

《马约》是对原《罗马条约》的重要修正。按照法律程序，该条约必须经欧共体 12 国一致通过才能正式生效。欧共体 12 国中，丹麦、法国和爱尔兰须由全民公决来决定，其余 9 国则由各国议会决定。《马约》的批准过程可谓一波三折。1992 年 6 月丹麦第一个举行全民公决，结果以 50.7% 的微弱多数遭到否决，接着 6 月中旬爱尔兰的全民公决则以绝对优势予以批准，法国也在 9 月的全民公决中以微弱多数通过。到 1992 年底，除了丹麦和英国两国外，欧共体其余各国都先后通过。为了扫除障碍，欧共体首脑首先同意英国获得既不参加共同货币，也不参加社会纲领的权利；又在爱丁堡会议上明确丹麦可以不参与统一货币和共同防御政策，解除了两国对《马约》有关条款的顾虑。1993 年 5 月 18 日，丹麦举行第二次全民公决通过了《马约》，英国议会也批准了《马约》。1993 年 11 月 1 日，《马约》被欧共体全部予以批准并正式生效，欧洲经济共同体改称为欧洲联盟，标志着欧洲一体化进入了一个新的阶段。

1997 年，有 11 个欧盟成员国已总体达到《马约》所规定的经济趋同标准，从而有资格成为首批流通欧元的国家。这 11 个国家是：法国、德国、意大利、西班牙、比利时、荷兰、卢森堡、葡萄牙、奥地利、芬兰和爱尔兰。在欧盟的其余 4 个成员中，希腊因为经济未能全面达标而暂时落选；英国、丹麦和瑞典三国的经济虽已达标，但出于国内政治考虑，均已明确表示不打算成为首批进入第三阶段的国家。

1999 年 1 月 1 日，欧元作为 11 个参加国的非现金交易的“货币”，以支票、信用卡、股票和债券等方式进行流通。自 2002 年 1 月起，欧元 11 国将总计 700 亿欧元现金投入流通领域。在 2002 年 7 月 1 日后，欧元 11 国各自的货币由欧元完全取代，终止流通。

2001 年 1 月 1 日，希腊加入欧元区。2007 年 1 月 1 日，斯洛文尼亚加入欧元区。2008 年 1 月 1 日，塞浦路斯、马耳他加入欧元区。2009 年 1 月 1 日，斯洛伐克加入欧元区。2011 年 1 月 1 日，爱沙尼亚加入欧元区。这样，欧元区成员国，从最初的 11 个已增至 2011 年的 17 个。

四、欧洲货币危机

1992 年 9 月中旬，欧洲货币市场上发生了一场自二战以来最严重的货币危机。当时，德国经济实力因东西德统一而大大增强，尽管德国马克在欧洲货币单位中以马克表示的份额不变，但由于马克对美元升值，马克在欧洲货币单位中的相对份额不断提高，因此德国的货币政策不仅能左右德国的宏观经济，而且对欧共体其他成员国也有很大的影响。同时,英国和意大利的经济则一直不景气,增长缓慢,失业增加,他们需要实行低利率政策,以降低企业借款成本,增加投资,扩大就业,并刺激居民消费以振兴经济。但当时德国在东西德统一后,出现了巨额财政赤字,政府担心由此引发通货膨胀,爆发政治和社会问题。因此,通货膨胀率仅为3.5%的德国不但拒绝七国首脑会议对其提出的降息要求,而且在1992年7月把贴现率提升到8.75%。这样,过高的德国利率引起了外汇市场抛售英镑、里拉而抢购马克,致使里拉和英镑汇率大跌,直接引发了欧洲货币危机。

对德国的加息首先做出反应的是北欧的芬兰。芬兰马克与德国马克自动挂钩,在德国提高利率后,芬兰人纷纷把芬兰马克换成德国马克,芬兰央行为维持比价不得不抛售德国马克购买芬兰马克,但芬兰马克仍不断下跌,9月8日,芬兰政府突然宣布芬兰马克与德国马克脱钩,自由浮动。这一措施成为这场货币危机的导火索。

英法政府深感问题的严重性而向德政府建议降低利率,但德国认为芬兰马克脱钩微不足道,拒绝了英法政府的建议,并宣布德国绝不会降息。货币市场的投机者立即把投机的目标转向坚挺的德国马克。9月12日,欧洲货币体系内一直处于软货币地位的意大利里拉告急,汇率一路下挫,跌到了欧洲货币体系汇率机制中里拉对马克汇率的最低限。在这种情况下,虽然意大利政府曾在7日和9日先后两次提高贴现率(从12%提高到15%),同时还在外汇市场抛售马克和法郎,但也未能缓和局势。9月13日,意大利政府不得不宣布里拉贬值,将其比价下调3.5%,这是自1987年1月12日以来欧洲货币体系比价的第一次调整。

此时,德国政府才为了维持欧洲货币体系的运行而做出细微的让步,于9月14日正式宣布将贴现率降低0.5个百分点,由8.75%降到8.25%。这是德国五年来的第一次降息,但为时已晚。就在德国宣布降息后的第二天,英镑汇率一路下跌,英镑对马克的比价达到1英镑兑2.78马克。英镑的狂跌使英国政府乱了阵脚,于16日清晨宣布提高银行利率2个百分点,几小时后又宣布提高3个百分点,把利率由10%提高到15%。一天两次提高利率在英国近代史上是绝无仅有的。英国这种反常之举的目的是要吸引国外短期资本流入,增加对英镑的需求以稳定英镑的汇率。

1992年9月15—16日,欧洲货币体系各国央行注入上百亿英镑的资金支持英镑,但仍无济于事。16日英镑对马克的比价又从前一天的1英镑兑2.78马克跌至1英镑兑2.64马克,英镑与美元的比价也跌到1英镑兑1.738美元的最低水平。9月16日晚,英国宣布退出欧洲货币体系并降低利率3个百分点,17日上午又把利率降低2个百分点,恢复到原来10%的水平。

意大利里拉在9月13日贬值之后,仅隔3天又一次在外汇市场上出现危机,里拉对马克的比价再次突破了重新调整后的汇率下浮界限。意政府花了价值为

40 万亿里拉的外汇储备挽救里拉终未奏效，只好宣布里拉退出欧洲货币体系，让其自由浮动。直到 1992 年 9 月 20 日，法国公民投票通过马斯特里赫特条约后，欧洲货币危机才暂时平息下来。

五、欧洲主权债务危机

欧洲主权债务危机，简称“欧债危机”，是指自 2009 年以来，在欧洲部分国家爆发的主权债务危机。欧债危机是美国次贷危机的延续和深化，其本质原因是，政府的债务负担超过了自身的承受范围。

早在 2008 年 10 月华尔街金融风暴初期，北欧的冰岛主权债务问题就浮出了水面，而后中东欧债务危机爆发。由于这些国家经济规模小，国际救助比较及时，其主权债务问题未酿成较大全球性金融动荡。

2009 年 12 月，希腊的主权债务问题凸显，2010 年 3 月进一步发酵，开始向“欧洲五国”其他国家——葡萄牙、意大利、爱尔兰、西班牙——蔓延。

（一）欧债危机的爆发

2009 年 10 月 20 日，希腊政府宣布，当年财政赤字占国内生产总值的比例将超过 12%，远高于欧盟设定的 3% 上限。随后，全球三大评级公司穆迪、标准普尔和惠誉相继下调希腊主权信用评级，欧洲主权债务危机率先在希腊爆发。

2010 年上半年，欧洲中央银行和国际货币基金组织等，一直致力于为希腊债务危机寻求解决办法，但分歧不断。欧元区成员国担心，无条件救助希腊可能助长欧元区内部“挥霍无度”并引发本国纳税人不满。同时，欧元区内部协调机制运作不畅，致使救助希腊的计划迟迟不能出台，导致危机持续恶化。葡萄牙、西班牙、爱尔兰、意大利等国接连曝出财政问题，德国与法国等欧元区主要国家也受拖累。

（二）欧债危机产生的原因

欧债危机产生的原因：

一种观点认为，单一货币下不同国家竞争力差异的扩大，是导致欧元区“内爆”的真正原因。标准普尔认为，欧债危机的根源并非仅是财政问题，而是欧元区核心国家和边缘国家竞争力差距不断拉大的必然结果。换言之，欧债危机并不仅仅是因为南欧国家花钱太多，而是由于其挣钱太少；并不仅是财政不可持续的问题，更是其竞争力下滑，经济发展不可持续的问题。

另一种观点认为，危机的主要原因在于欧元区的制度缺陷。

（1）货币制度与财政制度不能统一，协调成本过高。根据有效市场分配原则，货币政策服务于外部目标，主要维持低通胀，保持对内币值稳定；财政政策服务于内部目标，主要着力于促进经济增长，解决失业问题，从而实现内外均衡。欧元区一直以来都是世界上区域货币合作最成功的案例，然而 2008 年美国次贷危机的爆发，使得欧元区长期被隐藏的问题凸显出来。欧洲中央银行在制定和实施货币政策时，需要平衡各成员国的利益，导致利率政策调整总是比其他国家慢半拍，调整也不够到位。在统一的货币政策应对危机滞后的情况下，各国政府为了尽早走出危机，只能通过扩张性的财政政策来调节经济。许多欧元区成员国违反了《稳定与增长公约》中公共债务占 GDP 比重不高于60%这一标准，使得主权债务激增。

(2)欧盟各国劳动力无法自由流动，各国不同的公司税税率导致资本的流动，从而造成经济的泡沫化。蒙代尔最初提出的最适货币区理论，是以生产要素完全自由流动为前提的，并以要素的自由流动来代替汇率的浮动。欧元区只是在制度上放松了人员流动的管制，而由于语言、文化、生活习惯、社会保障等因素的存在，欧盟内部劳动力并不能完全自由流动。另一方面，欧盟国家只统一了对外关税税率，而并没有统一公司税税率。法国的公司税税率为 34.4%，比利时为 34%，意大利为 31%，德国为 29.8%，英国为 28%，其他边缘国家及东欧国家的公司税税率普遍低于 20%。这些税率较低的国家，也正是劳动力比较充足的国家，资金和劳动的结合，使得这些国家的经济不断膨胀，资金主要投资在支柱性的产业，比如加工制造业，房地产业和旅游业，从而导致了国内经济的泡沫化。

(3)欧元区设计上没有退出机制，出现问题后协商成本很高。由于在欧元区建立的时候，没有充分考虑退出机制，给以后欧元区危机的处理提出了难题。目前，个别成员国在遇到问题后，就只能通过欧盟的内部讨论来加以解决。市场也随着一次次的讨论而跌宕起伏。

(三)欧债危机的应对措施

欧洲主权债务危机爆发以来，欧盟采取了包括救助机制、紧缩政府财政等在内的一系列措施加以应对，力阻债务危机多米诺骨牌式蔓延。

2010 年 5 月 10 日，欧盟财长会议达成一项总额为7 500亿欧元(约合 1 万亿美元)的巨额紧急援助计划。对此，欧盟委员会经济和货币事务委员雷恩称，该计划表明了“欧盟捍卫欧元的决心”。同日，欧洲央行宣布，将对欧元区的公共和私人债务市场进行干预，购入成员国政府债券。这是欧洲央行首次宣布购买政府债券。6 月 7 日，欧元区财长就 7 500 亿欧元欧洲救助机制的最后细节达成一致，为其他可能像希腊一样陷入债务危机的欧元区国家启动这一救助机制扫清了所有障碍。

同时，为了恢复市场信心，欧洲开始大力紧缩财政。2010 年 5 月 6 日，希腊议会通过了政府提出的财政紧缩方案。该方案计划 3 年内紧缩开支 300 亿欧元，把财政赤字占国内生产总值的百分比，由 2009 年的 13.6% 降至 2014 年的 3% 以下。5 月 20 日，法国总统萨科齐宣布将改革财政制度，削减预算赤字，并实施养老金制度改革。法国政府还计划修改宪法，将实现公共财政平衡作为政府永久性目标列入宪法。萨科齐承诺，将在 3 年内将财政赤字占国内生产总值的比重控制在欧盟规定的 3% 以内。5 月 27 日，西班牙议会通过了政府此前出台的 150 亿欧元财政紧缩方案。6 月 7 日，德国总理默克尔宣布，德国政府将在未来 4 年内削减财政开支逾 800 亿欧元，以遏制德国预算赤字的急剧上升。

主要概念

国际货币体系　金币本位制　双挂钩　特里芬难题　特别提款权　欧洲货币单位

思考题

1. 简述国际金本位制的利弊得失。
2. 布雷顿森林体系的主要内容是什么？
3. 简述《牙买加协议》的主要内容。
4. 欧洲货币单位的主要作用是什么？
5. 欧共体成员国进入欧洲货币联盟第三阶段的条件是什么？

参 考 文 献

1. 李敏．国际金融实务与理论[M]. 北京:北京大学出版社,1992.
2. 何璋．国际金融[M]. 北京:中国金融出版社,1997.
3. 王建国．衍生金融商品[M]. 成都:西南财经大学出版社,1997.
4. 姜波克．国际金融学[M]. 北京:高等教育出版社,1999.
5. 姜波克．国际金融新编[M]. 上海:复旦大学出版社,1998.
6. 李荣谦．国际货币与金融[M]. 北京:中国人民大学出版社,2006.
7. 张陶伟．国际金融原理[M]. 北京:清华大学出版社,1995.
8. 陈绍昌．国际金融计算技术[M]. 北京:中国对外经济贸易出版社,1992.
9. 黄洪,蔡东雷．银行外汇交易与风险管理[M]. 上海:文汇出版社,1998.
10. 朱琦,罗叔儒．国际金融实务[M]. 上海:上海交通大学出版社,1990.
11. 何泽荣,许斌．中国外汇市场[M]. 成都:西南财经大学出版社,1997.
12. 陈彪如．国际金融概论[M]. 上海:华东师范大学出版社,1996.
13. 易钢,张磊．国际金融[M]. 上海:上海人民出版社,1999.
14. 许少强,陈锡荣．欧元崛起[M]. 上海:上海财经大学出版社,1998.
15. 程怀月,王昌栋．国际金融[M]. 杭州:浙江大学出版社,1989.
16. 迟国泰．国际金融[M]. 大连:大连理工大学出版社,2003.
17. 陈建梁．新编国际金融[M]. 北京:经济管理出版社,2002.
18. 沈国兵．国际金融[M]. 北京:北京大学出版社,2008.
19. 裴平．国际金融学[M]. 南京:南京大学出版社,2006.
20. Dominick Salvatore. *International Economics*[M]. 北京:清华大学出版社,1997.
21. Keith Pilbean. *International Finance*[M]. Macmillan,1992.
22. Robert J. Czabaugh. *International Economics*[M]. International Thomson Publishing, 2000.
23. Steven Husted and Michael Melvin. *International Economics*[M]. Pearson Education, 2001.
24. Anthony Saunders and Marcia Millon Cornett. *Finacial management: A Risk Management Approach*[M]. McGraw - Hill, 2006.
25. 姜达洋,王中华．国际金融[M]. 厦门:厦门大学出版社,2014.
26. 奚君羊. 国际金融学[M]. 上海:上海财经大学出版社,2013.
27. 杨胜刚,姚小义,等. 国际金融[M]. 北京:高等教育出版社,2016.
28. 国家外汇管理局国际收支分析小组. 2017 年中国国际收支报告[OL]. http://www.safe.gov.cn.